아침을
여는 묵상
1-60

'행복'의 문을 여는 삶, 잠언

| 곽명수 지음 |

쿰란출판사

추천의 글

애호하는 곽명수 목사님을 항상 응원합니다. 국제비전선교회를 통해 그와 첫 만남을 갖고 선교의 비전을 함께 나누며, 또한 부족한 종이 섬기는 엔 크리스토 성경서원을 찾아와 함께 진리를 공유하던 시간들이 주마등처럼 지나갑니다. 다들 곽 목사님을 버스킹 찬양사역자로만 알고 있지만, 제가 아는 곽 목사님은 모든 종이 주의 말씀을 사모하듯이 생명의 말씀을 뜨겁게 사모하는 주의 종입니다. 그 증거가 금번에 출간하게 된 잠언 묵상집입니다.

그는 사역이 힘든 시간에도 경건의 시간(Q.T.)을 잊지 않았으며, 성경을 더 깊이 연구하고 진리 찾기를 마다하지 않았습니다. 그가 가진 오랜 경건의 시간들을 지인들과 더불어 네이버 밴드를 통해 공유하였으며, 특히 잠언 묵상집을 함께 나누면서 이처럼 아름다운 글을 다시 다듬고 또 다듬어 한 권의 책으로 엮어내었습니다.

추천인도 20년 넘게 직접 작성한 묵상 글을 지인들과 공유하면서, 때론 몇 권의 책으로 엮어 보아 출판 과정의 어려움을 알기에, 책을 출간하기까지 많이 고심하고 애썼을 곽 목사님을 위로하고 또 격려합니다.

바라기는 곽명수 목사님을 아는 지인들 및 새로운 독자들이 정선된 그의 잠언 묵상집을 통해 여호와를 경외하는 것이 행복의 시작이라는 울림이 가슴에 깊이 메아리치기를 소망합니다. 진실로 행복의 시작은 지혜자이신 예수 그리스도와의 만남에서 시작됩니다.

신동구 담임목사(Th.D.)
국제비전성경대학 총장,
엔 크리스토 성경서원 원장, 주님의교회

추천의 글

    잠언 말씀은 솔로몬 시대 사람들이 알고 있던 실용적인 조언과 교훈, 그리고 격언 등을 하나님의 관점에서 재해석하고 풀어서 설명한 글입니다. 그러므로 잠언은 인간 삶의 본질적인 진리와 교훈을 담고 있으며, 동시에 특정 문화나 시대를 초월한 하나님 관점의 보편적 가치를 드러내고 있습니다.

    사람은 살아가면서 다양한 사람들의 조언과 가르침을 통해 성장합니다. 그러나 나를 위해 해주는 그 말과 가르침이 모두 옳지 않습니다. 내 귀에 듣기 좋은 말이 실제로는 내 삶을 망가뜨리는 독약이 될 수도 있습니다. 그런 말은 잘 살펴보면 지금은 좋을지 몰라도 끝은 불행입니다. 그리고 나와 가족과 공동체를 파괴합니다.

    하나님께서 우리에게 주시는 가르침은 때로 잔소리처럼 들리기도 합니다. 그러나 하나님의 말씀에는 우리를 향한 하나님의 사랑이 담겨 있습니다. 잠언 말씀은 인생길의 좌표요 내비게이션입니다. 곽명수 목사님은 잠언 말씀을, 우리가 매일 인생길을 걸어가는 동안 필요한 하나님의 사랑이 담긴 가르침을, 오늘의 시각으로 풀어서 설명해 주고 있습니다. 육체를 위해 매일 필요한 영양을 음식을 통해 섭취하는 것처럼, 영과 육의 건강하고 행복한 삶을 위해 잠언 묵상으로 영적 필요를 공급받아야 합니다. 하나님이 주시는 꿈은 나도 살고, 내 가족 그리고 이웃과 세계를 살립니다. 하나님이 주시는 꿈을 소유하십시오. 그리고 그 꿈을 키워 가십시오. 하나님과 인생길을 동행하며 그 길을 따르고자 하는 모든 이들에게 그리고 인생의 참된 행복을 찾는 모든 이들에게 이 책을 권합니다.

정기묵 교수
장로회신학대학교 선교신학

추천의 글

목회자는 늘 성경을 가까이하는 사람입니다. 그러나 목회의 연륜이 쌓이다 보면 바쁘다는 핑계로 혹은 매너리즘에 빠져 설교 준비를 위해서만 성경을 보게 되는 경우가 있습니다. 하나님과 조용히 대면하는, 사귐을 위한 연구와 묵상이 결코 쉽지는 않습니다.

그런 면에서 곽명수 목사님의 잠언 묵상을 책으로 내는 것은 여간 기쁜 일이 아닙니다. 바쁘다는 핑계로 혹은 게으름으로 성경을 멀리하기 쉬운데 곽 목사님은 오랜 세월을 우직하게 말씀 묵상의 자리를 지켜오셨습니다. 그 결과 잠언 묵상이 빛을 보게 된 것입니다.

일찍이 유진 피터슨 목사님은 묵상을 설명하면서 아주 재미있는 예를 들었습니다. '묵상하다'는 말의 히브리어 '하가'를 마치 개가 뼈다귀 하나를 가지고 뜯으면서 이리저리 돌려가며 그 즐거움에 푹 빠져 있는 모습으로 비유합니다. 그 개는 두어 시간 뼈를 뜯고 나면 그것을 땅에 파묻고 다음 날 다시 와서 또 같은 작업을 하는데 보통 뼈다귀 하나로 일주일 정도 행복에 빠진다고 합니다. 뼈 하나를 가지고 기쁨을 만끽하며 으르렁거리는 그 모습을 묵상이란 단어로 표현하였습니다. 묵상은 마치 사탕이 입안에서 우리도 모르는 사이에 녹아 버리는 것과도 같습니다. 묵상은 객관적 말씀이 내 몸 안에서 몸을 입는 시간입니다. 곽명수 목사님을 통해서 또 다른 말씀의 별미를 맛보게 될 것입니다.

잠언을 삼대지로 엮어내는 것은 결코 쉬운 작업이 아닙니다. 곽명수 목사님의 고뇌와 묵상이 돋보이는 이유입니다. 곽 목사님은 훤칠한 외모와는 달리 내면이 어린아이처럼 순수합니다. 젊은이들에게 호감 있는 모습임과 동시에 어르신들도 매우 좋아하는 모든 세대를 아우르는 성품을 가졌습니다. 이번에 펴낸 묵상집을 통해 깊은 우물에서 물을 길어 올리는 기쁨을 얻고, 인생을 사는 참 지혜와 행복을 얻을 수 있기를 바라며 기쁨으로 추천합니다.

최윤철 위임목사
시온성교회

추천의 글

할렐루야!

사랑하는 곽명수 목사님의 《'행복'의 문을 여는 삶, 잠언》 출간을 진심으로 축하드립니다. 곽명수 목사님은 제가 국어교사로서 전남 곡성종합고등학교에 근무할 때 담임했던 학급에 속한 사랑하는 제자입니다. 시간이 지나 저도 주님의 깊은 사랑을 받아 목회자로서의 길을 걸어가게 되었는데, 감사하게도 곽명수 제자가 저와 같은 목회자의 길을 걸어가고 있다는 소식을 듣고 참으로 기뻤습니다. 그래서 그동안 같은 목회자로서 목회 사역과 비전을 공유하며 서로 격려하는 가운데 지내왔습니다.

그런데 근간에 이렇게 목회자로서 깊은 묵상을 담은 《'행복'의 문을 여는 삶, 잠언》 출간 소식과 함께 내용을 보면서 같은 목회자이지만 큰 은혜를 받았습니다.

잠언은 아시다시피 구절 하나하나가 우리 인생길에 밝은 등불이 되는 지혜가 가득 담겨 있습니다. 그런데 곽명수 목사님은 성령께서 주시는 감동과 은혜로 잠언 말씀을 묵상함으로써 단순히 밝은 등불이 되는 지혜를 넘어서 우리 심령을 하나님이 주시는 평안과 기쁨으로 가득 채워주고 있습니다.

아무쪼록 많은 사람들이 이 책을 접함으로 우울하고 어두운 소식들이 가득한 이 땅에 새로운 희망과 기쁨으로 영혼들이 회복되길 원하고, 더 나아가 하나님의 갈망과 눈물을 닦아드리는 아름다운 믿음의 용사들이 많이 일어나기를 소망합니다.

박영 담임목사
수원예수마을 셀교회

추천의 글

처음 곽 목사님을 알게 된 것은 찬양사역의 자리였습니다. 한 가지 일에 집중하고 상황과 목적에 맞는 사역과 처신은 그가 현명한 사람이라는 사실을 잘 알 수 있게 했습니다. 이후로 그는 여러 교회를 섬기며 묵상과 말씀 사역을 이어갔는데 근교에서 교회를 개척하면서도 묵상의 여정은 멈춤 없이 지속되었습니다.

그 가운데서 저자를 아끼며 서울까지 인도하여 동역했던 목사님(시온성교회)이 주보에 연재한 에세이가 그의 글쓰기와 여타 부분에 영감을 주었다고 했습니다.

아마도 개척 초기의 어려움 중에도 묵상을 통한 말씀의 능력으로 위로와 격려 그리고 꾸준함을 지속할 수 있는 동력을 얻었다고 믿습니다. 이 여정에서 매일성경의 묵상 도움글의 집필 툴을 익히면서 묵상을 정리하는 도움도 받은 줄 압니다. 더불어 여타 통독프로그램과 개별 연구에 더해 엔 크리스토의 신동구 목사님을 통한 배움은 그의 묵상과 성경 연구의 꽃을 피울 수 있게 해주었습니다. 그렇게 한창 묵상이 깊어져 가는 즈음에 만난 쉬운설교의 채경락 목사님이 공개해 주신 삼대지 설교의 툴은 지금 곽 목사님의 설교문의 큰 틀을 형성해 준 줄 알고 있습니다.

글쓰기는 틀을 정하고 그것을 일정 분량 지속적으로 채워가는 훈련이 글의 질과 깊이를 높여줍니다. 이번에 출간된 잠언 묵상 설교문은 곽 목사님이 수년간 시행한 다양한 성경 묵상과 정리한 글의 한 부분이면서 모든 성경의 교훈들이 집약된 줄로 압니다.

잠언을 이렇게 15-20절 분량 본문으로 삼대지 설교를 일관되게 정리한 책은 아직까지 없는 줄 압니다. 저자의 오랜 목회와 묵상과 사역 여정의 산물로 집필된 잠언 설교집은 잠언을 설교하려고 하는 이들뿐 아니라 성경을 설교하고 연구하고 묵상하려는 이들에게 큰 도움과 도전과 도구가 될 줄 믿습니다. 이제 그가 수년 동안 묵상한 다른 성경책의 글들도 이렇게 출간되어 더 많은 이들에게 읽혀지고 선포될 수 있길 기대하며 추천드립니다.

라종렬 목사
전 한국성서유니온선교회 이사장, 광양사랑의교회 평화의길벗

서문

　사람들은 누구나 행복한 삶을 살아가기를 소망합니다. 그래서 그 행복을 누리기 위하여 수많은 노력을 아끼지 않습니다. 행복한 삶이란 우리 자신이 무엇을 선택하느냐 또한 무엇을 붙잡느냐에 따라 행복이 주어질 수 있고, 반대로 불행이 주어질 수 있습니다. 하루를 살아가면서 '행복'이라고 하는 단어를 얼마나 떠올리며, 또 '행복하다'라는 고백을 얼마나 많이 하면서 살아가느냐고 물으면, 의외로 많은 사람이 '행복'을 잊고 살아간다고 고백합니다. 그러나 우리 자신이 그렇게도 찾고 싶은 '행복'은 결코 멀리 존재하는 것이 아닙니다.

　혹 '네 잎 클로버'의 꽃말을 아시는지요? '행운'이라는 의미를 담고 있습니다. 사람들은 '행운'이라는 '네 잎 클로버'를 찾기 위해 수많은 '세 잎 클로버'를 짓밟고 지나갑니다. 놀라운 일은 '세 잎 클로버'의 꽃말이 '행복'이라는 것입니다. 수많은 사람이 이 땅에서 '행운'을 찾기 위해 수많은 '행복의 조건'들을 짓밟고 살아가고 있으니 참으로 아이러니한 모습입니다. 한순간의 행운을 잡기 위해, 우리는 너무나 많은 행복들을 짓밟고, 또 행복을 잃어버린 채 살아가고 있습니다.

성경은 하나님을 신뢰하고, 하나님을 경외하는 인생이 진정한 행복을 누릴 수 있다고 말합니다. 행복은 하나님만이 우리에게 주실 수 있는 선물입니다. 하나님을 떠나서는 모든 것이 충족될지라도 진정한 행복이 될 수 없습니다. 왜냐하면 하나님이 계시지 않는 것은 영구한 행복일 수 없기 때문입니다. 따라서 진정한 행복은 오직 하나님을 소유하고 살아갈 때, 그리고 하나님을 경외하는 지혜로운 삶을 살아갈 때 얻어지는 것입니다.

필자는 우리 인생에 진정한 행복의 문을 여는 삶을 잠언을 묵상하면서 행복을 찾았습니다. 잠언은 이 땅을 살아가는 모든 인생의 지혜가 여호와에 대한 경외심과 신뢰에서 비롯된다는 것을 가르치고 있습니다. 또한 잠언은 인생을 살아가는 지혜를 가르쳐주며, 일상생활 속에서 부딪히는 문제에 여러 가지 지혜를 공급하는 가장 실제적인 책입니다.

잠언의 주제성구는 1장 7절입니다. "여호와를 경외하는 것이 지식의 근본이거늘 미련한 자는 지혜와 훈계를 멸시하느니라." 잠언은 여호와 경외에 관하여 20번(1:7, 29, 2:5, 3:7, 8:13, 9:10, 10:27, 14:2, 14:26, 27, 15:16, 33, 16:6, 19:23, 22:4, 23:17, 24:21, 28:14, 31:30)이나 반복하고 있고, 잠언

의 시작과 끝이 '여호와를 경외'하는 것으로 구성될 만큼 '여호와를 경외'하는 것이 행복으로 나아가는 삶임을 가르치고 있습니다. 그러므로 우리 인생의 행복은 우리의 양손에 얼마나 많은 것을 쥐고 있느냐에 달려 있는 것이 아니라 하나님을 두려워하고 하나님의 뜻에 순종하는 데 있음을 깨달아야 합니다.

잠언은 '솔로몬의 지혜서'라고 별칭할 수 있습니다. 이스라엘 백성이 평소에도 잠언을 읽고 지혜와 행복을 추구하였지만, "소 잃고 외양간을 고친다"라는 속담처럼 나라를 잃고 나서야 자신 안에 지혜가 없음을 깨닫고 솔로몬의 지혜를 사모하기 시작하였다고 말할 수 있습니다.

그러기에 우리는 잠언을 읽고 묵상할 때마다, 말씀의 홍수 속에 살아간다고 해서 말씀의 생명력을 무시하지 말아야 합니다. 또한 하나님을 경외하는 지혜의 근원이신 예수 그리스도의 교훈에 항상 귀를 기울이고 삶 속에 적용하도록 노력하는 삶을 살아가야 합니다.

이 글은 처음부터 책으로 출판하기 위해서 쓴 글이 아닙니다. 2014년 1월 "아침을 여는 묵상"이라는 제목으로 네이버 밴드를 개설하고, 그곳에 묵상한 내용들을 공유하면서부터 시작되었습니다. 그러다가 나만의 특별한 방식으로 묵상을 정리해 보고자 하여 "삼대지"로 정리해 왔습니다. 모든 본문을 매일 삼대지로 나눈다는 것이 쉽지 않았습니다. 그럼에도 인내로써 하루하루 감당하다보니 여기까지 이르게 되었습니다. 그래도 출간하기까지는 묵상의 글을 접한 지인들의 격려와 권면이 있었습니다.

　이 책은 설교문의 형태를 가지고 있지만 묵상집입니다. 성서유니온에서 제공하는 『매일성경 본문』에 따라 정리를 했고, 독자들이 60일에 걸쳐 잠언의 말씀을 깊이 묵상하고 실천할 수 있도록 정리하였습니다. 새벽예배에 잘 참고하고 있다고 말씀하신 목사님도 계십니다.

　사실 저는 글로써 깊이 있는 마음을 전달할 만한 능력을 갖추지 못했습니다. 세련되고 멋진 단어 또한 구사하는 능력이 없으며, 신학적으로 깊이 있게 접근할 만한 지혜도 부족합니다. 그날그날 묵상한 본문을 곱씹으며 대지를 나누고, 또한 각 대지의 글자 수를 똑같이 만드는 작업을 몸부림치며 한 것밖에 없습니다.

　그럼에도 이렇게 책으로 출판되기까지 도움을 주시는 분들이 있어서 감사할 따름입니다. 특별히 엔 크리스토 성서학당의 원장님이

시며, 스승님이신 신동구 목사님(Th.D.)의 꼼꼼하고 날카로운 지적과 감수가 오늘의 영광을 볼 수 있게 하였습니다.

아무쪼록 이 책을 통해 독자들이 행복의 조건이 하나님을 의지하는 것이며, 하나님을 경외하며 사는 것임을 깨달을 수 있기를 바랍니다. 믿을 수 없는 사람에게 목을 매지 말고 믿을 수 있는 분, 바로 하나님 아버지와 우리 주 예수 그리스도께 여러분의 삶과 미래를 맡길 수 있기를 바랍니다. 그리하면 행복한 삶이 여러분의 인생에 펼쳐질 것입니다.

끝으로 여러모로 어설픈 원고를 기꺼이 출판해 주신 쿰란출판사 이형규 장로님과 꼼꼼하고 정성스럽게 편집해 주신 분들께 감사를 드립니다. 그리고 늘 든든한 영적 후원자이신 간전제일교회 당회와 우리 성도님들께 감사를 드리며, 평생의 사역 동역자인 김미라 사모와 사랑하는 세 딸에게 감사를 드립니다. 또한 책의 방향을 바로잡아 주시기를 몇 번이나 반복해 주신 신동구 목사님께 다시 한번 진심으로 감사드리며, 이 책이 출판되기까지 꼼꼼하게 교정을 봐주신 노애화 목사님과 안미희 목사님 그리고 국제비전선교회에 감사를 드립니다. '아침을 여는 묵상'을 통해 함께 공감해 주신 모든 지인에게도 감사를 드립니다. 그리고 이 모든 영광과 찬송을 하나님 아버지께 올려 드립니다.

행복의 시작, 예수 그리스도
빛이 있으라!

곽명수 목사
2024년 6월,
예수님이 꼭 안아주시는 마을(안음마을)
간전제일교회 목양실에서

목차 contents

추천의 글_
신동구 담임목사((Th.D.) 국제비전성경대학 총장, 엔 크리스토 성경서원 원장, 주님의교회)_ 2
정기묵 교수(장로회신학대학교 선교신학)_ 4
최윤철 위임목사(시온성교회)_ 6
박 영 담임목사(수원예수마을 셀교회)_ 8
라종렬 목사(전 한국성서유니온선교회 이사장, 광양사랑의교회 평화의길벗)_ 10

서문_ 12

잠언 1장
아침을 여는 묵상 01(1:1-19) 지혜로 인생을 만들어 가는 삶_ 22
아침을 여는 묵상 02(1:20-33) 지혜로 말씀을 듣고 순종하는 삶_ 29

잠언 2장
아침을 여는 묵상 03(2:1-15) 지혜가 주는 유익을 깨닫는 삶_ 35
아침을 여는 묵상 04(2:16-22) 지혜의 말씀으로 충만한 삶_ 40

잠언 3장
아침을 여는 묵상 05(3:1-10) 인자와 진리를 마음 판에 새기는 삶_ 45
아침을 여는 묵상 06(3:11-35) 지혜를 따라 살아가는 삶_ 50

잠언 4장
아침을 여는 묵상 07(4:1-9) 영원한 가치를 붙잡는 삶_ 56
아침을 여는 묵상 08(4:10-27) 더욱 마음을 지키는 삶_ 62

잠언 5장
아침을 여는 묵상 09(5:1-23) 지혜를 품어 행복을 만드는 삶_ 67

잠언 6장
아침을 여는 묵상 10(6:1-19) 하나님이 기뻐하시는 뜻에 합당한 삶_ 72
아침을 여는 묵상 11(6:20-35) 당당하게 살아가는 삶_ 77

잠언 7장
아침을 여는 묵상 12(7:1-9) 세상의 유혹을 분별하여 살아가는 삶_ 82
아침을 여는 묵상 13(7:10-27) 죄악의 덫에 걸리지 않는 삶_ 88

잠언 8장
아침을 여는 묵상 14(8:1-21) 지혜의 초청에 반응하는 삶_ 94
아침을 여는 묵상 15(8:22-36) 지혜의 능력을 추구하는 삶_ 100

잠언 9장
아침을 여는 묵상 16(9:1-18) 지혜 안에 거하는 안전한 삶_ 105

잠언 10장
아침을 여는 묵상 17(10:1-17) 마음에 담긴 지혜를 삶으로 나타내는 삶_ 111
아침을 여는 묵상 18(10:18-32) 말씀이 주는 충만함을 누리는 삶_ 116

잠언 11장
아침을 여는 묵상 19(11:1-15) 하나님의 원칙과 지혜로 사는 삶_ 122
아침을 여는 묵상 20(11:16-31) 사랑과 섬김을 흘려보내는 삶_ 128

잠언 12장
아침을 여는 묵상 21(12:1-14) 지혜로운 의인으로 살아가는 삶_ 134
아침을 여는 묵상 22(12:15-28) 선한 말의 열매를 맺는 삶_ 139

잠언 13장
아침을 여는 묵상 23(13:1-13) 밝고 빛나는 영광에 이르는 삶_ 144
아침을 여는 묵상 24(13:14-25) 지혜의 말씀과 평생 동행하는 삶_ 149

잠언 14장
아침을 여는 묵상 25(14:1-19) 행복한 인생을 열어가는 삶_ 154
아침을 여는 묵상 26(14:20-35) 하나님의 자녀답게 살아가는 삶_ 160

잠언 15장
아침을 여는 묵상 27(15:1-18) 주님의 임재 앞에서 살아가는 삶_ 165
아침을 여는 묵상 28(15:19-33) 생명의 길을 택하며 사는 삶_ 170

잠언 16장

아침을 여는 묵상 29(16:1-15) 하나님의 통치 아래 살아가는 삶_ 175
아침을 여는 묵상 30(16:16-33) 말씀을 붙잡고 의지하는 삶_ 180

잠언 17장

아침을 여는 묵상 31(17:1-14) 지혜로운 자로 복을 누리는 삶_ 186
아침을 여는 묵상 32(17:15-28) 인생을 기쁘게 만들어 가는 삶_ 192

잠언 18장

아침을 여는 묵상 33(18:1-12) 건강한 공동체를 만드는 삶_ 198
아침을 여는 묵상 34(18:13-24) 화목한 관계를 만들어 가는 삶_ 204

잠언 19장

아침을 여는 묵상 35(19:1-14) 믿음이 있는 사람답게 사는 삶_ 210
아침을 여는 묵상 36(19:15-29) 생명에 이르는 길을 걷는 삶_ 216

잠언 20장

아침을 여는 묵상 37(20:1-15) 하나님 앞에서 사는 삶_ 221
아침을 여는 묵상 38(20:16-30) 지혜로운 자로 살아가는 삶_ 226

잠언 21장

아침을 여는 묵상 39(21:1-14) 하나님의 마음을 흡족하게 하는 삶_ 231
아침을 여는 묵상 40(21:15-31) 하나님 안에서 이기며 사는 삶_ 236

잠언 22장

아침을 여는 묵상 41(22:1-16) 하나님을 온전히 경외하는 삶_ 241
아침을 여는 묵상 42(22:17-29) 말씀 청종을 우선순위로 삼는 삶_ 246

잠언 23장

아침을 여는 묵상 43(23:1-14) 육체의 욕심을 제어하는 삶_ 251
아침을 여는 묵상 44(23:15-35) 형통한 인생으로 나아가는 삶_ 256

잠언 24장
아침을 여는 묵상 45(24:1-22) 송이 꿀 같은 지혜를 얻는 삶_262
아침을 여는 묵상 46(24:23-34) 지혜의 말씀과 교훈을 실천하는 삶_268

잠언 25장
아침을 여는 묵상 47(25:1-14) 타인의 마음을 시원하게 하는 삶_274
아침을 여는 묵상 48(25:15-28) 기쁨과 화목의 통로로 살아가는 삶_279

잠언 26장
아침을 여는 묵상 49(26:1-16) 미련하지 않게 사는 삶_284
아침을 여는 묵상 50(26:17-28) 바른 언행으로 공동체를 세우는 삶_289

잠언 27장
아침을 여는 묵상 51(27:1-13) 진실하고 바른 관계를 이루는 삶_294
아침을 여는 묵상 52(27:14-27) 공동체의 영적 성장을 도모하는 삶_299

잠언 28장
아침을 여는 묵상 53(28:1-18) 하나님의 의를 행하는 삶_304
아침을 여는 묵상 54(28:19-28) 하나님 나라의 풍성함을 누리는 삶_309

잠언 29장
아침을 여는 묵상 55(29:1-14) 바른 지도자의 자격을 갖추는 삶_314
아침을 여는 묵상 56(29:15-27) 성숙한 신앙의 인격을 갖추는 삶_319

잠언 30장
아침을 여는 묵상 57(30:1-17) 하나님의 지혜 갖기를 평생의 기도 제목으로 삼는 삶_324
아침을 여는 묵상 58(30:18-33) 피조물을 보며 지혜를 배우는 삶_329

잠언 31장
아침을 여는 묵상 59(31:1-9) 하나님의 뜻을 놓치지 않는 삶_334
아침을 여는 묵상 60(31:10-31) 최고의 인생을 준비하는 삶_339

아침을 여는 묵상 01
(잠 1:1~19)

지혜로 인생을 만들어가는 삶

1 다윗의 아들 이스라엘 왕 솔로몬의 잠언이라
2 이는 지혜와 훈계를 알게 하며 명철의 말씀을 깨닫게 하며
3 지혜롭게, 공의롭게, 정의롭게, 정직하게 행할 일에 대하여 훈계를 받게 하며
4 어리석은 자를 슬기롭게 하며 젊은 자에게 지식과 근신함을 주기 위한 것이니
5 지혜 있는 자는 듣고 학식이 더할 것이요 명철한 자는 지략을 얻을 것이라
6 잠언과 비유와 지혜 있는 자의 말과 그 오묘한 말을 깨달으리라
7 여호와를 경외하는 것이 지식의 근본이거늘 미련한 자는 지혜와 훈계를 멸시 하느니라
8 내 아들아 네 아비의 훈계를 들으며 네 어미의 법을 떠나지 말라
9 이는 네 머리의 아름다운 관이요 네 목의 금 사슬이니라
10 내 아들아 악한 자가 너를 꾈지라도 따르지 말라
11 그들이 네게 말하기를 우리와 함께 가자 우리가 가만히 엎드렸다가 사람의 피를 흘리자 죄 없는 자를 까닭 없이 숨어 기다리다가
12 스올 같이 그들을 산 채로 삼키며 무덤에 내려가는 자들 같이 통으로 삼키자
13 우리가 온갖 보화를 얻으며 빼앗은 것으로 우리 집을 채우리니
14 너는 우리와 함께 제비를 뽑고 우리가 함께 전대 하나만 두자 할지라도
15 내 아들아 그들과 함께 길에 다니지 말라 네 발을 금하여 그 길을 밟지 말라
16 대저 그 발은 악으로 달려가며 피를 흘리는 데 빠름이니라
17 새가 보는 데서 그물을 치면 헛일이겠거늘
18 그들이 가만히 엎드림은 자기의 피를 흘릴 뿐이요 숨어 기다림은 자기의 생명을 해할 뿐이니
19 이익을 탐하는 모든 자의 길은 다 이러하여 자기의 생명을 잃게 하느니라

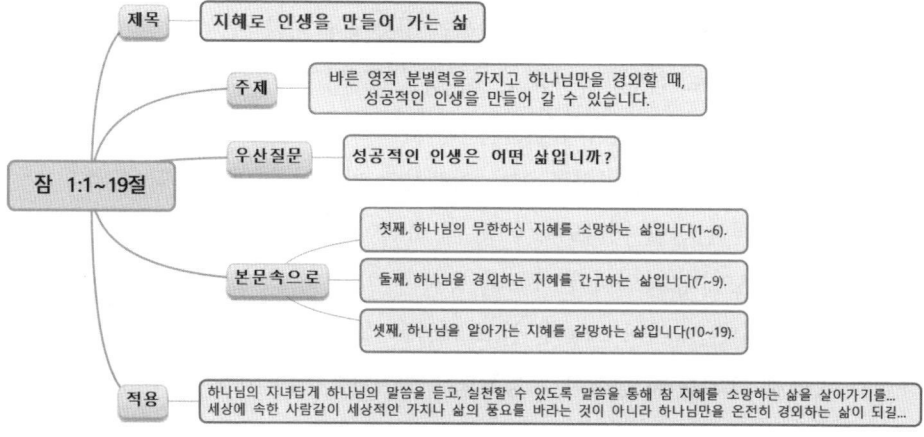

"여호와를 경외하는 것이 지식의 근본이거늘 미련한 자는 지혜와 훈계를 멸시하느니라"(잠 1:7).

📖 바른 영적 분별력을 가지고 하나님만을 경외할 때, 성공적인 인생을 만들어 갈 수 있습니다.

☑ 성공적인 인생이란 무엇입니까?

🌱 하나님의 무한하신 지혜를 소망하는 삶(1-6절)

"다윗의 아들 이스라엘 왕 솔로몬의 잠언이라"(1절). 솔로몬은 이스라엘의 왕이 되어 자신이 다윗 왕의 아들임을 천명합니다. 하나님은 "네 집과 네 나라가 내 앞에서 영원히 보전되고 네 왕위가 영원히 견고하리라"(삼하 7:16)라고 다윗과 언약을 맺으셨습니다. 여기서 '다윗의 아들'이라는 표현은 솔로몬 왕 자신의 정통성에 대한 선언입니다.

일반적으로 '잠언'(히. '마샬')은 삶에 본보기가 될 만한 귀중한 내용을 담고 있는 격언이나 명언을 함축하는 의미입니다. 이 '잠언'은 듣는 자나 읽는 자가 곧바로 이를 이해하고 자신의 행위나 상황에 관한 올바른 판단을 내리도록 하는 데 목적이 있습니다.

이로 보건대 잠언서가 기록된 목적은 '알게 하고 깨닫게 하기'(2절) 위함입니다. 나아가 그렇게 알고 깨달은 삶의 원리를 '지혜롭게, 공의롭게, 정의롭게, 정직하게 행하도록 하기'(3절) 위함이라 할 수 있습니다. 또한 신중하고, 분별력 있고, 의롭고, 공평하고, 정직하게 행하도록 하기 위함입니다. 그리고 '어리석은 자를 슬기롭게 하며 젊은 자에게 지식과 근신함을 주기 위한 것'(4절)과 '지혜 있는 자는 듣고 학식이 더해지고 명철한 자는 지략을 얻도록'(5절) 하기 위함입니다. 그러므로 잠언은 삶의 진리를 알려주는 책이라 할 수 있습니다. 곧 우리 자신의 경험과 지식만으로는 이해할 수 없는 오묘한 삶의 진리를 깨닫도록 기록되었습니다(6절).

하나님은 자신의 말씀을 허공에 대고 선포하시는 것이 아니라 하나님이 선택하신 구체적인 인물을 통해 삶의 현장에서 선포하게 하십니다. 본문에서는 솔로몬이라는 지혜로운 왕을 통하여 하나님이 원하시는 지혜로운 삶을 교훈하십니다. 우리는 자신이 아는 것에서 한 걸음 더 나아가 말씀을 통해 알고 깨달은 원리를 하나님이 명하신 대로 실천하며 살아가는 것이 무엇보다 중요합니다.

하나님의 말씀을 따르지 않고 우리 생각대로 살아가면 결코 바른 길로 갈 수 없습니다. 인생이 바른길로 나아가려면 반드시 하나님의 지혜와 훈계의 말씀을 들어야 합니다. 또한 자신이 올바른 길로 가고 있는지 확실히 알기 위해 그 판단의 기준이 되는 하나님의 말씀을 들어야 합니다. 자신의 느낌이나 생각을 따라 결정하고 행동하는 것이 아니라, 하나님의 말씀을 푯대로 삼아 바른길로 가고 바르게 살아야 하는 것입니다.

하나님의 말씀을 듣고 깨닫는 지혜가 없기에 우리의 삶과 가정, 그리고 교회 공동체가 큰 위기에 봉착하는 것입니다. 세상 지식은 하나님이 원하시는 바른 삶을 알려주는 데 한계가 있습니다. 우리는 그런 세상 지식이 아닌 하나님의 무한하신 지혜를 소망할 때 주 안에서 성공적인 인생을 살 수 있습니다.

🕊 하나님을 경외하는 지혜를 구하는 삶(7-9절)

"여호와를 경외하는 것이 지식의 근본이거늘 미련한 자는 지혜와 훈계를 멸시하느니라"(7절). 이 구절은 잠언 전체의 주제라 할 수 있습니다. 구조상 잠언의 시작과 마지막 부분(31:30)에서 '여호와를 경외하는 삶'을 강조하고 있는 것으로 볼 때, 잠언 전체가 여호와를 경외하는 삶에 대해 교훈하는 책임을 알 수 있습니다. 또한 잠언 전체에서 '여호와를 경외하다'라는 말이 20회나 사용된 것을 볼 때도 여호와 경외 사상을 강조하고 있다고 할 수 있습니다.[1]

본문은 세상을 바르게 살아가는 이치를 가르쳐 주는 지혜를 귀하게 여겨야 한다고 교훈합니다. 그뿐 아니라 아비의 훈계와 어미의 법을 경청하고 순종하는 것이 자녀의 의무임을 가르칩니다(8절). 그

---

1) '경외하다'라는 말은 '두려워하다'라는 뜻입니다. 성경에서는 인간이 하나님을 향해 갖는 거룩한 두려움을 의미합니다. 이는 종이 주인에게 갖는 수동적 두려움이 아니라, 자녀가 아버지를 향해 갖는 능동적 두려움 곧 공경을 가리킵니다. 그러므로 여호와를 경외한다는 것은 하나님을 자신의 창조자로 인정하며, 그분만을 절대적으로 섬기는 자세를 갖는 것입니다. 본문은 이것이 '지식의 근본'이라고 말씀합니다. 반면 이러한 지혜와 훈계를 멸시하는 사람을 '미련한 자'라고 칭합니다. 대표적인 사람이 사울 왕입니다. 그는 40세에 왕이 되어 이스라엘을 다스린 지 2년 만에(삼상 13:1) 하나님의 언약 백성 됨을 거부해 버렸습니다. 여호와 경외 사상을 잃어버리고 만 것입니다.

이유에 대해서는 이렇게 말합니다. "이는 네 머리의 아름다운 관이요 네 목의 금 사슬이니라"(9절). 즉, 부모의 교육은 하나님의 율법을 가르치는 가장 기본적인 통로가 됩니다.

하나님의 자녀는 세상에 속한 자같이 세상의 가치나 삶의 풍요를 따라가는 것이 아니라 하나님을 온전히 경외함으로 얻는 영적인 지혜를 갈망하며 살아가야 합니다. 올바른 영적 분별력을 갖고 하나님만을 경외할 때 하나님께서 넉넉하게 부어 주시는 은혜 아래 살아갈 수 있습니다.

미술을 전혀 배운 적이 없는 둘째 아이가 어느 날 유화로 작품이 될 만큼의 멋진 그림을 그렸습니다. 깜짝 놀라 살펴보았더니, 아이가 '유화 그리기 세트'를 구입해 희미하게 밑그림이 그려져 있는 도화지에 마치 퍼즐을 맞추듯 색칠을 해나가면서 완성한 것이었습니다. 즉, 도화지에 적혀 있는 번호와 같은 번호의 물감으로 칠하기만 하면 되는 것이었습니다.

우리 인생도 이와 같습니다. 우리 인생을 좌우하는 것이 바로 하나님의 말씀입니다. 복잡한 인생이지만 말씀을 삶에서 하나하나 적용하며 살아가다 보면, 언젠가 성숙한 그리스도인의 모습으로 변화된 자신을 발견하게 될 것입니다. 그러므로 우리는 스스로 하나님의 말씀대로 살아가고 있는지, 말씀의 경고에 귀 기울이며 살아가고 있는지 늘 점검해야 합니다. 하나님의 말씀과 훈계를 가벼이 여겨 하나님의 책망을 듣는 일이 없도록 지혜의 말씀대로 살아가기 위해 노력해야 합니다. 하나님을 경외하는 지혜를 간절히 구할 때, 우리는 주 안에서 성공적인 인생을 살아갈 수 있습니다.

🌿 하나님을 알아가는 지혜를 갈망하는 삶(10-19절)

아버지의 첫 번째 가르침은 "악한 자가 너를 꾈지라도 따르지 말라"(10절)는 것입니다. 악한 자는 항상 의인을 넘어뜨리려고 합니다. 그들은 함께 악을 도모하여 망하는 길로 가자고 말합니다. 죄 없는 자를 까닭 없이 숨어 기다리다가 무고하게 해치자고 유혹합니다. 그들은 무고한 자를 해치는 일에서 철저하고도 완전한 파멸을 계획합니다(12절). 심지어 부정한 방법으로 남의 것을 탈취해 집을 가득 채우고(13절), 탈취한 물건을 공동 재산으로 하자며(14절) 그럴듯하게 유혹해 옵니다.

재물은 분명 일상을 살아가는 데 꼭 필요한 것이지만, 우리는 그것을 얻기 위해 사람의 생명까지 빼앗는 일이 있음을 잊지 말아야 합니다(15-16절). 새가 보는 앞에서 그물을 펼치는 것은 헛수고입니다. 그들은 남을 해하려고 가만히 숨어 엎드려 기다리지만, 실상은 자신들의 죽음이 기다리고 있다는 사실을 알지 못합니다(17-18절). 결국 옳지 않은 방법으로 이득을 노리는 자는 자기 생명만 해칠 뿐입니다(19절).

우리는 하나님의 나라와 그 의를 위해 이 땅에서 부름을 받았습니다. 그렇다면 우리는 하나님 나라의 확장을 위해 힘써야 합니다. 또한 우리 자신에게 다가오는 유혹을 잘 이겨 낼 수 있도록 하나님의 도움을 요청해야 합니다. 생명을 선택하느냐 죽음을 선택하느냐는 우리 자신이 어떤 길을 가느냐에 달려 있습니다. 일확천금을 손에 넣는다 해도 우리 생명과는 바꿀 수 없습니다.

그러므로 매 순간 말씀에 자신을 비춰 보고 또 가르침을 받아 스스로 바로잡는 것이 지혜로운 자의 삶입니다. 하나님의 뜻이 무엇인지 분명히 알고 있음에도 악한 자의 길에서 벗어나지 않는, 어리석고 미련한 자의 삶이 되지 않도록 깨어 있어야 합니다. 아침 안개처럼 금방 사라지고 말 것에 불과한 재물과 하나님이 주신 생명을 바꿀 수는 없습니다. 하나님을 더욱 깊이 알아가는 지혜를 갈망할 때 우리는 주 안에서 성공적인 인생을 살아갈 수 있습니다.

오늘도 하나님의 자녀답게 하나님의 말씀을 듣고 실천할 수 있는 참 지혜를 소망하며, 세상의 가치나 삶의 풍요를 바라는 세상에 속한 사람이 아니라 하나님만을 온전히 경외하는 삶을 살아갈 수 있기를….

행복의 시작, 예수 그리스도!
빛이 있으라.

아침을 여는 묵상 02
(잠 1:20~33)

지혜로 말씀을 듣고 순종하는 삶

20 지혜가 길거리에서 부르며 광장에서 소리를 높이며
21 시끄러운 길목에서 소리를 지르며 성문 어귀와 성중에서 그 소리를 발하여 이르되
22 너희 어리석은 자들은 어리석음을 좋아하며 거만한 자들은 거만을 기뻐하며 미련한 자들은 지식을 미워하니 어느 때까지 하겠느냐
23 나의 책망을 듣고 돌이키라 보라 내가 나의 영을 너희에게 부어 주며 내 말을 너희에게 보이리라
24 내가 불렀으나 너희가 듣기 싫어하였고 내가 손을 폈으나 돌아보는 자가 없었고
25 도리어 나의 모든 교훈을 멸시하며 나의 책망을 받지 아니하였은즉
26 너희가 재앙을 만날 때에 내가 웃을 것이며 너희에게 두려움이 임할 때에 내가 비웃으리라
27 너희의 두려움이 광풍 같이 임하겠고 너희의 재앙이 폭풍 같이 이르겠고 너희에게 근심과 슬픔이 임하리니
28 그 때에 너희가 나를 부르리라 그래도 내가 대답하지 아니하겠고 부지런히 나를 찾으리라 그래도 나를 만나지 못하리니
29 대저 너희가 지식을 미워하며 여호와 경외하기를 즐거워하지 아니하며
30 나의 교훈을 받지 아니하고 나의 모든 책망을 업신여겼음이니라
31 그러므로 자기 행위의 열매를 먹으며 자기 꾀에 배부르리라
32 어리석은 자의 퇴보는 자기를 죽이며 미련한 자의 안일은 자기를 멸망시키려니와
33 오직 내 말을 듣는 자는 평안히 살며 재앙의 두려움이 없이 안전하리라

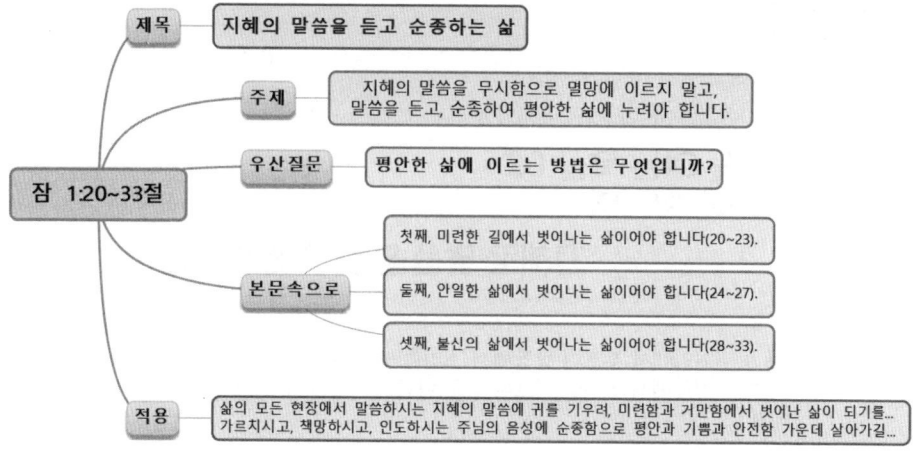

"나의 책망을 듣고 돌이키라 보라 내가 나의 영을 너희에게 부어 주며 내 말을 너희에게 보이리라"(잠 1:23).

📖 지혜의 말씀을 무시함으로 멸망에 이르지 말고, 말씀을 듣고 순종하여 평안한 삶을 누립시다.

☑ 평안한 삶에 이르는 방법은 무엇입니까?

🌿 미련한 길에서 벗어나기(20-23절)

지혜가 길거리와 광장에서, 그리고 시끄러운 길목과 성문 어귀와 성 중에서 소리 높여 전합니다(20-21절). 이는 사람들이 가장 많이 모이는 곳에서 지혜가 널리 선포되고 있음을 묘사하는 것입니다. 사람들이 지혜에 귀 기울이지 않는 것은 지혜를 듣지 못했거나 몰라서가 아닙니다. 미련하여 명철을 싫어하고 지식을 미워하기 때문입니다.

예수님은 사람들이 모이는 곳이라면 어디서나 진리의 복음을 선포하셨고, 선지자 세례 요한 또한 광야에서 끊임없이 메시아가 도래하게 할 하나님 나라와 회개에 관한 메시지를 외쳤습니다. 그러나 사람들이 무지하고 미련하여 진리를 거부했습니다. 하나님은 책망을 듣고 회개하면 영을 부어 주셔서 그분의 말을 깨닫게 하겠다고 약속하십니다(23절).

현재 우리는 말씀의 홍수 시대를 살아가고 있습니다. 그런데 아이러니하게도 사람들의 영적 갈증은 더욱 심화하고 있습니다. 결국 그것은 우리 자신이 지혜의 말씀을 못 들어서가 아니라 그 말씀을 싫어하고 미워하기 때문입니다. 또한 어리석고 거만하기 때문입니다(22절). 이는 하나님을 경외하지 않고, 말씀의 법에 순종하지 않는 사람들의 특징입니다. 이런 사람들은 대개 자신의 잘못과 실수에 대하여 다른 사람을 탓하거나, 어쩔 수 없는 상황이었다고 핑계 대며 순간을 모면하려 합니다. 그러나 지혜와 책망의 말씀은 이미 모든 사람이 알아들을 수 있도록 선포되었습니다.

우리는 일상적인 생활에서도 많은 경고의 메시지를 듣고 있습니다. 운전하는 중에 과속 단속 카메라가 나타나면, 내비게이션이 계속해서 경고음을 냅니다. 그 경고를 무시하고 달리면, 벌점과 범칙금이라는 결과가 돌아옵니다. 마찬가지로 하나님의 말씀과 훈계를 무시하면, 결국 인생은 파국을 맞습니다. 그러나 하나님의 말씀에 귀기울이면, 지혜의 영이 임하셔서 하나님의 더 깊은 뜻을 깨닫게 됩니다. 지금 자신의 인생이 편안하다고 말씀을 무시하거나 미련한 길에 빠지지 말고, 돌이켜 하나님의 뜻이 무엇인지 분별하여 순종함으로 평안에 이르는 삶을 살아가야 합니다.

안일한 삶에서 벗어나기(24-27절)

지혜가 불러도 미련한 자는 듣기를 싫어합니다. 하나님이 도움의 손길을 내미시지만 거들떠보지도 않습니다. 모든 충고를 무시하며 책망을 받아들이지 않습니다. 이는 마치 출애굽 한 이스라엘 백성의 40년 광야 생활과 약 350년간의 사사시대를 보는 것 같습니다.

교훈과 책망을 듣지 않는 사람이 맞이하는 결과는 명확합니다. 재앙을 만났을 때 지혜가 비웃을 것이고, 두려운 일이 덮칠 때 도움을 거부당할 것입니다(26절). 두려움이 광풍같이, 재앙이 폭풍같이, 그리고 근심과 슬픔이 순식간에 엄습해 올 것입니다(27절).

폭풍 전야처럼 고요할 때 재빠르게 안전을 도모해야 합니다. 안일하게 상황에 대처하면 혹독한 대가를 치를 수밖에 없습니다. 문제는 지금 당장은 살 만하고 어려움이 없다고 생각하기에 지혜의 말씀과 훈계를 귀담아듣지 않으려 한다는 것입니다. 그런데 막상 어려움이 닥쳐오기 시작하면, 이미 때는 늦은 것입니다. 죄에 대해서도 우리는 언제나 죄를 지을 수밖에 없는 상황에 노출되어 있다는 사실을 인지하여 철저하게 자신을 말씀으로 지켜 내야 합니다.

현재 아무런 문제가 없다고 안일하게 살아가는 것이 아니라, 미리미리 살펴보고 점검하는 것이 지혜로운 삶임을 기억해야 합니다. 당장 눈앞의 상황도 알 수 없는 인생이기에 지혜의 말씀을 듣고 순종해야 합니다. 현실의 삶에 묶여 안일하게 살아간다면 어려움이 닥칠 때 도저히 피할 수 없는 참담한 상황에 이르게 될 것입니다. 안일한 삶에서 벗어나 겸손하게 말씀을 따름으로 평안에 이르는 삶을 살아가야 합니다.

🌿 불신의 삶에서 벗어나기(28-33절)

하나님의 말씀에 순종하지 않고 훈계를 멸시하는 자들은 결국 지혜를 구해도 얻지 못하며, 열심히 찾아도 만나지 못하게 될 것입니다(28절). 그래서 이사야는 범죄한 이스라엘 백성들을 향하여 "여호와를 만날 만한 때에 찾으라"(사 55:6)라고 촉구한 것입니다. 때를 놓치면 아무리 지혜를 부르고 찾아도 만나지 못합니다.

이 모든 것의 원인은 지식을 미워하고, 여호와 경외하기를 즐거워하지 않으며, 여호와의 교훈을 받지 않고 모든 책망을 업신여겼기 때문입니다(29-30절). 그러므로 이러한 사람은 자기가 뿌린 씨의 열매를 먹고, 자기 꾀에 배부를 것입니다(31절). 또한 제멋대로 행동하다 죽고, 태만하게 행하다 망하게 됩니다(32절). 반면 오직 하나님의 말씀을 듣는 자는 평안히 살며 재앙의 두려움이 없이 안전할 것입니다(33절).

하나님의 말씀을 듣고 그 말씀을 따르는 삶은 두려움이 없는 평안한 삶으로 나아갑니다. 그러나 하나님의 말씀을 듣고도 그것을 거절하고 업신여긴다면, 그 인생은 죽음과 멸망의 길로 향하는 급행열차에 올라탄 것과 같습니다. 하나님을 두려워하지 않는 불신앙은 늘 자신의 행동이 옳다고 생각하며 마음대로 살아가도록 합니다. 자신이 가는 이 길의 방향이 바르며 큰 문제가 없다고 여기며 살아가게 합니다.

그러나 분명한 것은 하나님은 우리의 행위대로 판단하고 보응하는 분이시라는 사실입니다. 일이 벌어지고 난 후 지혜를 찾는 것은 아무 소용이 없습니다. 처음부터 말씀대로 순종하며 살아가는 것이 복된 삶입니다. 불신의 삶을 과감하게 벗어 던지고 말씀에 온전히 순종함으로 평안에 이르는 삶을 살아가야 합니다.

오늘도 삶의 모든 현장에서 말씀하시는 하나님의 지혜의 말씀에 귀 기울여 미련함과 거만함에서 벗어날 뿐 아니라, 가르치고 책망하고 인도하시는 주님의 음성에 순종함으로 평안과 기쁨과 안전 가운데 거하며 살아갈 수 있기를….

행복의 시작, 예수 그리스도!
빛이 있으라.

잠언 2장

아침을 여는 묵상 03
(잠 2:1~15)

지혜가 주는 유익을 깨닫는 삶

1 내 아들아 네가 만일 나의 말을 받으며 나의 계명을 네게 간직하며
2 네 귀를 지혜에 기울이며 네 마음을 명철에 두며
3 지식을 불러 구하며 명철을 얻으려고 소리를 높이며
4 은을 구하는 것 같이 그것을 구하며 감추어진 보배를 찾는 것 같이 그것을 찾으면
5 여호와 경외하기를 깨달으며 하나님을 알게 되리니
6 대저 여호와는 지혜를 주시며 지식과 명철을 그 입에서 내심이며
7 그는 정직한 자를 위하여 완전한 지혜를 예비하시며 행실이 온전한 자에게 방패가 되시나니
8 대저 그는 정의의 길을 보호하시며 그의 성도들의 길을 보전하려 하심이니라
9 그런즉 네가 공의와 정의와 정직 곧 모든 선한 길을 깨달을 것이라
10 곧 지혜가 네 마음에 들어가며 지식이 네 영혼을 즐겁게 할 것이요
11 근신이 너를 지키며 명철이 너를 보호하여
12 악한 자의 길과 패역을 말하는 자에게서 건져 내리라
13 이 무리는 정직한 길을 떠나 어두운 길로 행하며
14 행악하기를 기뻐하며 악인의 패역을 즐거워하나니
15 그 길은 구부러지고 그 행위는 패역하니라

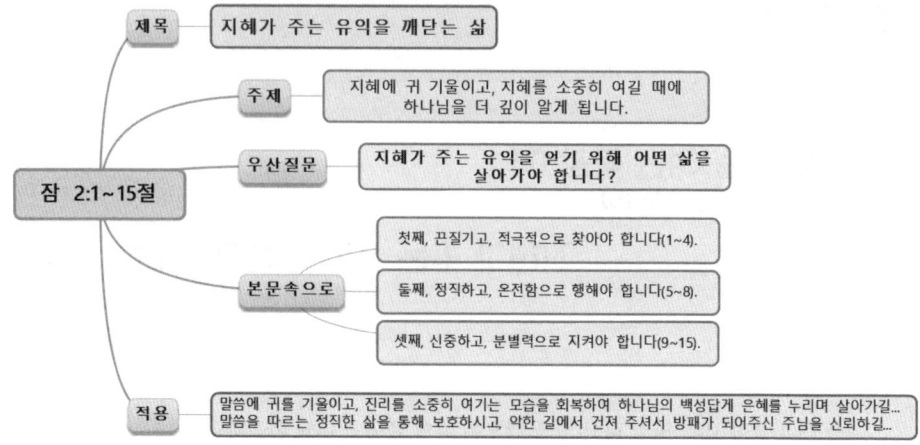

"은을 구하는 것같이 그것을 구하며 감추어진 보배를 찾는 것같이 그것을 찾으면 여호와 경외하기를 깨달으며 하나님을 알게 되리니"(잠 2:4-5).

📖 지혜에 귀 기울이고 지혜를 소중히 여길 때 하나님을 더 깊이 알게 됩니다.

☑ 지혜가 주는 유익을 얻기 위해 어떻게 살아가야 합니까?

🌿 끈질김과 적극성 갖추기(1-4절)

"나의 말을 받으며"(1절)에서 '말씀을 받는다'는 것은 말씀을 적극적으로 붙잡는 것을 의미합니다. 또 "나의 계명을 네게 간직하며"(1절)에서 '간직하다'는 '숨기다', '비축하다'의 뜻으로 '마음속에 간직한 그 무엇이 소중하다'라는 의미가 포함되어 있습니다. 지혜의 말씀이야말로 우리의 영혼을 생명의 길로 인도하기에 적극적으로 붙잡아야 하며, 소중하기에 마음속 깊이 간직해야 합니다. 더 나아가 지혜에 귀를 기울여야 하며, 명철을 마음에 두어야 합니다(2절). 이러한 모습은 하나님의 말씀과 명령을 청종하고 순종하는 행위라 할 수 있습니다. 무엇보다 지혜를 얻기 위해서는 부단한 노력이 필요합니다(3절). 광부가 금이나 은 같은 값비싼 보화를 찾기 위해 끊임없이 노력하는 것처럼, 지혜를 구하는 사람도 광부와 같은 자세로 찾고 또 찾아야 합니다(4절). 값비싼 보화에 비유되고 있는 지혜는 끈질기게 적극적으로 찾는 자에게 주어집니다.

하나님을 경외하며 선한 길을 따라 걷기 위해서는 하나님의 교훈과 훈계를 겸손히 받아 마음속 깊은 곳에 두고 매 순간 묵상해야 합니다. 농부는 뜨거운 태양이 내리쬐는 여름에 열심히 구슬땀을 흘리며 일해 먹을 양식을 풍족히 비축해 두어야 추운 겨울을 여유롭게 즐길 수 있습니다. 그러한 양식은 하루아침에 얻는 것이 아닙니다. 농부가 부단한 노력과 열심을 기울이지 않으면 가을에 추수할 수 없는 것처럼, 지혜 또한 순식간에 얻을 수 있는 것이 아닙니다.

지혜는 하나님의 말씀을 받고 간직한 신앙의 오랜 경험과 훈련을 통해 얻는 것입니다. 신앙의 결실을 위해서는 현실의 상황에서 세상의 유혹을 극복하며 인내해야 합니다. 핍박과 환난과 생활의 염려로 쉽게 신앙을 포기하거나 자포자기하는 것이 아니라, 인내하며 적극적으로 지혜를 찾고 찾을 때 지혜가 주는 참된 유익을 경험할 수 있습니다.

❦ 정직함과 온전함 갖추기(5-8절)

아버지는 지혜를 간절히 찾고 찾을 때 주님을 경외하는 길을 깨닫고 하나님을 아는 지식을 터득하게 될 것이라고 말합니다(5절). "주님께서 지혜를 주시고, 주님께서 친히 지식과 명철을 주시기"(6절, 새번역) 때문입니다. 하나님을 경외한다는 것은 악한 행실을 떠나 말씀 안에서 행하는 것입니다. 하나님을 아는 지식이 없다는 것은 결국 하나님의 말씀에 대한 이해와 순종이 없다는 것입니다. 그러므로 여호와를 바르게 경외하는 것이 지식의 근본이 됩니다. 하나님은 정직한 자에게 완전한 지혜를 주시며(7절), 누구든 지혜가 부족할 때 모든 사람에게 후히 주시고 꾸짖지 않으시는 하나님께 구하면 주십니다(약 1:5). 무엇보다 우리가 정직하게 살아가야 하는 이유는, 하나님은 정직하게 행하는 자에게 좋은 것을 아끼지 않고 주시는 분이기 때문입니다(시 84:11). 또한 하나님은 행실이 온전한 자에게 방패가 되어 주시고(7절), 공평하게 행하면서 주님께 충성하는 사람의 길을 지켜 주십니다(8절, 새번역).

하나님을 바르게 알고 그 말씀에 순종하는 사람이 정직한 사람이며, 말씀을 삶의 기준으로 삼고 하나님을 인생의 목적으로 삼고 살아가는 사람이 온전한 사람입니다. 하나님은 이런 자들에게 보호자가 되시며 그들을 행복한 삶으로 인도하여 주십니다. 인생의 행복은 많은 물질을 손에 쥐고 있다거나, 높은 권력과 명예를 가졌다고 얻을 수 있는 것이 아닙니다. 마음의 간사함을 버리고, 정직하고 온전한 믿음으로 하나님을 절대적으로 의지하고 신뢰할 때 참다운 행복을 얻을 수 있습니다. 하나님이 우리 삶의 방패가 되심으로 우리는 지혜가 주는 유익을 경험할 수 있게 됩니다.

✇ 신중함과 분별력 갖추기(9-15절)

사람은 지혜를 소유하여 하나님의 보호하심을 받을 때, 공의와 정의와 정직 곧 모든 선하고 복된 길을 깨닫게 됩니다(9절). 무엇보다 지혜의 영이시며 지혜의 근원이신 하나님이 마음속에 오시면 하나님을 아는 지식으로 말미암아 영혼의 즐거움을 맛보게 됩니다(10절). 또한 지혜를 소유한 자는 근신(분별력)이 지키고 명철이 보호하여 악한 자의 길과 패역을 말하는 자에게서 건져 내시는 것을 경험하게 됩니다(11-12절). 반대로 악한 자는 바른길을 버리고 어두운 길로 가는 사람들이며 나쁜 일 하기를 좋아하고, 악하고 거스르는 일 하기를 즐거워합니다(13-14절, 새번역). 그러므로 그들의 길은 구부러지고, 그들의 행실은 비뚤어져 있습니다(15절, 새번역).

인생의 즐거움을 하나님을 알아가는 지식에서 찾을 때, 우리는 행복이 있는 인생으로 인도함을 받습니다. 하나님의 뜻을 따라 걸어가는 그 길이 정직한 길이요, 생명에 이르는 길입니다. 때로는 믿음의 길에서 벗어나 우리 마음대로 살아가고자 하는 마음이 들기도 합니다. 마치 그런 인생에 진짜 자유가 있는 것처럼 보이나 실상은 구부러진 길이요, 결국 사망에 이르는 잘못된 길임을 기억해야 합니다. 우리는 믿음의 길을 가면서 한눈팔지 말아야 합니다. 매사에 신중해야 하고, 참과 거짓을 분별할 수 있는 지혜의 영으로 충만해야 합니다. 그럴 때 지혜가 주는 유익을 경험할 수 있습니다.

오늘도 말씀에 귀 기울이고 진리를 소중히 여기는 모습으로 하나님의 백성답게 은혜를 누릴 뿐 아니라, 말씀을 따르는 정직한 삶을 통해 우리를 보호하시고 악한 길에서 건져 주심으로 방패가 되어 주신 주님을 신뢰하며 살아갈 수 있기를….

행복의 시작, 예수 그리스도!
빛이 있으라.

잠언 2장

아침을 여는 묵상 04
(잠 2:16~22)

지혜의 말씀으로 충만한 삶

16 지혜가 또 너를 음녀에게서, 말로 호리는 이방 계집에게서 구원하리니
17 그는 젊은 시절의 짝을 버리며 그의 하나님의 언약을 잊어버린 자라
18 그의 집은 사망으로, 그의 길은 스올로 기울어졌나니
19 누구든지 그에게로 가는 자는 돌아오지 못하며 또 생명 길을 얻지 못하느니라
20 지혜가 너를 선한 자의 길로 행하게 하며 또 의인의 길을 지키게 하리니
21 대저 정직한 자는 땅에 거하며 완전한 자는 땅에 남아 있으리라
22 그러나 악인은 땅에서 끊어지겠고 간사한 자는 땅에서 뽑히리라

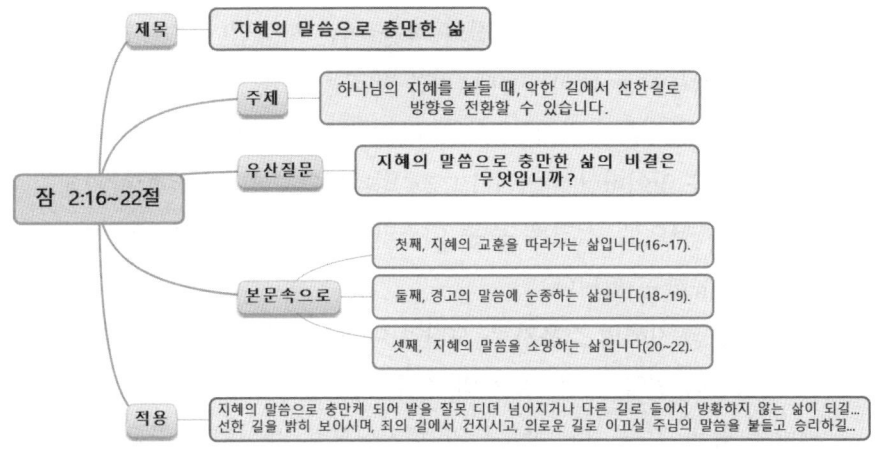

"지혜가 너를 선한 자의 길로 행하게 하며 또 의인의 길을 지키게 하리니"(잠 2:20).

📖 하나님의 지혜를 붙들 때, 악한 길에서 선한 길로 방향을 전환할 수 있습니다.

☑ 지혜의 말씀으로 충만한 삶의 비결은 무엇입니까?

🌿 지혜의 교훈 따라가기(16-17절)

　지혜는 음녀와 말로 호리는 이방 계집에게서 건져 줍니다(16절). 음녀는 지혜와 적대적 관계를 이루고 있습니다. 음녀의 말은 달콤하고 매혹적이지만, 결국 멸망으로 인도하기에 경계해야 합니다. 오직 지혜의 가르침만이 음녀의 매혹적이고 달콤한 유혹에서 우리를 분리해 줍니다. 음녀는 젊은 시절의 짝을 버린 사람입니다(17절). 여기서 '짝'은 배우자를 의미하는데, 짝을 버리는 것은 인간관계에서 가장 기본이 되는 혼인 관계를 무너뜨리는 것입니다. 또한 음녀는 하나님의 언약을 잊어버린 자입니다(17절). 하나님의 언약 역시 혼인 관계를 뜻하는 것으로, 성경은 종종 이스라엘과 하나님의 관계를 결혼 관계에 비유하곤 합니다.

요셉은 참 지혜의 소유자로, 보디발 아내의 끊임없는 유혹에도 결코 하나님의 언약 백성으로서의 정체성을 잃어버리지 않았습니다. 쾌락은 늪과 같습니다. 한순간의 호기심으로 세상의 쾌락을 맛본 사람은 거기서 헤어나지 못하고 점점 깊이 빠져들게 됩니다. 세상이 주는 쾌락은 누구든 쉽게 빨려 들어갈 수 있는 위험한 요소라는 사실을 인지하고 있는 사람만이 그 늪에 빠지지 않습니다.

그리스도의 신부인 성도는 세상 쾌락에 빠져 그리스도와의 신성한 혼인 관계를 깨뜨리지 않도록 영적 순결함을 힘써 지켜 나가야 합니다. 그러므로 어떤 경우라도 이 세대가 자랑하는 화려함을 좇지 말고, 악은 어떤 모양이라도 버리며, 지혜의 교훈을 따라 살아가야 합니다.

🌱 경고의 말씀에 순종하기(18-19절)

음녀의 집은 사망으로, 그 길은 스올로 기울어져 있습니다(18절). 그 길은 죽음으로 내려가는 길입니다. '사망'과 '스올'은 악한 자들이 죽어서 가는 지옥을 의미합니다. 이는 음녀와 같은 악한 자들에 대한 하나님의 심판이 매우 강하며 철저할 것임을 시사합니다. 음녀에게 가는 자는 아무도 되돌아오지 못하고, 다시는 생명의 길에 이르지 못합니다(19절). 여기서 생명의 길은 하나님 안에 거하는 삶이자,

생명의 빛 가운데로 다니는 삶을 말합니다. 그러므로 하나님을 경외하는 자는 생명의 길을 가는 반면, 하나님을 떠나 음녀의 유혹을 따라가는 자는 결단코 돌아오지 못할 길을 가다 결국엔 하나님과 영원히 단절되고 맙니다.

간음한 여인들에 대하여 야고보서는 세상을 사랑하여 세상과 벗된 자들이며, 스스로 하나님과 원수 된 자들이라고 정의합니다(약 4:4). 그러므로 사망과 스올로 가는 일방통행로에서 서성거리고 있다면 빨리 벗어나야 합니다. 하나님에게서 오는 지혜는 우리 영혼에 참 생명이 될 뿐 아니라, 온 육체에 건강함도 가져다 줄 것입니다(잠 4:22). 그러므로 지혜의 가르침과 경고의 말씀을 저버리고 패역한 길로 가지 않도록 해야 합니다. 속히 마음을 돌이키고 참 생명이 있는 하나님의 길로 진로를 바꾸어 참된 기쁨과 만족을 누리며 살아가야 합니다. 하나님을 거부하고 세상 쾌락만을 좇는 자는 결국 심판날에 영원한 멸망에 이른다는 경고의 말씀에 귀 기울이고 영원한 생명을 사모하며 살아가야 합니다.

지혜의 말씀 소망하기(20-22절)

우리는 선한 사람이 가는 길을 가고, 의로운 사람이 걷는 길로만 걸어야 합니다(20절, 새번역). 지혜의 목적은 선한 자가 계속해서 선한 삶을 살도록 하고, 의인이 계속해서 의로운 삶을 살도록 하는 데 있습니다. 아울러 "세상은 정직한 사람이 살 곳이요, 흠 없는 사람이 살아남을 곳"(21절, 새번역)이 됩니다. 그러나 악한 사람은 땅에서 끊어지고, 진실하지 못한 사람은 땅에서 뿌리가 뽑힐 것입니다(22절, 새번역).

우리는 전인격적으로 하나님의 뜻을 올바로 깨닫고 그 말씀에 순종하는 정직한 자요, 완전한 자로 살아가야 합니다. 지혜의 말씀을 따르는 사람은 하나님이 끝까지 지키고 보호해 주시지만, 그 길을 스스로 떠나는 악인과 간사한 사람은 땅에서 사라질 것이기 때문입니다. 그러므로 우리는 매일매일 변하는 세상의 상황에서도 결코 변하지 않는 지혜의 말씀에 귀 기울이고 그 말씀을 간절히 소망하며 살아가야 합니다. 그러면 하나님이 우리의 삶을 끝까지 지켜 주시고, 결코 인생에서 방황하지 않도록 우리를 이끌어 주실 것입니다. 이처럼 우리는 지혜의 말씀을 간절히 소망함으로 그 말씀으로 충만해 살아가야 합니다.

오늘도 지혜의 말씀으로 충만케 되어, 영적인 발을 잘못 디뎌 넘어지거나 다른 길로 들어서서 방황하지 않을 뿐 아니라, 선한 길을 밝히 보이시며 죄악의 길에서 건지시고 의로운 길로 이끄시는 주님의 말씀을 붙들고 승리하며 살아갈 수 있기를….

행복의 시작, 예수 그리스도!
빛이 있으라.

잠언 3장

아침을 여는 묵상 05
(잠 3:1~10)

인자와 진리를 마음 판에 새기는 삶

1 내 아들아 나의 법을 잊어버리지 말고 네 마음으로 나의 명령을 지키라
2 그리하면 그것이 네가 장수하여 많은 해를 누리게 하며 평강을 더하게 하리라
3 인자와 진리가 네게서 떠나지 말게 하고 그것을 네 목에 매며 네 마음판에 새기라
4 그리하면 네가 하나님과 사람 앞에서 은총과 귀중히 여김을 받으리라
5 너는 마음을 다하여 여호와를 신뢰하고 네 명철을 의지하지 말라
6 너는 범사에 그를 인정하라 그리하면 네 길을 지도하시리라
7 스스로 지혜롭게 여기지 말지어다 여호와를 경외하며 악을 떠날지어다
8 이것이 네 몸에 양약이 되어 네 골수를 윤택하게 하리라
9 네 재물과 네 소산물의 처음 익은 열매로 여호와를 공경하라
10 그리하면 네 창고가 가득히 차고 네 포도즙 틀에 새 포도즙이 넘치리라

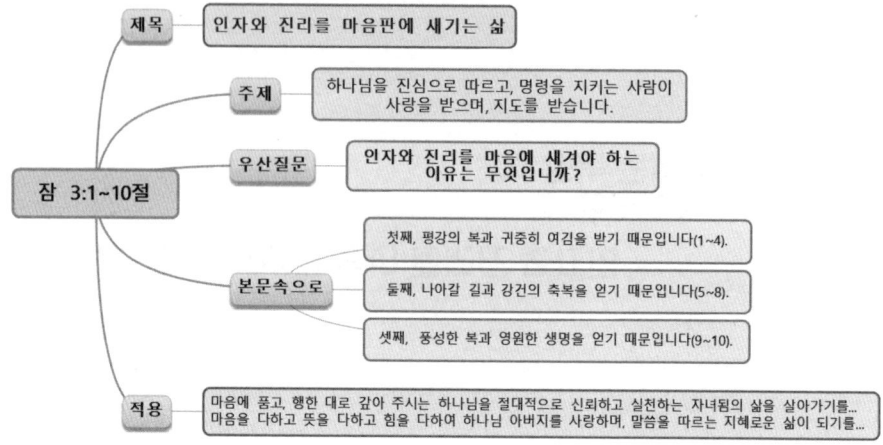

"너는 마음을 다하여 여호와를 신뢰하고 네 명철을 의지하지 말라"(잠 3:5).

📖 하나님을 진심으로 따르고 그 명령을 지키는 사람이 하나님의 사랑과 지도를 받습니다.

☑ 인자와 진리를 마음에 새겨야 하는 이유는 무엇입니까?

🌱 평강의 복과 귀중히 여김을 받기 때문에(1-4절)

지혜는 단순히 영적인 영역만이 아니라 삶의 모든 영역에 큰 영향을 미칩니다. "나의 법을 잊어버리지 말고 네 마음으로 나의 명령을 지키라"(1절). 하나님의 법을 잊어버리면 교만해질 수밖에 없습니다. 그래서 자기 멋대로 행하며 다른 이들에게 해악을 끼치게 됩니다. 그러므로 하나님의 자녀라면 하나님의 법을 충실히 지켜야 할 의무가 있습니다. 하나님의 명령을 지키되 마음으로 지키고, 인자와 진리를 마음 판에 새겨야 합니다(3절). 그러면 장수하고 평강을 누리게 될 것을 약속하십니다(2절). 또한 하나님과 사람 앞에서 은혜를 입고, 귀중히 여김을 받게 됩니다(4절).

하나님의 말씀을 소중히 여기고 마음 판에 새기는 자에게 하나님은 반드시 은혜를 베풀어 주시며, 끝까지 함께해 주십니다. 하나님은 사람의 마음 중심을 보고 계십니다. 그러므로 말씀을 지켜 행하고, 말씀에 순종할 때도 마음을 다해야 합니다. 마음의 중심으로 하나님의 약속을 믿고 충성할 때 생명과 평강을 누리게 됩니다. 또한 하나님과 사람에게 귀중히 여김을 받으며 살게 됩니다.

우리는 우리의 삶에 신앙의 형식만 남아 있고, 하나님을 향한 간절함은 사라지지 않았는지 늘 살펴보아야 합니다. 그리고 우리의 마음과 삶이 말씀의 진리와 사랑에서 떠나지 않도록 이를 단단히 붙잡아 평강의 복을 누리고, 어디서나 영향력을 끼쳐 귀중히 여김을 받으며 살아가야 합니다.

❧ 나아갈 길을 알고 건강의 축복을 얻기 때문에(5-8절)

아버지는 하나님께서 주시는 지혜만이 완전하기에 "너는 마음을 다하여 여호와를 신뢰하고 네 명철을 의지하지 말라"(5절)고 말합니다. 이는 삶의 모든 영역을 하나님께 온전히 맡기는 것으로 범사에 하나님을 인정하는 삶입니다(6절). 여기서 인정한다는 것은 단순히 지식적으로 받아들이는 차원을 넘어 하나님께서 세상을 주관하심을 믿고 고백하는 것을 의미합니다.

여호와를 의뢰할 때 지혜자인 그분께서 그 사람의 길을 지도하고 인도해 주십니다(6절). 무엇보다 스스로 지혜롭다 여기지 않고, 주님을 경외하며 악을 멀리할 때(7절), "이것이 네 몸에 양약이 되어 네 골수를 윤택하게 하리라"(8절)라고 말씀합니다. 이스라엘의 사사시대에는 모든 사람이 자기 생각에 옳은 대로 행하다 참담한 결과를 맞이했습니다. 그러므로 하나님을 두려워하고 악을 떠나는 것이 가장 필요한 지혜임을 깨닫는 것이 중요합니다.

우리는 범사에 마음을 다하고 뜻을 다하고 힘을 다하여 하나님을 사랑하고(신 6:5) 인정해야 합니다. 하나님을 신뢰하지 못하면 하나님의 자녀가 누리는 은혜와 평강의 복을 누릴 수 없습니다. 하나님의 말씀을 듣고 신뢰할 때, 비로소 하나님의 자녀로서 하나님의 지도를 받을 수 있습니다. 우리가 계속해서 불안을 느끼고, 염려와 근심에 싸여 살아가는 이유 중 하나는 하나님을 온전히 신뢰하지 못하기 때문입니다. 또한 진리의 말씀을 마음 판에 새겨놓지 못했기 때문입니다.

우리가 인생을 살아가며 하나님의 인도를 받기 원한다면 자신의 명철을 의지하는 것이 아니라 하나님의 지혜를 인정해야 합니다. 하나님의 말씀에 갈급해하고, 하나님의 뜻이 무엇인지 구하며 들을 준비가 된 사람만이 인생을 이끌어 가시는 하나님의 역사를 맛보게 됩니다. 그리고 영육의 강건함을 경험합니다. 그러므로 우리는 진리의 말씀을 마음 판에 새겨 우리 인생이 나아갈 길을 깨닫고 영육의 강건함을 주시는 하나님의 은혜를 날마다 누리며 살아가야 합니다.

❦ 풍성한 복과 영원한 생명을 얻기 때문에(9-10절)

하나님 아버지를 향한 우리의 신뢰와 사랑의 정도는 예배의 모습에서 가늠할 수 있습니다. "네 재물과 네 소산물의 처음 익은 열매로 여호와를 공경하라"(9절)에서 '처음 익은 열매'는 단순히 첫 열매만이 아니라 '제일 좋은 것'이라는 의미를 내포하고 있습니다. 하나님을 영화롭게 하는 것 중 한 가지는 재물과 소산물의 처음 익은 열매를 예물로 드리는 것입니다. 또한 자신의 것을 가난한 이웃들과 나눔으로 하나님을 높여드릴 수 있습니다. 그러면 "네 창고가 가득히 차고 네 포도즙 틀에 새 포도즙이 넘치리라"(10절)라고 약속하셨습니다.

하나님의 말씀을 따라 예물을 드린다는 것은 우리 자신의 명철을 의지하지 않고 하나님만을 의뢰한다는 뜻입니다. 하나님은 자신을 경외하는 겸손한 자녀에게 지혜와 더불어 물질의 풍성함을 주시는 좋은 아버지이십니다. 그것도 인색함이나 억지로가 아니라 넘치도록 주십니다. 우리는 청지기로서 우리가 가진 모든 것이 하나님의 소유임을 기꺼이 인정하고, 하나님께 드리되 즐거이 드려 풍성한 복과 영원한 생명을 누리는 복된 사람이 되어야 합니다.

오늘도 말씀을 마음에 품고 행하는 대로 갚아 주시는 하나님을 절대적으로 신뢰하며 하나님의 자녀로서 살아갈 뿐 아니라, 마음 판에 새긴 말씀대로 마음을 다하고 뜻을 다하고 힘을 다하여 하나님 아버지를 사랑하고 그 말씀을 따르며 지혜롭게 살아가기를….

**행복의 시작, 예수 그리스도!
빛이 있으라.**

잠언 3장

아침을 여는 묵상 06
(잠 3:11~35)

지혜를 따라 살아가는 삶

11 내 아들아 여호와의 징계를 경히 여기지 말라 그 꾸지람을 싫어하지 말라
12 대저 여호와께서 그 사랑하시는 자를 징계하시기를 마치 아비가 그 기뻐하는 아들을 징계함 같이 하시느니라
13 지혜를 얻은 자와 명철을 얻은 자는 복이 있나니
14 이는 지혜를 얻는 것이 은을 얻는 것보다 낫고 그 이익이 정금보다 나음이니라
15 지혜는 진주보다 귀하니 네가 사모하는 모든 것으로도 이에 비교할 수 없도다
16 그의 오른손에는 장수가 있고 그의 왼손에는 부귀가 있나니
17 그 길은 즐거운 길이요 그의 지름길은 다 평강이니라
18 지혜는 그 얻은 자에게 생명 나무라 지혜를 가진 자는 복되도다
19 여호와께서는 지혜로 땅에 터를 놓으셨으며 명철로 하늘을 견고히 세우셨고
20 그의 지식으로 깊은 바다를 갈라지게 하셨으며 공중에서 이슬이 내리게 하셨느니라
21 내 아들아 완전한 지혜와 근신을 지키고 이것들이 네 눈 앞에서 떠나지 말게 하라
22 그리하면 그것이 네 영혼의 생명이 되며 네 목에 장식이 되리니
23 네가 네 길을 평안히 행하겠고 네 발이 거치지 아니하겠으며
24 네가 누울 때에 두려워하지 아니하겠고 네가 누운즉 네 잠이 달리로다
25 너는 갑작스러운 두려움도 악인에게 닥치는 멸망도 두려워하지 말라
26 대저 여호와는 네가 의지할 이시니라 네 발을 지켜 걸리지 않게 하시리라
27 네 손이 선을 베풀 힘이 있거든 마땅히 받을 자에게 베풀기를 아끼지 말며
28 네게 있거든 이웃에게 이르기를 갔다가 다시 오라 내일 주겠노라 하지 말며
29 네 이웃이 네 곁에서 평안히 살거든 그를 해하려고 꾀하지 말며
30 사람이 네게 악을 행하지 아니하였거든 까닭 없이 더불어 다투지 말며
31 포학한 자를 부러워하지 말며 그의 어떤 행위도 따르지 말라
32 대저 패역한 자는 여호와께서 미워하시나 정직한 자에게는 그의 교통하심이 있으며
33 악인의 집에는 여호와의 저주가 있거니와 의인의 집에는 복이 있느니라
34 진실로 그는 거만한 자를 비웃으시며 겸손한 자에게 은혜를 베푸시나니
35 지혜로운 자는 영광을 기업으로 받거니와 미련한 자의 영달함은 수치가 되느니라

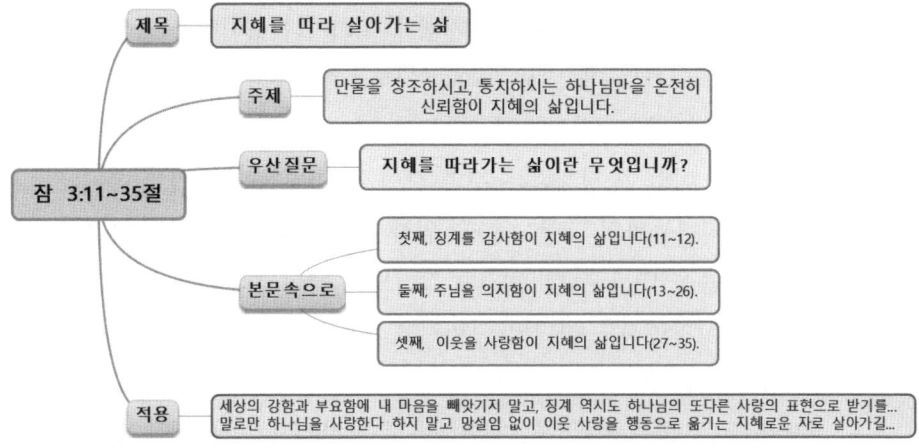

"지혜는 진주보다 귀하니 네가 사모하는 모든 것으로도 이에 비교할 수 없도다… 지혜는 그 얻은 자에게 생명나무라 지혜를 가진 자는 복되도다"(잠 3:15, 18).

📚 만물을 창조하시고 통치하시는 하나님만을 온전히 신뢰하는 것이 지혜의 삶입니다.

☑ 지혜를 따라가는 삶이란 무엇입니까?

🌿 징계에 감사하기(11-12절)

아버지는 "여호와의 징계를 경히 여기지 말라 그 꾸지람을 싫어하지 말라"(11절)고 당부합니다. 징계와 꾸지람은 잘못된 행동을 바로잡기 위한 것이며, 이 두 가지는 모두 하나님의 또다른 사랑의 표현입

잠언 3장 51

니다. 하나님의 징계와 꾸지람을 가볍게 여기거나 싫어하지 말아야 하는 이유는 그 모두가 분명 택하신 자녀들을 위한 것이기 때문입니다. 하나님은 자신이 사랑하는 자들을 징계하시되, 마치 아버지가 그 기뻐하는 아들을 징계하는 것과 같이 하십니다(12절). 징계 속에는 자신의 자녀들과의 '교통'(32절)을 원하시는 하나님 아버지의 마음이 담겨 있음을 엿볼 수 있습니다. 그러므로 하나님의 자녀들은 고난을 겪는 상황에서도 하나님 아버지를 신뢰하고 순복하며 믿음으로 살아가야 합니다.

하나님은 자신을 경외하는 자녀들을 축복하시고, 그 인생을 보호하십니다. 또한 그 자녀들의 영혼을 정결하게 하기 위해 고통을 주시기도 합니다. 히브리서는 "무릇 징계가 당시에는 즐거워 보이지 않고 슬퍼 보이나 후에 그로 말미암아 연단 받은 자들은 의와 평강의 열매를 맺느니라"(12:11)라고 말씀합니다. 하나님의 자녀들은 때때로 징계와 꾸지람을 축복의 기회로 받아야 합니다. 징계에 오히려 감사하고 순복하는 겸손함도 가져야 합니다. 어려움이 생기면 기다렸다는 듯이 신앙을 버리고 하나님을 멀리하는 어리석음은 없어야 합니다. 어려움을 당할 때 그것을 자신을 돌아보는 기회로 삼을 수 있다면 그는 지혜로운 사람입니다.

🕊 주님을 의지하기(13-26절)

'복'은 지혜의 궁극적인 유익입니다. 사람들은 재물을 귀하게 여깁니다. 그러나 아버지는 은이나 금, 또는 진주보다 지혜를 얻는 것이 더 낫고 귀하다고 말합니다(14-15절). 물질이 주는 이익만 좇다 보면 결국 사망에 이르게 되지만, 지혜를 붙잡고 좇다 보면 영원한 생명을 얻기 때문입니다.

사실 말씀을 따라 사는 것이 말처럼 그리 쉽지만은 않습니다. 그럼에도 그 길은 분명 즐거운 길이요, 그 모든 길에는 평안이 있습니다(17절, 새번역). 지혜는 그것을 얻은 자에게 생명나무이며(창 2:9; 계 2:7, 22:14), 그것을 붙드는 사람은 복이 있기 때문입니다(18절). 더 나아가 주 안에서 죽는 자는 복이 있습니다(계 14:13). 만물이 하나님의 손에 의해 창조되었고(19-20절), 결국 모든 인생은 주로 말미암고 주에게로 돌아가게 되어 있습니다(롬 11:36).

지혜를 따르는 자는 결국 모든 두려움과 염려가 사라지고 오직 평안만 누리게 됩니다. 하나님만이 우리가 완전히 믿고 의지할 수 있는 유일한 존재입니다. 또한 주님은 우리의 발이 올무에 걸려 넘어지지 않도록 지켜 주시는 분입니다(26절). 그러므로 우리는 건전한 지혜와 분별력을 간직하여 한시라도 그것이 시야에서 떠나지 않도록 주의해야 합니다(21절, 새번역).

시골의 밤은 도시의 밤과 전혀 다릅니다. 똑같은 밤이라도 시골은 도시에 비해 불빛이 적기 때문에 더 어둡습니다. 밖으로 나갈 때면 혹시나 뭔가에 걸려 넘어질까 조심스럽게 걷게 됩니다. 인생에도 어두운 시골길처럼 우리를 넘어지게 하는 걸림돌이 즐비합니다. 그러므로 어둠을 비추시는 생명의 빛 되신 주님을 의지하는 믿음이 필요합니다. 우리는 한 치 앞의 일도 알지 못하는 연약한 인생이기에 하나님의 도우심 없이는 그 어떤 것으로도 불안할 수밖에 없습니다. 그러므로 재물이나 사람의 도움이 아니라, 인생에서 진정한 도움이 되시는 주님만을 절대적으로 의지하며 살아가는 것이 지혜입니다.

🌿 이웃을 사랑하기(27-35절)

아버지는 진정한 지혜를 얻는 또 하나의 조건이 이웃에 대한 사랑의 실천임을 말하고 있습니다. 즉, 하나님을 사랑하는 마음과 이웃을 사랑하는 마음은 분리될 수 없다는 의미입니다. 다른 사람을 도와줄 수 있는 능력이 있음에도 일부러 더디게 베풀지 말라는 것입니다(27-28절). 자신은 베풀기를 더디게 하면서 하나님께는 빨리 도와달라고 한다면 이는 분명히 모순된 행동입니다. 또한 옆에서 평안히 잘 살고 있는 이웃을 괴롭히지 말고 괜히 싸움을 일으키지 말아야 합니다(29-30절). 포학한 자를 부러워하지 말며 그 어떤 행위도 따르지 말아야 합니다(31절). 하나님은 비뚤어진 사람을 가증이 여기시고, 정직한 사람을 신뢰하십니다(32절). 악인의 집에 저주를 내리시고, 거만한 자를 비웃으시며, 어리석은 사람은 수치를 당하도록 하십니다. 그러나 의인의 집에는 복을 주시고, 겸손한 자에게는 은혜를 주시며, 지혜로운 사람은 영광을 얻도록 하십니다(33-35절).

"누구든지 하나님을 사랑하노라 하고 그 형제를 미워하면 이는 거짓말하는 자니"(요일 4:20; 참고. 눅 16장). 세상은 많은 것을 소유하고 그것을 굳게 움켜쥐고 있는 사람을 지혜로운 사람이라고 칭찬할지 모르지만, 성경은 어려운 이웃을 도와주고 후히 베푸는 사람이 지혜로운 사람이라고 말합니다. 신속히 힘을 다해 도움을 베풀고 살아가는 것이 진정 지혜로운 사람이며, 하나님의 뜻을 따르는 삶임을 잊지 말아야 합니다. 하나님은 뿌린 대로 거두게 하십니다. 하나님 사랑과 이웃 사랑 모두에 최선을 다하는 것이 지혜입니다. 하나님은 힘들고 도움이 필요한 이웃에게 선을 행하며 정직한 길을 걷는 사람을 결코 외면하지 않고 기억하십니다. 그러므로 이웃 사랑에 최선을 다하는 사람이 지혜로운 사람입니다.

오늘도 세상의 강함과 부요함에 마음을 빼앗기지 않고 징계도 하나님의 또다른 사랑의 표현으로 받아들이며 살아갈 뿐 아니라, 말로만 하나님을 사랑한다고 하지 않고 망설임 없이 이웃 사랑을 실천하는 지혜로운 자로 살아갈 수 있기를….

행복의 시작, 예수 그리스도!
빛이 있으라.

잠언 4장

아침을 여는 묵상 07
(잠 4:1~9)

영원한 가치를 붙잡는 삶

1 아들들아 아비의 훈계를 들으며 명철을 얻기에 주의하라
2 내가 선한 도리를 너희에게 전하노니 내 법을 떠나지 말라
3 나도 내 아버지에게 아들이었으며 내 어머니 보기에 유약한 외아들이었노라
4 아버지가 내게 가르쳐 이르기를 내 말을 네 마음에 두라 내 명령을 지키라
 그리하면 살리라
5 지혜를 얻으며 명철을 얻으라 내 입의 말을 잊지 말며 어기지 말라
6 지혜를 버리지 말라 그가 너를 보호하리라 그를 사랑하라 그가 너를 지키리라
7 지혜가 제일이니 지혜를 얻으라 네가 얻은 모든 것을 가지고 명철을
 얻을지니라
8 그를 높이라 그리하면 그가 너를 높이 들리라 만일 그를 품으면 그가 너를
 영화롭게 하리라
9 그가 아름다운 관을 네 머리에 두겠고 영화로운 면류관을 네게 주리라
 하셨느니라

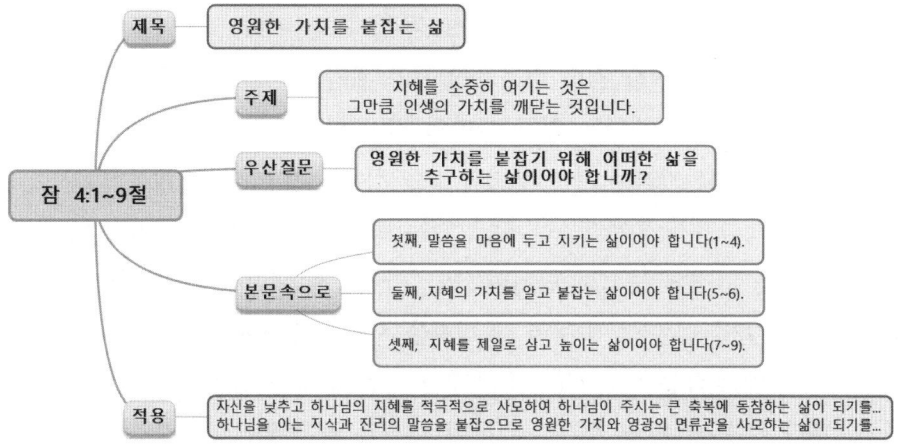

"지혜를 얻으며 명철을 얻으라 내 입의 말을 잊지 말며 어기지 말라 지혜를 버리지 말라 그가 너를 보호하리라 그를 사랑하라 그가 너를 지키리라"(잠 4:5-6).

📖 지혜를 소중히 여기는 것은 인생의 가치를 바르게 깨닫는 것입니다.

☑ 영원한 가치를 붙잡으려면 어떠한 삶을 추구해야 합니까?

🌿 말씀을 마음에 두고 지키는 삶(1-4절)

아버지는 자신이 부모에게서 받은 훈계와 명철을 상기하며 아들들에게 삶의 원리인 지혜를 가르칩니다. "…훈계를 들으며 명철을 얻기에 주의하라…선한 도리를…전하노니 내 법을 떠나지 말라"(1-2절).

잠언 4장 57

여기서 '떠나다'는 하나님을 버리고 우상을 좇는 배교 행위를 의미합니다. 즉, 정직한 길을 버리고 인자와 진리를 버리며 훈계를 저버리는 어리석은 행위는 결국 사망의 길로 빠지게 된다는 것입니다. 반면 훈계를 지키는 자는 생명의 길을 걸어갑니다. 부모에게서 받은 사랑의 증거가 훈계였음을 알고 있는 아버지는 그 훈계를 이제 아들들에게 전해 주고자 합니다(3절). "아버지가 내게 가르쳐 이르기를 내 말을 네 마음에 두라 내 명령을 지키라 그리하면 살리라"(4절). '마음에 두라'는 말은 지혜의 훈계를 마음에 붙잡아 매라는 의미입니다. 이는 말씀을 지키기 위하여 훈계가 마음에서 떠나지 않도록 자나 깨나 그 의미를 새기고 묵상하는 것이라 할 수 있습니다. "그리하면 살리라"라는 말씀처럼 지혜의 훈계를 마음에 두고 지키면 생명의 길로 나아갈 수 있습니다.

하나님은 생명의 원천이십니다. 하나님에게서 나오는 지혜의 훈계는 우리를 살리는 능력이 있습니다. 그러므로 지혜로운 사람은 말씀의 가르침을 통해 자신을 돌아보는 사람입니다. 반면 어리석고 미련한 사람은 여러 번 말씀을 듣고도 돌이키지 못한 채 사망의 길을 걷는 사람입니다. 오늘 우리에게는 우리의 신앙과 지혜가 다음 세대에까지 전달되게 해야 하는 막중한 책임이 있습니다. 다음 세대가 자기들의 소견에 옳은 대로 행하여 사망의 길로 가지 않도록 지혜의 말씀을 마음에 두고 지키게 해야 합니다. 하나님의 지혜를 떠나지 않도록 가르쳐야 합니다. 그러기 위해서는 부모 된 우리 자신이 먼저 하나님의 말씀을 배워 마음에 두고 지키는 삶이 영원한 가치를 붙잡는 것임을 깨닫고 실천해야 합니다.

지혜의 가치를 알고 붙잡는 삶(5-6절)

아버지는 계속하여 지혜를 얻도록 권면합니다. "지혜를 얻으며 명철을 얻으라 내 입의 말을 잊지 말며 어기지 말라"(5절). 지혜의 가치를 알고 깨달았다면 다른 소중한 것을 내어 주어서라도 그것을 얻어야 합니다. 지혜는 다른 그 어떤 것보다 큰 가치가 있기 때문입니다. 그러므로 지혜를 버리지 말고 사랑해야 합니다. 그러면 그 지혜가 우리를 보호하고 지킬 것입니다(6절).

신약성경 마태복음 13장에 기록된 예수님의 비유에 의하면, 어떤 사람이 밭에 감춰진 보화를 발견하고는 그 보화를 얻고자 자신의 소유를 다 팔아 그 밭을 삽니다(13:44). 이처럼 예수 그리스도를 발견한 사람은 그 가치를 알기에 자신이 소중히 여겼던 세상 것들을 주저 없이 포기하고, 예수 그리스도를 배우고 따르는 제자의 길로 나아갑니다. 지혜가 가장 값진 보화임을 깨달았다면 그것을 포기하는 어리석은 자가 되지 말아야 합니다.

참된 지혜는 값으로 매길 수 없을 만큼 귀하고 귀한 것입니다. 이러한 지혜를 하나님은 우리에게 선물로 주셨습니다. 값어치가 없어서 선물로 주신 것이 아니라 무엇으로도 살 수 없을 정도로 값비싼 것이기에 선물로 주신 것입니다. 하나님은 가치 없는 우리에게 지혜를 주심으로 우리 인생을 가치 있게 만들어 주셨습니다. 그러므로 지혜의 가치를 알고 그 지혜를 붙잡아야 합니다. 그것이 영원한 가치를 붙잡는 삶입니다.

지혜를 제일로 삼고 높이는 삶(7-9절)

아버지는 지혜가 으뜸이요 최고이기에 우리가 가진 것을 다 바쳐

서라도 지혜와 명철을 얻으라고 명령합니다(7절). 지혜와 명철은 세상의 재물과 비교될 수 없으며 그 어떤 소유물보다도 귀한 최고의 가치가 있습니다. 재물은 육신의 안식을 가져다주지만, 지혜와 명철은 영적인 안식을 영원히 보장해 주기에 모든 것을 다 내어 주더라도 반드시 얻어야 합니다. 그리고 그것을 높여야 합니다. 그러면 그 지혜가 우리를 높여 줄 것입니다. 또 그 지혜를 품어야 합니다. 그러면 그 지혜가 우리를 영화롭게 해줄 것입니다(8절). 여기서 '품다'는 애정의 표현으로 포옹하는 것을 의미합니다. 그러므로 지혜를 껴안는다는 것은 그것을 지극히 사랑한다는 것입니다. 지혜에게 가까이 다가가 애정을 표현한다면 지혜는 우리를 높여 영화롭게 함으로, 그 이상으로 응답한다는 것입니다. "그가 아름다운 관을 네 머리에 두겠고 영화로운 면류관을 네게 주리라"(9절). 즉, 지혜를 사랑하는 자에 대한 보상은 '아름다운 관'과 '영화로운 면류관'입니다.

사람은 자신의 관심사에 많은 시간과 에너지를 쏟아붓습니다. 그런데 만약 그 일이 하나님의 말씀보다 우선순위에 자리한다면, 자칫 더 중요한 것을 놓칠 수 있음을 잊지 말아야 합니다. 무엇보다 말씀이신 예수님을 인생에서 최고로 삼고, 언제나 눈앞에 모시고 살아야 합니다. 그러면 주님은 우리보다 앞서 행하시고, 우리의 삶을 영화롭게 해주실 것입니다. 지혜로운 사람은 하나님의 뜻과 하나님이 원하시는 바른길을 압니다.

우리는 늘 자신의 생각만을 고집하며 살아가고 있지 않은지 스스로 돌아보아야 합니다. 반면 지금 가고 있는 길이 우리가 계획한 길과 다르다고 할지라도 그것이 말씀이 보여 주시는 길이라면 흔들림 없이 그 길을 가야 합니다. 지금은 비록 초라해 보일지라도 말씀을 끝까지 붙들고 갈 때, 나중의 영광이 더욱 빛나게 되고, 영광스러운 길로 인도함을 받을 것입니다. 지혜를 제일로 삼고 높이는 삶이 영원한 가치를 붙잡는 삶입니다.

　오늘도 자신을 낮추고 하나님의 지혜를 적극적으로 사모하여 하나님이 주시는 큰 축복에 동참할 뿐 아니라, 하나님을 아는 지식과 진리의 말씀을 붙잡음으로 영원한 가치와 영광의 면류관을 사모하며 살아갈 수 있기를….

　행복의 시작, 예수 그리스도!
　빛이 있으라.

잠언 4장

아침을 여는 묵상 08
(잠 4:10~27)

더욱 마음을 지키는 삶

10 내 아들아 들으라 내 말을 받으라 그리하면 네 생명의 해가 길리라
11 내가 지혜로운 길을 네게 가르쳤으며 정직한 길로 너를 인도하였은즉
12 다닐 때에 네 걸음이 곤고하지 아니하겠고 달려갈 때에 실족하지 아니하리라
13 훈계를 굳게 잡아 놓치지 말고 지키라 이것이 네 생명이니라
14 사악한 자의 길에 들어가지 말며 악인의 길로 다니지 말지어다
15 그의 길을 피하고 지나가지 말며 돌이켜 떠나갈지어다
16 그들은 악을 행하지 못하면 자지 못하며 사람을 넘어뜨리지 못하면 잠이 오지 아니하며
17 불의의 떡을 먹으며 강포의 술을 마심이니라
18 의인의 길은 돋는 햇살 같아서 크게 빛나 한낮의 광명에 이르거니와
19 악인의 길은 어둠 같아서 그가 걸려 넘어져도 그것이 무엇인지 깨닫지 못하느니라
20 내 아들아 내 말에 주의하며 내가 말하는 것에 네 귀를 기울이라
21 그것을 네 눈에서 떠나게 하지 말며 네 마음 속에 지키라
22 그것은 얻는 자에게 생명이 되며 그의 온 육체의 건강이 됨이니라
23 모든 지킬 만한 것 중에 더욱 네 마음을 지키라 생명의 근원이 이에서 남이니라
24 구부러진 말을 네 입에서 버리며 비뚤어진 말을 네 입술에서 멀리 하라
25 네 눈은 바로 보며 네 눈꺼풀은 네 앞을 곧게 살펴
26 네 발이 행할 길을 평탄하게 하며 네 모든 길을 든든히 하라
27 좌로나 우로나 치우치지 말고 네 발을 악에서 떠나게 하라

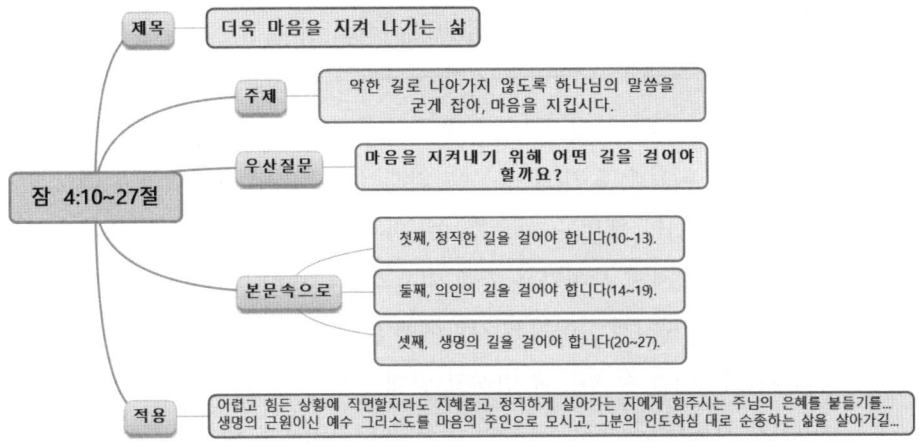

"모든 지킬 만한 것 중에 더욱 네 마음을 지키라 생명의 근원이 이에서 남이니라"(잠 4:23).

📖 악한 길로 가지 않도록 하나님의 말씀을 굳게 잡아 마음을 지킵시다.

☑ 마음을 지키려면 어떤 길로 걸어야 할까요?

🌿 정직한 길로 걷기(10-13절)

아버지는 아들에게 올바르게 살아가는 구체적인 가르침으로 지혜로운 길과 정직한 길을 제시하고 있습니다. 11절의 "정직한 길"은 '올바른 길'을 의미합니다. 지혜로운 길과 올바른 길을 걷는 자가 얻는 유익은 '걸음이 곤고하지 않고, 달려갈 때 실족하지 않는 것'입니다(12절). 아버지는 이것을 굳게 잡고 지키라고 다시 당부합니다(13절). 훈계를 지키는 것이 곧 생명을 지키는 것이기 때문입니다.

세상에서는 정직하게 살면 손해를 보는 경우가 종종 있습니다. 그래서 어떤 이들은 출세와 성공을 위해서라면 적당히 타협하고 때론 부정한 방법과 행위도 허용할 수 있다고 말하기도 합니다. 그러나 성경은 정직하게 살아가는 것이 지혜라고 분명히 말씀합니다.

하나님은 정직하게 살아가는 사람에게 분명 힘이 되어 주십니다. 세상의 지혜를 이길 수 있도록 강하고 담대하게 주십니다. 고난 중에도 넘어지지 않도록 굳건하게 붙들어 주십니다. 그러므로 세상의 헛된 욕망을 버리고, 하나님의 인도하심에 민감하게 반응하여 순종함으로 정직한 길을 걸을 수 있도록 더욱 우리 마음을 지켜 나가야 합니다.

❦ 의인의 길로 걷기(14-19절)

아버지는 사악한 자의 길, 악인의 길로 다니지 말 것을 가르칩니다. 악인의 길을 피해야 하는 이유는 죄악의 중독성이 강하기 때문입니다. 그들은 "악한 일을 저지르지 않고는 잠을 이루지 못하며, 남을 넘어지게 하지 않고는 잠을 설치는 자들"이며, '악한 방법으로 얻은 빵을 먹으며, 폭력으로 빼앗은 포도주를 마시는 자들'입니다(16-17절, 새번역). 악인의 길은 어둠 같아서 그가 걸려 넘어져도 그것이 무엇인지 알지 못합니다(19절). 그러므로 지혜로운 사람은 악인의 길을 피하고 지나가지 말며, 그 길에서 돌이켜 떠나가야 합니다(14-15절). 한낮의 광명처럼 크게 빛나는 의인의 길을 걸어야 합니다(18절).

인생은 '의인의 길'과 '악인의 길' 사이의 선택입니다. 인생에서 무엇인가를 선택하는 것만큼 어려운 일은 없는 듯합니다. 그러나 분명한 것은 우리 자신이 무엇을 선택하고, 무엇을 붙잡는지에 따라 행복이 주어질 수도 있고, 반대로 불행이 주어질 수도 있다는 것입니다.
 네 잎 클로버의 꽃말은 '행운'입니다. 많은 사람이 이 네 잎 클로버를 찾기 위해 수많은 세 잎 클로버를 짓밟고 지나갑니다. 그런데 세 잎 클로버의 꽃말이 '행복'이라는 사실을 아십니까? 행운을 찾기 위해 수많은 행복의 조건을 짓밟으며 어리석고 안타깝게 살아가는 사람이 아직도 많습니다. 우리는 지혜와 정직함을 가지고 무엇이 선한 것이고, 무엇이 악한 것인지를 분별하여 주님이 기뻐하시는 의인의 길을 걸을 수 있도록 우리 마음을 지켜야 합니다.

🌿 생명의 길로 걷기(20-27절)

 우리는 지혜의 말씀을 잘 듣고, 그 말씀에 귀를 기울여야 합니다. 우리가 말씀에서 한시도 눈을 떼지 말고 마음속 깊이 간직해야 하는 것은, 지혜의 말씀은 그것을 얻는 자에게 생명이 되며 그의 온 육체의 건강이 되기 때문입니다(22절). 그러므로 모든 지킬 만한 것 중에 더욱 마음을 지켜야 합니다. 생명의 근원이 여기에서 납니다(23절). 그렇게 살아야 하나님이 원하시는 대로 바르게 살 수 있습니다(24-26절). 무엇보다 '좌로나 우로나 치우치지 말고 발을 악에서 떠나게 함'(27절)으로 지혜의 인도함을 따라 균형 있게 살아가야 합니다.
 우리는 마음을 하나님의 말씀으로 가득 채워야 하나님이 원하시는 대로 살아갈 수 있습니다. 균형 잡힌 삶을 살아가게 됩니다. 무엇보다 생명의 근원이신 예수 그리스도를 삶의 주인으로 모실 때, 비로소 하나님과 온전한 교제를 나누며 우리 자신을 견고하게 지켜 나갈 수 있습니다. 우리의 말과 행동과 생각을 다스리는 중요한 열쇠인 마음을 지혜의 말씀으로 지킬 때, 하나님의 영광스러움을 삶의 자리에서 경험할 수 있습니다. 우리는 지혜의 말씀이신 주님의 인도하심에 순종하며 다른 것에 한눈팔지 않는 것이 생명의 길을 걷는 것임을 기억하여 더욱 마음을 지켜야 합니다.

오늘도 어렵고 힘든 상황에 직면할지라도 지혜롭고 정직하게 살아가는 자에게 힘주시는 주님의 은혜를 붙들고 나아갈 뿐 아니라, 지혜의 근원이신 예수 그리스도를 삶의 주인으로 모시고 그분의 인도하심대로 다른 것에 한눈팔지 말고 순종하며 살아갈 수 있기를….

행복의 시작, 예수 그리스도!
빛이 있으라.

잠언 5장

아침을 여는 묵상 09
(잠 5:1~23)

지혜를 품어 행복을 만드는 삶

1 내 아들아 내 지혜에 주의하며 내 명철에 네 귀를 기울여서
2 근신을 지키며 네 입술로 지식을 지키도록 하라
3 대저 음녀의 입술은 꿀을 떨어뜨리며 그의 입은 기름보다 미끄러우나
4 나중은 쑥 같이 쓰고 두 날 가진 칼 같이 날카로우며
5 그의 발은 사지로 내려가며 그의 걸음은 스올로 나아가나니
6 그는 생명의 평탄한 길을 찾지 못하며 자기 길이 든든하지 못하여도 그것을 깨닫지 못하느니라
7 그런즉 아들들아 나에게 들으며 내 입의 말을 버리지 말고
8 네 길을 그에게서 멀리 하라 그의 집 문에도 가까이 가지 말라
9 두렵건대 네 존영이 남에게 잃어버리게 되며 네 수한이 잔인한 자에게 빼앗기게 될까 하노라
10 두렵건대 타인이 네 재물로 충족하게 되며 네 수고한 것이 외인의 집에 있게 될까 하노라
11 두렵건대 마지막에 이르러 네 몸, 네 육체가 쇠약할 때에 네가 한탄하여
12 말하기를 내가 어찌하여 훈계를 싫어하며 내 마음이 꾸지람을 가벼이 여기고
13 내 선생의 목소리를 청종하지 아니하며 나를 가르치는 이에게 귀를 기울이지 아니하였던고
14 많은 무리들이 모인 중에서 큰 악에 빠지게 되었노라 하게 될까 염려하노라
15 너는 네 우물에서 물을 마시며 네 샘에서 흐르는 물을 마시라
16 어찌하여 네 샘물을 집 밖으로 넘치게 하며 네 도랑물을 거리로 흘러가게 하겠느냐
17 그 물이 네게만 있게 하고 타인과 더불어 그것을 나누지 말라
18 네 샘으로 복되게 하라 네가 젊어서 취한 아내를 즐거워하라
19 그는 사랑스러운 암사슴 같고 아름다운 암노루 같으니 너는 그의 품을 항상 족하게 여기며 그의 사랑을 항상 연모하라
20 내 아들아 어찌하여 음녀를 연모하겠으며 어찌하여 이방 계집의 가슴을 안겠느냐
21 대저 사람의 길은 여호와의 눈 앞에 있나니 그가 그 사람의 모든 길을 평탄하게 하시느니라
22 악인은 자기의 악에 걸리며 그 죄의 줄에 매이나니
23 그는 훈계를 받지 아니함으로 말미암아 죽겠고 심히 미련함으로 말미암아 혼미하게 되느니라

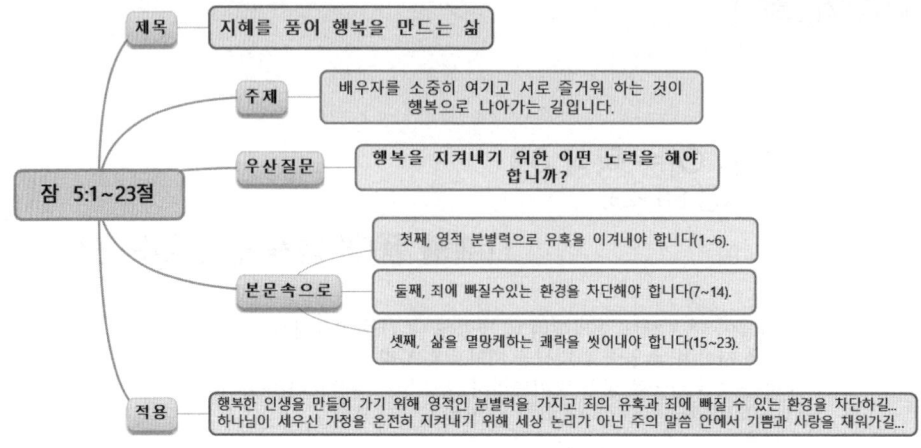

"대저 사람의 길은 여호와의 눈앞에 있나니 그가 그 사람의 모든 길을 평탄하게 하시느니라"(잠 5:21).

📖 배우자를 소중히 여기고 서로 즐거워하는 것이 행복으로 나아가는 길입니다.

☑ 행복을 지키려면 어떤 노력을 해야 합니까?

🔖 영적 분별력으로 유혹을 이겨 내기(1~6절)

아버지는 아들에게 지혜에 주의를 기울이고 명철에 귀 기울여 분별력을 갖되 입술로는 지식을 굳게 지킬 것을 당부합니다(1-2절). 그러면서 음녀의 길을 피하라고 경고합니다. 음녀는 인간의 말초적인 욕망을 자극하여 큰 기쁨을 줄 것처럼 접근한다는 것입니다(3절). 그러나 그런 음녀의 유혹에 넘어가면 감당할 수 없는 비참한 결과를 맞이하게 된다고 경고하고 있습니다(4-6절).

하나님의 말씀이 우리 영혼에 채워져 있지 않으면 결국 우리는 육신의 욕망을 따라 살아갈 수밖에 없습니다. 그로써 잠시 잠깐의 쾌락을 즐길 수는 있겠지만 그 결과로 쓰디쓴 파멸을 피할 수는 없습니다. 그러므로 우리는 하나님이 주시는 지혜와 명철에 주의를 기울여야 합니다. 영적 분별력을 가져 죄의 실체를 분명하게 깨달아야 합니다. 모든 죄의 유혹을 단호하게 거절하여 이기는 삶을 살아가야 합니다. 이러한 것은 우리의 힘과 노력만으로 되는 것이 아니기에 하나님의 지혜와 말씀의 능력을 의지해야 합니다. 우리는 영적 분별력으로 모든 유혹을 이겨 내야 행복을 지킬 수 있습니다.

❦ 죄에 빠질 수 있는 환경을 차단하기(7-14절)

아버지는 아들에게 음녀를 멀리 떨어져 있게 하고, 그 여자의 집 문 가까이에도 가지 말라고 당부합니다(7-8절). 그것을 어기고 음행을 범하면 존영과 수한, 곧 젊은 시절을 다른 사람에게 빼앗기고(9절), 재물을 상실하며(10절), 육체가 약해지고(11절), 마지막에는 후회와 한탄만 남을 뿐이라고 경고합니다(12-14절). 그러므로 유혹에 빠지지 않기 위해 그 근처에도 가지 않는 것이 지혜입니다.

유혹을 피할 수 있는 최선은 죄를 범할 수 있는 자리에 가지 않는 것입니다. 죄를 지을 만한 환경을 처음부터 차단하는 것이 가장 지혜로운 행동입니다. 우리 주변에는 눈만 돌리면 우리의 영혼을 오염시킬 만한 것이 너무나 많습니다. 그러므로 아무도 보는 사람이 없는 나 혼자만의 시간과 공간에서 갖는 그 생각과 행동이 결국 하나님 앞에 적나라하게 드러나는 우리 자신의 영적 수준임을 기억해야 합니다. 우리는 이 세상의 쾌락과 육신적인 만족이 아니라 하늘에 속한 신령한 것을 사모하며 살아가야 합니다. 유혹에 빠지지 않도록 하나님의 말씀을 더욱 굳게 붙잡고 마음의 생각과 행동을 지켜야 합니다. 우리 자신을 말씀으로 단단히 옭아매 말씀 안에서 바른 길로 나아갈 뿐 아니라, 신선하고 건강한 말씀의 꼴을 먹음으로 영적 거룩함을 지켜 나가야 하는 것입니다. 죄에 빠질 수 있는 모든 환경을 차단해야 인생의 참 행복을 만들어 갈 수 있습니다.

❦ 삶을 멸망케 하는 쾌락을 씻어 내기 (15-23절)

아버지는 음녀의 치명적인 유혹을 이겨 내는 방법으로 아내와 친밀한 관계를 유지할 것을 권면하고 있습니다. 특별히 네 가지 '물'을 가지고 친밀한 부부 관계를 유지하는 방법을 설명합니다. '우물'(15절), '샘에서 흐르는 물'(15절), '샘물'(16절)은 땅에서 솟아나는 자연 샘물입니다. 18절의 '샘'은 천연 생수를 의미합니다. 이 물들의 특징은 그 신선도가 점점 좋아진다는 것입니다. 이는 곧 시간이 지나면서 부부 관계가 더 좋은 관계가 되어야 함을 가르치고 있습니다. 성경은 정상적인 부부 관계를 통해 누릴 수 있는 즐거움과 행복을 강조하고 있습니다. "사람의 길은 여호와의 눈앞에 있나니"(21절). 하나님은 우리의 모든 행동을 알고 계십니다. 그러므로 모든 부도덕한 행동에 대하여 반드시 심판하실 것입니다(22-23절).

서로에 대한 불평과 강요보다는 서로를 향한 만족과 감사로 충만할 때, 부부는 더욱 친밀해질 수 있습니다. 오랜 시간 함께 살아 온 부부라 할지라도 상대방의 다른 부분에 대해서 있는 그대로 인정하고 받아들일 수 있어야 합니다. 한 박자만 늦게 말하고 행동하면 별일 아닐 만한 일을 자신의 판단과 감정만 앞세우다 보면 상대의 감정을 상하게 할 수 있습니다. 시간이 지날수록 무미건조해지는 관계가 아니라 더욱 깊고 성숙한 관계로 성장해 갈 수 있도록 부부가 함께 사랑을 발전시켜 나가야 합니다. 더 나아가 주를 믿는 모든 사람이 그리스도의 거룩한 신부라는 사실을 인식하며 살아가야 합니다. 그래서 그리스도와의 아름다운 연합을 통해 하나님 아버지께서 기뻐하시는 아름다운 삶의 열매를 풍성히 맺어야 합니다. 삶을 멸망의 길로 이끌어 가는 육신의 쾌락을 깨끗이 씻어 낼 때 인생의 참 행복을 만들어 갈 수 있습니다.

오늘도 행복한 인생을 만들어 가기 위해 영적인 분별력을 가지고 죄의 유혹과 죄에 빠질 수 있는 모든 환경을 차단할 뿐 아니라, 하나님이 세우신 가정을 온전히 지켜 내기 위해 세상 논리가 아닌 주의 말씀 안에서 기쁨과 사랑으로 채워갈 수 있기를….

**행복의 시작, 예수 그리스도!
빛이 있으라.**

잠언 6장

아침을 여는 묵상 10
(잠 6:1~19)
하나님의 기쁘신 뜻에 합당한 삶

1 내 아들아 네가 만일 이웃을 위하여 담보하며 타인을 위하여 보증하였으면
2 네 입의 말로 네가 얽혔으며 네 입의 말로 인하여 잡히게 되었느니라
3 내 아들아 네가 네 이웃의 손에 빠졌은즉 이같이 하라 너는 곧 가서 겸손히 네 이웃에게 간구하여 스스로 구원하되
4 네 눈을 잠들게 하지 말며 눈꺼풀을 감기게 하지 말고
5 노루가 사냥꾼의 손에서 벗어나는 것 같이, 새가 그물 치는 자의 손에서 벗어나는 것 같이 스스로 구원하라
6 게으른 자여 개미에게 가서 그가 하는 것을 보고 지혜를 얻으라
7 개미는 두령도 없고 감독자도 없고 통치자도 없으되
8 먹을 것을 여름 동안에 예비하며 추수 때에 양식을 모으느니라
9 게으른 자여 네가 어느 때까지 누워 있겠느냐 네가 어느 때에 잠이 깨어 일어나겠느냐
10 좀더 자자, 좀더 졸자, 손을 모으고 좀더 누워 있자 하면
11 네 빈궁이 강도 같이 오며 네 곤핍이 군사 같이 이르리라
12 불량하고 악한 자는 구부러진 말을 하고 다니며
13 눈짓을 하며 발로 뜻을 보이며 손가락질을 하며
14 그의 마음에 패역을 품으며 항상 악을 꾀하여 다툼을 일으키는 자라
15 그러므로 그의 재앙이 갑자기 내려 당장에 멸망하여 살릴 길이 없으리라
16 여호와께서 미워하시는 것 곧 그의 마음에 싫어하시는 것이 예닐곱 가지이니
17 곧 교만한 눈과 거짓된 혀와 무죄한 자의 피를 흘리는 손과
18 악한 계교를 꾀하는 마음과 빨리 악으로 달려가는 발과
19 거짓을 말하는 망령된 증인과 및 형제 사이를 이간하는 자이니라

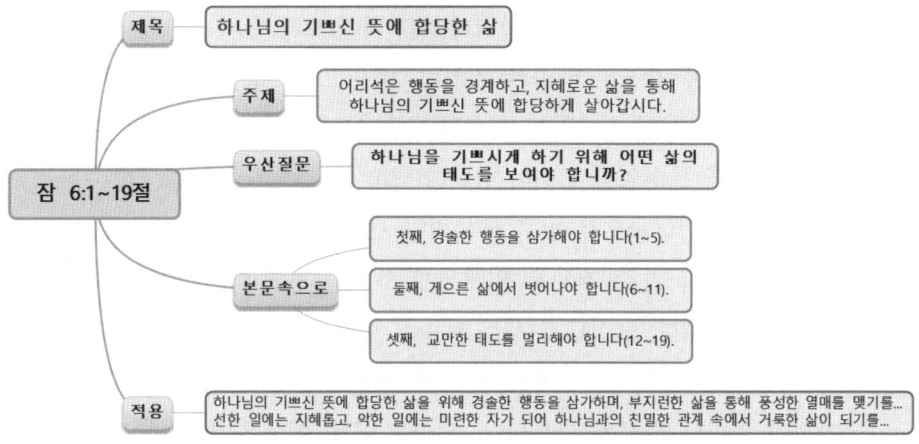

"게으른 자여 개미에게 가서 그가 하는 것을 보고 지혜를 얻으라"(잠 6:6).

📖 어리석은 행동을 경계하고, 지혜로운 삶을 통해 하나님의 기쁘신 뜻에 합당하게 살아갑시다.

☑ 하나님을 기쁘시게 하려면 어떤 삶의 태도를 가져야 합니까?

🌿 경솔한 행동을 삼가기(1-5절)

아버지는 일상생활에서 쉽게 일어날 수 있는 '보증'에 관한 주제로 가르칩니다. 보증의 위험성을 가르치기 위해 보증 선 자를 "덫에 걸린 것"(2절, 쉬운성경)으로 표현하고 있습니다. 혹여 이미 잘못된 보증을 섰다면 상대가 철회해 주기까지 쉬지 말고 겸손히 간청하여 보

잠언 6장 73

증의 덫을 풀어야 함을 강조합니다(3절). 마치 노루가 사냥꾼의 손에서 벗어나기를 간절히 바라는 것처럼, 새가 그물 치는 자의 손에서 벗어나기를 간절히 소망하는 것처럼 보증 선 사람은 그 문제를 해결하는 일에 우선순위를 두어야 합니다(5절).

경솔함과 성급함으로 빚은 무분별한 보증과 담보는 보증을 선 당사자뿐 아니라 가족 전체를 위태롭게 하고 곤경에 빠지도록 할 가능성이 높습니다. 그러므로 채무 보증은 항상 조심하고 신중해야 합니다. 보증을 잘못 서는 바람에 집안 전체가 큰 위기를 겪고 있는 가정이 얼마나 많은지 모릅니다. 우리는 분명 이웃을 사랑하고, 이웃의 아픔과 고통을 함께 나눠야 합니다. 그러나 이웃 사랑의 형태가 반드시 보증이나 담보로 나타나야 하는 것은 아닙니다. 어떤 일을 행할 때 무엇보다 기도를 통해 하나님의 지혜를 구하고, 하나님의 뜻에 합당하도록 주도면밀하게 계획을 세워야 나중에 후회하지 않습니다. 우리의 경솔한 행동은 결국 우리 자신뿐 아니라 가족과 다른 사람에게도 커다란 상처를 남길 수 있음을 기억하여 냉철하고 깊은 성찰로 그런 상황에 대처해야 합니다.

❦ 게으른 삶에서 벗어나기(6-11절)

개미는 지극히 작고 연약하여 힘은 없지만, 겨울을 내다보고 미리 양식을 저장하기 위해 열심히 일합니다. 현재의 편안함에 안주해 게으르게 사는 이들은 개미의 성실과 근면을 배워야 함을 교훈하고 있습니다. 개미는 지도자도, 감독자도, 통치자도 없지만, 여름에는 양식을 준비하고, 추수 때는 그 음식을 모읍니다(7-8절).

게으름이 습관이 되어 버린 사람은 삶 자체가 무기력 상태에 빠져 있습니다(9절). 게으름의 결과로 가난이 강도처럼 들이닥치고(10

절), 빈곤이 방패로 무장한 용사처럼 달려들 것입니다(11절, 새번역). 즉, 게으른 사람은 완전무장 한 군사와 같이 감당할 수 없는 모습으로 가난과 빈곤이 몰려와 엄청난 고통을 받게 될 것입니다.

결국 나태하고 게으른 사람은 경제적 빈곤과 어려움에 빠집니다. 그러나 성실하고 부지런한 사람은 풍성한 추수의 열매를 얻습니다. 사도 바울은 "부지런하여 게으르지 말고 열심을 품고 주를 섬기라"(롬 12:11)라고 하였습니다. 그러므로 우리는 하나님께서 우리 각 사람에게 주신 능력과 믿음의 분량대로 행하고 맡은 바 소명을 다해야 합니다. 범사에 성실하고 근면하며 부지런한 사람은 풍요로운 결실을 누리게 될 것입니다. 심은 대로 거두게 하시는 하나님의 법칙을 잘 기억하여 한결같은 성실함을 통해 게으른 삶에서 벗어날 때 하나님을 기쁘시게 할 수 있습니다.

❦ 교만한 태도를 멀리하기(12-19절)

불량하고 악한 자는 진리에서 벗어난 악담과 거짓된 말을 합리화함으로 남을 속이는 자입니다(12절). 그들은 눈짓, 발짓, 손짓으로 남을 속이고, 비뚤어진 마음으로 죄를 저지르며, 자나 깨나 싸움을 벌입니다(13-14절). 결국 그들은 패역하고 불의한 행위의 결과로 재앙을 만나 순식간에 망하고 말 것입니다(15절). 여호와께서 미워하시는 것은 곧 교만한 눈, 거짓된 혀, 무죄한 자의 피를 흘리는 손, 악한 계교를 꾀하는 마음, 빨리 악으로 달려가는 발, 망령된 증인, 이간하는 자입니다(16-19절). 하나님이 미워하시는 이 일곱 가지 죄악 중에서 교만이 제일 먼저 언급된 것은 교만이 모든 죄의 근본이기 때문입니다. 교만한 자는 자신의 교만을 나타내고자 거짓말을 일삼고, 하나님을 속이며, 남을 업신여기고 해치기까지 합니다. 공의로우신 하나님의 심판은 생각하지도 못한 때에 갑작스럽게 임하여 그들을 완전히 파멸하실 것입니다.

우리는 사소한 행동과 말 한마디 그리고 모든 생각까지도 잘 다스려 하나님을 기쁘시게 하는 삶이 되도록 노력해야 합니다. 무엇보다 불량하고 악한 사람들과의 어울림은 피해야 합니다. 그렇지 않으면 그 악한 사람의 영향을 받아 우리도 얼마든지 악한 상태로 전락할 수 있기 때문입니다. 그러므로 언제든 우리는 스스로 서 있다고 생각할 때 넘어지지 않도록 조심해야 합니다. 하나님의 이름을 욕되게 하는 모든 말과 행동 그리고 마음의 생각까지도 조심하고, 우리 자신이 성령님이 거하시는 하나님의 성전임을 기억하여 매일 매 순간 예수 그리스도의 영광과 아름다움을 삶의 자리에서 나타내야 합니다. 교만한 태도를 멀리하고 늘 겸손과 섬김을 실천함으로 세상 사람들이 그리스도의 사랑과 은혜를 경험할 수 있도록 해야 하는 것입니다. 교만한 태도를 멀리할 때 우리는 하나님의 기쁘신 뜻에 합당하게 살 수 있습니다.

오늘도 하나님의 기쁘신 뜻에 합당한 삶을 위해 경솔한 행동을 삼가며, 부지런한 삶을 통해 풍성한 열매를 맺을 뿐 아니라, 선한 일에는 지혜롭고 악한 일에는 미련한 자가 되어 하나님과의 친밀한 관계 속에서 거룩하게 살아갈 수 있기를….

행복의 시작, 예수 그리스도!
빛이 있으라.

잠언 6장

아침을 여는 묵상 11
(잠 6:20~35)

당당하게 살아가는 삶

20 내 아들아 네 아비의 명령을 지키며 네 어미의 법을 떠나지 말고
21 그것을 항상 네 마음에 새기며 네 목에 매라
22 그것이 네가 다닐 때에 너를 인도하며 네가 잘 때에 너를 보호하며
  네가 깰 때에 너와 더불어 말하리니
23 대저 명령은 등불이요 법은 빛이요 훈계의 책망은 곧 생명의 길이라
24 이것이 너를 지켜 악한 여인에게, 이방 여인의 혀로 호리는 말에 빠지지
  않게 하리라
25 네 마음에 그의 아름다움을 탐하지 말며 그 눈꺼풀에 홀리지 말라
26 음녀로 말미암아 사람이 한 조각 떡만 남게 됨이며 음란한 여인은 귀한
  생명을 사냥함이니라
27 사람이 불을 품에 품고서야 어찌 그의 옷이 타지 아니하겠으며
28 사람이 숯불을 밟고서야 어찌 그의 발이 데지 아니하겠느냐
29 남의 아내와 통간하는 자도 이와 같을 것이라 그를 만지는 자마다 벌을
  면하지 못하리라
30 도둑이 만일 주릴 때에 배를 채우려고 도둑질하면 사람이 그를 멸시하지는
  아니하려니와
31 들키면 칠 배를 갚아야 하리니 심지어 자기 집에 있는 것을 다 내주게 되리라
32 여인과 간음하는 자는 무지한 자라 이것을 행하는 자는 자기의 영혼을
  망하게 하며
33 상함과 능욕을 받고 부끄러움을 씻을 수 없게 되나니
34 남편이 투기로 분노하여 원수 갚는 날에 용서하지 아니하고
35 어떤 보상도 받지 아니하며 많은 선물을 줄지라도 듣지 아니하리라

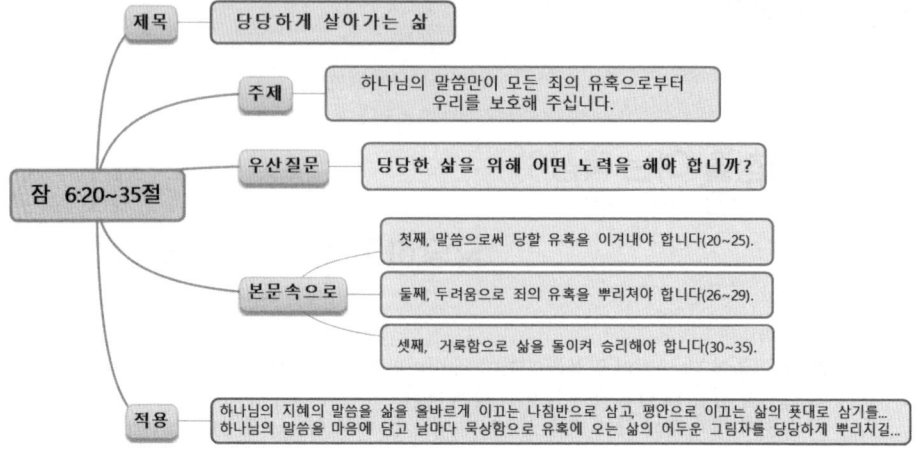

"대저 명령은 등불이요 법은 빛이요 훈계의 책망은 곧 생명의 길이라"(잠 6:23).

📖 하나님의 말씀만이 모든 죄의 유혹에서 우리를 보호해 줍니다.

☑ 당당하게 살아가려면 어떤 노력을 해야 합니까?

🌿 말씀으로 유혹을 이겨내기(20-25절)

아버지는 죄의 유혹이 만연한 세상에서 살아가는 아들에게 당부합니다. 아비의 명령을 지키며, 어미의 법을 떠나지 않고, 그것을 항상 마음에 새기며 목에 걸고 다닐 때, 그 지혜가 모든 상황과 형편에서 보호하고 동행하며 인도한다는 것입니다(22절). 이는 "명령은 등불이요 법은 빛이요 훈계의 책망은 곧 생명의 길"(23절)이기 때문입니다. 하나님의 말씀인 지혜는 삶의 전 영역에서 우리 발에 등이요, 길에 빛이 되어 주십니다(시 119:105). 또한 지혜이신 그리스도 안에 생명이 있어 그 생명이 사람들의 빛이 되십니다(요 1:4). 우리가 생명이신 지혜에 순종할 때 그 지혜가 세상의 모든 유혹에서 우리를 지켜 줍니다. 특히 악한 여자에게서 지켜 주고, 음행하는 여자의 호리는 말에 빠지지 않도록 보호해 줄 것입니다(25절).

우리는 하나님의 말씀을 듣고 마음에 간직하고만 있는 것이 아니라 일상에서 자연스럽게 흘러나올 수 있도록 해야 합니다. 말씀에 순종할 때, 삶에 평안이 찾아오고 하나님이 기뻐하시는 산 제사로 날마다 하나님께 영광 돌리며 살아갈 수 있습니다. 그러므로 말씀으로 모든 유혹과 죄악에서 우리 자신을 지켜야 합니다. 모든 죄악을 당당히 이기며 살아가야 합니다. 어두운 세상에 등불이 되고 빛이 되는 하나님 말씀은 죽음의 길로 달려가는 우리에게 경종이 됩니다. 생명을 얻게 하는 말씀을 품고 실천할 때 어떤 유혹도 당당하게 이겨 낼 수 있습니다.

❦ 두려움으로 죄의 유혹을 뿌리치기(26-29절)

아버지는 음행이 가져오는 첫 번째 결과로 경제적 파산을 말하고 있습니다. 그리고 이어서 악한 계교에 생명을 위협당할 수 있으므로(26절) 악한 여인, 이방 여인의 눈길에 매혹당하지 말 것(25절)을 경고하고 있습니다. 결국 성적 방종은 영혼과 생명의 파괴를 초래한다는 것입니다. 또한 음행의 죄는 하나님의 엄중한 심판을 피할 수 없음을 강조하고 있습니다(27-28절). 음행은 육체적, 정신적, 영적 파멸이라는 엄청난 결과를 가져오기 때문에 잠언의 지혜자는 죄의 근처에도 가지 않기를 명령하고 있는 것입니다.

우리는 작은 행동 하나에도 주의를 기울여야 합니다. 그 누구도 성적인 유혹에서 자유로울 수 없기 때문입니다. 자신은 이런 죄와는 아무런 상관이 없다고 생각하는 교만한 마음을 버려야 합니다. 늘 두렵고 떨리는 마음으로, 그리고 세상적이고 육체적인 욕구를 제어하기 위하여 자기 몸을 침으로 주의 말씀에 복종하며 살아가야 합니다(고전 9:27). 하나님의 말씀을 마음에 담고 날마다 묵상하며, 또 묵상한 그 말씀을 삶의 자리에서 실천할 때 죄의 유혹을 당당하게 뿌리칠 수 있습니다.

❦ 거룩한 삶으로 승리하기(30-35절)

굶주린 사람이 허기진 배를 채우기 위해 우발적으로 도둑질하는 경우, 형사 처벌은 받겠지만 어느 정도 정상참작이 되어 인격적인 모멸은 당하지 않습니다. 그러나 훔치다 들키면 일곱 배를 배상하고, 돈이 없으면 자기 집에 있는 것을 모두 내줌으로 책임을 감당해야 한다고 말하고 있습니다(30-31절). 하물며 간음이라고 하는 죄에 대한 형벌은 더욱 엄중함을 경고합니다. 간음은 사람의 육체뿐 아니라 영혼까지도 망하게 하는 패역한 죄임을 지적하고 있습니다(32절). 32절의 '무지한 자'란 이성적인 판단 능력이 완전히 마비된 자를 가리킵니다. 지혜의 훈계를 무시하고 순간적인 육체의 쾌락을 위해 음행을 저지르는 자는 반드시 그에 상응하는 형벌을 받게 되며, 어떤 보상이나 선물로도 용서받을 수 없음을 경고하고 있습니다.

모든 죄는 마음의 생각을 통해서 시작됩니다. 그러므로 모든 지킬 만한 것 중에 더욱 마음을 지키는 것이 중요합니다(잠 4:23). 생명의 근원이 마음에서 나옵니다. 마음을 지킬 때 영혼의 생명을 지킬 수 있습니다. 음행이 가져다주는 비극적인 결과를 무시하지 말고, 하나님의 말씀으로 삶에서 거룩함을 나타내야 합니다. 잠깐의 쾌락을 위해 영원한 가치를 잃어버리지 않도록 말씀으로 충만하여 모든 유혹을 단호하게 거절하고 물리쳐 승리하며 살아가야 합니다.

오늘도 하나님의 지혜의 말씀을 삶의 푯대와 나침반으로 삼아 평안하게 살아갈 뿐 아니라, 하나님의 말씀을 마음에 담고 묵상함으로 삶에 찾아오는 모든 유혹의 어두운 그림자를 당당하게 뿌리치고 승리하며 살아갈 수 있기를….

**행복의 시작, 예수 그리스도!
빛이 있으라.**

잠언 7장

아침을 여는 묵상 12
(잠 7:1~9)

세상의 유혹을 분별하여 살아가는 삶

1 내 아들아 내 말을 지키며 내 계명을 간직하라
2 내 계명을 지켜 살며 내 법을 네 눈동자처럼 지키라
3 이것을 네 손가락에 매며 이것을 네 마음판에 새기라
4 지혜에게 너는 내 누이라 하며 명철에게 너는 내 친족이라 하라
5 그리하면 이것이 너를 지켜서 음녀에게, 말로 호리는 이방 여인에게 빠지지 않게 하리라
6 내가 내 집 들창으로, 살창으로 내다 보다가
7 어리석은 자 중에, 젊은이 가운데에 한 지혜 없는 자를 보았노라
8 그가 거리를 지나 음녀의 골목 모퉁이로 가까이 하여 그의 집쪽으로 가는데
9 저물 때, 황혼 때, 깊은 밤 흑암 중에라

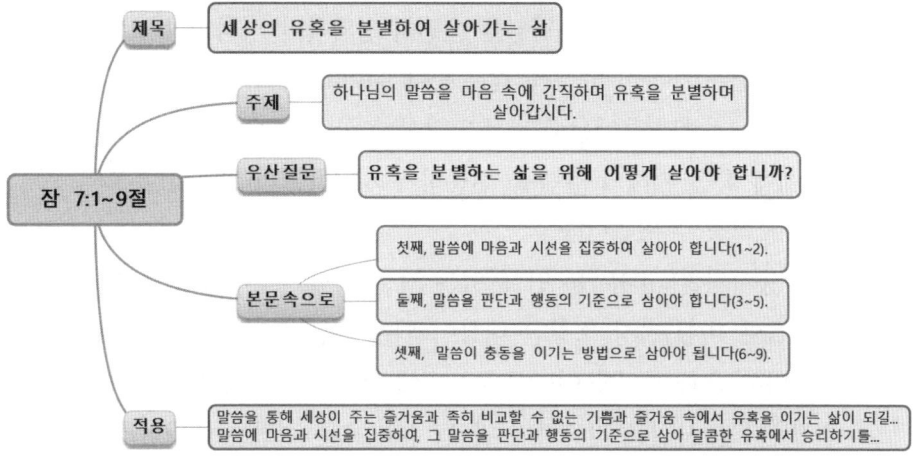

"이것을 네 손가락에 매며 이것을 네 마음 판에 새기라 지혜에게 너는 내 누이라 하며 명철에게 너는 내 친족이라 하라"(잠 7:3-4).

📖 하나님의 말씀을 마음속에 간직하여 유혹을 분별하며 살아갑시다.

☑ 유혹을 분별하며 살려면 어떻게 해야 합니까?

🔖 말씀에 마음과 시선을 집중하기(1-2절)

아버지는 젊은 아들에게 "내 말을 지키고, 내 명령을 너의 마음 속 깊이 간직하여라"(1절, 새번역)라고 당부합니다. 아버지의 교훈에 순종하여 어리석은 길을 피하고 지혜를 따라가라는 것입니다. 지혜를

잠언 7장 83

얻으며 살기 위해서는 하나님을 온전히 경외하며, 하나님의 교훈과 훈계를 겸손히 받아 마음속 깊은 곳에 두어야 합니다. 삶을 바르게 인도하는 지혜의 훈계를 무시하지 말아야 합니다. 혈기 왕성한 청년의 때에 항상 지혜의 말씀을 신중하게 경청하고 따라가야 유혹을 쉽게 물리칠 수 있습니다.

'눈동자처럼'(2절)은 '눈 안에 있는 작은 사람처럼'이란 뜻으로 곧 눈망울에 비친 가장 소중한 대상이 되는 것을 상징합니다. 우리는 우리의 마음과 시선을 어디에 두는지에 따라 인생의 행복과 불행이 결정된다는 사실을 간과하면 안 됩니다. 모든 성경은 하나님의 감동으로 기록된 것으로 교훈과 책망과 바르게 함과 의로 교육하기에 유익합니다(딤후 3:16-17). 그러므로 날마다 하나님의 말씀을 듣고 주의를 기울여 모든 일을 결정할 때 삶에 행복과 기쁨이 더해질 수 있습니다. 또 눈에 보이는 것이 전부가 아님을 기억하고 달콤하고 화려한 것에 마음을 빼앗기지 말아야 합니다. 우리의 마음과 시선이 하나님의 말씀 안에 있는 영원한 실재들에 집중할 때 우리는 세상의 유혹을 분별하여 승리하며 살아갈 수 있습니다.

❦ 말씀을 판단과 행동의 기준으로 삼기(3-5절)

아버지는 계속해서 "이것을 네 손가락에 매며 이것을 네 마음판에 새기라"(3절)라고 가르칩니다. 하나님의 말씀과 계명을 항상 기억하여 모든 일의 판단 기준과 행동의 지표로 삼아야 한다는 것입니다. 또한 "지혜에게 너는 내 누이라 하며 명철에게 너는 내 친족이라 하라"(4절)라고 말합니다. 예수님께서도 하나님의 뜻대로 행하는 자들을 자신의 형제요, 자매요, 모친이라고 하셨습니다(마 12:50). 즉, 지혜를 마치 가족을 대하듯 가까이하고, 친밀한 관계를 계속해서 유지하라는 의미입니다. 그럴 때 지혜가 음녀에게, 말로 호리는 이방 여인에게 빠지지 않도록 우리를 지켜 줄 것입니다(5절). 음녀의 유혹에서 자신을 지키는 것은 오직 지혜의 교훈을 마음속에 받아들이고, 자신의 도덕적·의지적 결단을 가지고 그것을 실천할 때 가능합니다.

"내가 주께 범죄 하지 아니하려 하여 주의 말씀을 내 마음에 두었나이다"(시 119:11). 자신의 생각과 지혜가 아닌 하나님의 말씀으로 인도함을 받게 될 때 우리는 최선의 결과를 만들어 낼 수 있습니다. 인생은 매우 복잡합니다. 어느 길로 가는 것이, 또한 무엇을 선택하는 것이 유익할지 쉽게 가늠할 수 없습니다. 선과 악 또한 구분하여 선택하기가 쉽지 않은 현실에 직면하여 살아가고 있습니다. 그렇기에 더욱 지혜를 구하고 사모해야 합니다. 지혜는 자신의 감정이나 환경과 무관하게 하나님의 선하신 뜻을 온전히 분별할 수 있는 능력이 되기 때문입니다. 무엇보다 영육의 쾌락과 탐욕, 자아도취, 그리고 혈기와 야망을 경계하여야 합니다. 그리고 지혜의 말씀을 우리 인생의 판단과 행동의 기준으로 삼아야 합니다. 지혜 안에 있는 진정한 생명을 얻기를 소망하며 살아갈 때 세상의 유혹을 분별하여 승리할 수 있습니다.

✦ 말씀으로 충동을 이기기(6-9절)

아버지(지혜자)는 들창과 살창으로 내다봅니다(6절). '들창'은 채광을 목적으로 벽을 뚫어 만든 창문이고, '살창'은 나무 살 등을 엮어 만든 상하 개폐식 창문을 가리킵니다. 이 창문들은 밖에서는 안을 볼 수 없지만, 안에서는 쉽게 밖을 볼 수 있습니다. 아버지는 이 창을 통해 "어리석은 자 중에, 젊은이 가운데에 한 지혜 없는 자"(7절)

를 보았습니다. '어리석은 자'는 생각이 단순해서 외부의 유혹에 그 마음을 무방비 상태로 열어 놓아 쉽게 속아 넘어가는 자를 가리킵니다. '젊은이'는 인지 능력과 경험이 부족한 미숙한 젊은이들을 총칭하는 말이며, '지혜 없는 자'는 이성적인 판단 능력을 상실한 자를 뜻합니다. 그는 다른 사람들의 눈을 피해 밤에 몰래 음녀의 집으로 갑니다. 이는 자신의 행위를 감추기 위해 은밀하고 어두운 곳에서 죄악을 범하는 자들의 모습들을 나타내는 것입니다(8-9절).

지혜자가 은밀하게 죄를 범하는 그들의 행동을 목격한 것처럼, 무소 부재하신 하나님의 눈에 드러나지 않는 죄악은 없습니다. 창조주 하나님은 모든 것을 알고 또 보고 계시므로 우리는 보이는 행동은 물론 보이지 않는 마음까지 신실해야 합니다. 하나님 앞에서 감출 수 있는 것은 아무것도 없습니다. 하나님은 불꽃 같은 눈으로 우리 삶의 전 영역을 살피고 계십니다.

다윗은 "내가 주의 영을 떠나 어디로 가며 주의 앞에서 어디로 피하리이까…내가 새벽 날개를 치며 바다 끝에 가서 거주할지라도 거기서도 주의 손이 나를 인도하시며 주의 오른손이 나를 붙드시리이다"(시 139:7-9)라고 고백했습니다. 혹여 지금 어두운 길 모퉁이에 서 계십니까? 하나님은 모든 것을 보고 계시고, 또 알고 계십니다. 속히 그 자리를 떠나 회개하며 돌아서십시오. 집 나간 아들이 돌아오기를 염려하며 기다리는 아버지이신 하나님의 품으로 돌아와야 합니다. 지혜의 말씀을 마음 판에 굳게 새겨 모든 세상의 충동을 이겨 냄으로 승리하며 살아가야 합니다.

오늘도 세상이 주는 즐거움과 족히 비교할 수 없는 말씀이 주는 기쁨과 즐거움으로 유혹을 이겨 낼 뿐 아니라, 말씀에 마음과 시선을 집중하여 그 말씀을 판단과 행동의 기준으로 삼고 세상의 유혹을 잘 분별하여 승리하며 살아갈 수 있기를….

행복의 시작, 예수 그리스도!
빛이 있으라.

잠언 7장

아침을 여는 묵상 13
(잠 7:10~27)

죄악의 덫에 걸리지 않는 삶

10 그 때에 기생의 옷을 입은 간교한 여인이 그를 맞으니
11 이 여인은 떠들며 완악하며 그의 발이 집에 머물지 아니하여
12 어떤 때에는 거리, 어떤 때에는 광장 또 모퉁이마다 서서 사람을 기다리는 자라
13 그 여인이 그를 붙잡고 그에게 입맞추며 부끄러움을 모르는 얼굴로 그에게 말하되
14 내가 화목제를 드려 서원한 것을 오늘 갚았노라
15 이러므로 내가 너를 맞으려고 나와 네 얼굴을 찾다가 너를 만났도다
16 내 침상에는 요와 애굽의 무늬 있는 이불을 폈고
17 몰약과 침향과 계피를 뿌렸노라
18 오라 우리가 아침까지 흡족하게 서로 사랑하며 사랑함으로 희락하자
19 남편은 집을 떠나 먼 길을 갔는데
20 은 주머니를 가졌은즉 보름 날에나 집에 돌아오리라 하여
21 여러 가지 고운 말로 유혹하며 입술의 호리는 말로 꾀므로
22 젊은이가 곧 그를 따랐으니 소가 도수장으로 가는 것 같고 미련한 자가 벌을 받으려고 쇠사슬에 매이러 가는 것과 같도다
23 필경은 화살이 그 간을 뚫게 되리라 새가 빨리 그물로 들어가되 그의 생명을 잃어버릴 줄을 알지 못함과 같으니라
24 이제 아들들아 내 말을 듣고 내 입의 말에 주의하라
25 네 마음이 음녀의 길로 치우치지 말며 그 길에 미혹되지 말지어다
26 대저 그가 많은 사람을 상하여 엎드러지게 하였나니 그에게 죽은 자가 허다하니라
27 그의 집은 스올의 길이라 사망의 방으로 내려가느니라

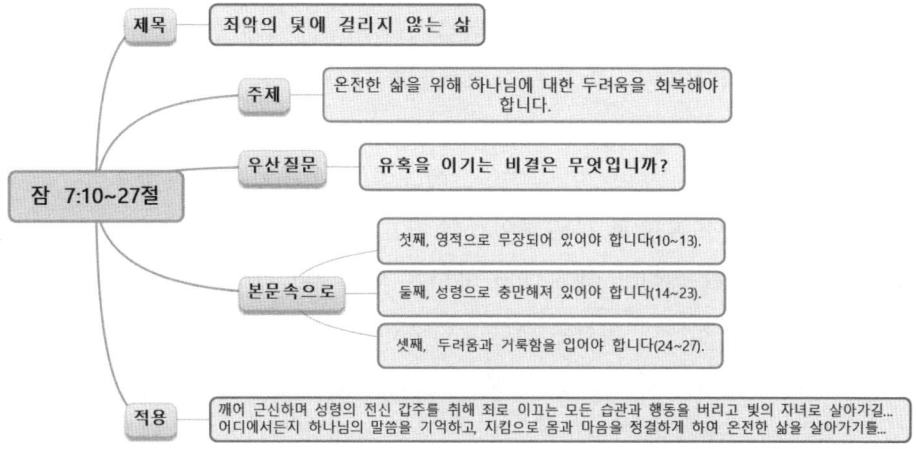

"이제 아들들아 내 말을 듣고 내 입의 말에 주의하라 네 마음이 음녀의 길로 치우치지 말며 그 길에 미혹되지 말지어다"(잠 7:24-25).

📖 온전한 삶을 위해 하나님에 대한 두려움을 회복해야 합니다.

☑ 유혹을 이기는 비결은 무엇입니까?

🌿 영적으로 무장하기(10-13절)

기생의 옷을 입은 간교한 여인이 기다렸다는 듯이 어리석은 젊은 이에게 달려들어 여러 고운 말로 유혹합니다(10절). '간교한 여인'은 한 남자의 아내임에도(19절) 오직 육체적 쾌락만을 추구하는 여자를

잠언 7장 **89**

가리킵니다. 여자의 방탕한 생활 습성을 사냥꾼이 짐승을 잡기 위해 숨어 기다리는 것과 강도가 도적질할 대상을 기다리는 모습으로 표현하고 있습니다(11-12절). 더욱이 그녀는 다른 이들의 비난에도 아랑곳하지 않고, 도덕적인 부끄러움이나 일말의 수치심도 느끼지 못한 채 육체적 욕망을 채울 먹잇감을 찾고 있습니다(13절).

"근신하라 깨어라 너희 대적 마귀가 우는 사자같이 두루 다니며 삼킬 자를 찾나니 너희는 믿음을 굳건하게 하여 그를 대적하라"(벧전 5:8-9). 우리가 영적으로 단단히 무장되어 있지 않으면 먹잇감을 발견한 사자와 같이 달려드는 사탄의 공격 앞에서 무기력하게 당할 수밖에 없습니다. 사탄의 시험과 유혹이 몰려올 때 그것을 대적할 수 있는 것은 믿음뿐입니다. 사탄의 공격의 궁극적인 목적은 주님께 대한 우리의 믿음을 무너뜨리는 것이기 때문입니다. 적을 알아야 적의 공격에 지혜롭게 대처할 수 있습니다. 사탄의 공격 목적을 깨달았다면, 우리는 더욱 주님을 믿고 의지함으로 사탄의 교묘하고 달콤한 유혹 앞에서 흔들리지 않아야 합니다. 주님을 의지하는 굳건한 믿음으로 단단하게 무장되어 있으면 사탄은 아무 공격도 하지 못하고 무서워 떨며 떠나갑니다. 우리는 주님을 믿는 믿음과 그분의 말씀으로 철저하게 무장해 유혹을 이김으로 죄악의 덫에 걸리지 않고 살아가야 합니다.

🌱 성령의 충만함을 받기(14-23절)

간교한 여인은 달콤한 말로 유혹합니다. "내가 화목제를 드려 서원한 것을 오늘 갚았노라"(14절). '화목제'는 번제로, 희생제물 중 하나님께 드리는 것과 제사장의 몫을 제외한 나머지 부분은 바친 자에게 돌아갔습니다(레 3장). 즉, 이 말은 오늘 저녁에 먹을 고기가 충분하다는 것입니다. 여인은 화목제물을 나누어 먹는 종교적 의미는 아랑곳하지 않고 오히려 그것을 죄짓는 방편으로 삼는 패역한 모습을 보입니다. 그런 후에 여인은 노골적으로 욕망을 드러냅니다. 자기에게는 사랑을 나눌 수 있는 안락한 침상이 있으며(16-18절), 무엇보다 남편은 먼 여행길을 떠났으니 위험 부담이 전혀 없다면서(19-20절) 달콤한 말로 젊은이를 유혹하여 올무에 가둡니다(21절). 간교한 여인을 따라가는 젊은이의 모습은 마치 도살장으로 끌려가는 짐승과 같고, 미련한 자가 벌을 받으려고 쇠사슬에 매이러 가는 것과 같습니다(22절). 더 심각한 것은 그러한 자신의 행동으로 인하여 자기 자신이 목숨을 잃는 줄도 모르고 있다는 것입니다(23절).

그리스도인은 가야 할 곳과 가지 말아야 할 곳을 잘 분별해 자신의 영적 순결을 지켜야 합니다. 간교한 여인의 집 근처를 배회하는 것 자체가 어리석은 행동입니다. 사도 바울은 "때가 악하니라…어리석은 자가 되지 말고 오직 주의 뜻이 무엇인가 이해하라…오직 성령으로 충만함을 받으라"(엡 5:16-18)고 권면합니다. 성령 충만한 삶은 성령 하나님의 보호와 새롭게 하심을 받아 성령 하나님께 전적으로 순종하며 사는 것입니다.

그럼에도 혹시 지금 우리는 이러한 성령의 충만함을 받고 살아가기보다 오히려 성령 하나님을 자기 멋대로 이용하듯이 살아가고 있지는 않은지 돌아보아야 합니다. 우리가 자기 삶의 주인이 되어 자기 견해대로 살아가는 것은 성령 하나님을 모독하는 행위입니다. 진정 그리스도인이라면 성령 하나님을 주인으로 모시고 그분의 통치를 받으며 살아야 하는 것입니다. 새가 그물에 걸려 날갯짓을 하지만 더는 빠져나갈 수 없는 것과 같은 지경에 이르지 않도록 성령 충만을 위해 기도해야 합니다. 우리는 성령의 충만함을 받음으로 모든 유혹을 이기고 죄악의 덫에 걸리지 않고 살아가야 합니다.

🌿 두려움과 거룩함으로 옷 입기(24-27절)

앞서 7장 1절에서는 권고의 대상을 '내 아들' 곧 단수로 표현했지만, 24절에서는 '아들들'이라는 복수로 권고의 대상을 확대하고 있습니다. 이는 곧 음행의 죄가 본문에 나타난 어리석은 청년에게만 국한되는 것이 아니라 모든 사람이 빠지기 쉬운 보편적인 것임을 가르쳐 줍니다. 아버지(지혜자)는 음행이라는 죄악에 빠지지 않기 위해 자신의 말을 듣고, 그 입의 말에 주의하라고 권면합니다(24절). 처음부터 간교한 여인과 같은 사람들에게 관심 자체를 갖지 말고, 어울리지도 말라고 가르칩니다(25절). 그 간교한 속임수에 넘어가면 남는 것은 죽음뿐이기 때문입니다(26절). "그녀의 집은 무덤에 내려가는 길이며, 사망의 방으로 이르게 한다"(27절, 쉬운성경)라는 교훈을 기억해야 합니다.

오늘 우리는 돈, 쾌락, 권력이라는 우상이 사람들의 마음을 사로잡는 시대를 살아가고 있습니다. 비록 이러한 세상에서 살고 있더라도 우리는 세상에 속하지 않은 자로 살아가야 합니다. 세상이 아무리 타락하고 부패했어도, 다니엘처럼 뜻을 정하여 하나님 앞에서 부끄럽지 않은 영적 순결함과 정결함을 지닌 신부로서 살아가야 하는 것입니다. 우리는 세상에서 살고 있지만, 세상에 속하지 않은 자로 세상의 유혹에 맞서기 위해 하나님에 대한 거룩한 두려움을 회복해야 합니다. 하나님에 대한 두려움을 잊으면 자기 소견에 옳은 대로, 자기 감정대로 행동하게 됩니다.

범사에 하나님을 경외하며 하나님의 계명을 마음에 새기고, 하나님께 구함으로 성령의 충만함을 받아야 합니다. 그럴 때 미혹하는 악한 영들 및 세상의 많은 죄악 된 유혹과 싸워 이길 수 있습니다. 우리는 성령의 충만함으로 무장하고 거룩함과 두려움으로 옷 입어 모든 유혹을 이겨 냄으로 죄악의 덫에 걸리지 않고 살아가야 합니다.

오늘도 깨어 근신하며 성령의 전신 갑주를 취해 죄로 이끄는 모든 습관과 행동을 버리고 빛의 자녀로 살아갈 뿐 아니라, 어디서든 하나님의 말씀을 기억하고 지킴으로 몸과 마음을 정결하게 하여 온전하게 살아갈 수 있기를….

행복의 시작, 예수 그리스도!
빛이 있으라.

잠언 8장

아침을 여는 묵상 14
(잠 8:1~21)

지혜의 초청에 반응하는 삶

1 지혜가 부르지 아니하느냐 명철이 소리를 높이지 아니하느냐
2 그가 길 가의 높은 곳과 네거리에 서며
3 성문 곁과 문 어귀와 여러 출입하는 문에서 불러 이르되
4 사람들아 내가 너희를 부르며 내가 인자들에게 소리를 높이노라
5 어리석은 자들아 너희는 명철할지니라 미련한 자들아 너희는 마음이 밝을지니라
6 너희는 들을지어다 내가 가장 선한 것을 말하리라 내 입술을 열어 정직을 내리라
7 내 입은 진리를 말하며 내 입술은 악을 미워하느니라
8 내 입의 말은 다 의로운즉 그 가운데에 굽은 것과 패역한 것이 없나니
9 이는 다 총명 있는 자가 밝히 아는 바요 지식 얻은 자가 정직하게 여기는 바니라
10 너희가 은을 받지 말고 나의 훈계를 받으며 정금보다 지식을 얻으라
11 대저 지혜는 진주보다 나으므로 원하는 모든 것을 이에 비교할 수 없음이니라
12 나 지혜는 명철로 주소를 삼으며 지식과 근신을 찾아 얻나니
13 여호와를 경외하는 것은 악을 미워하는 것이라 나는 교만과 거만과 악한 행실과 패역한 입을 미워하느니라
14 내게는 계략과 참 지식이 있으며 나는 명철이라 내게 능력이 있으므로
15 나로 말미암아 왕들이 치리하며 방백들이 공의를 세우며
16 나로 말미암아 재상과 존귀한 자 곧 모든 의로운 재판관들이 다스리느니라
17 나를 사랑하는 자들이 나의 사랑을 입으며 나를 간절히 찾는 자가 나를 만날 것이니라
18 부귀가 내게 있고 장구한 재물과 공의도 그러하니라
19 내 열매는 금이나 정금보다 나으며 내 소득은 순은보다 나으니라
20 나는 정의로운 길로 행하며 공의로운 길 가운데로 다니나니
21 이는 나를 사랑하는 자가 재물을 얻어서 그 곳간에 채우게 하려 함이니라

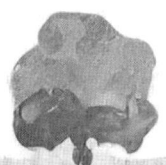

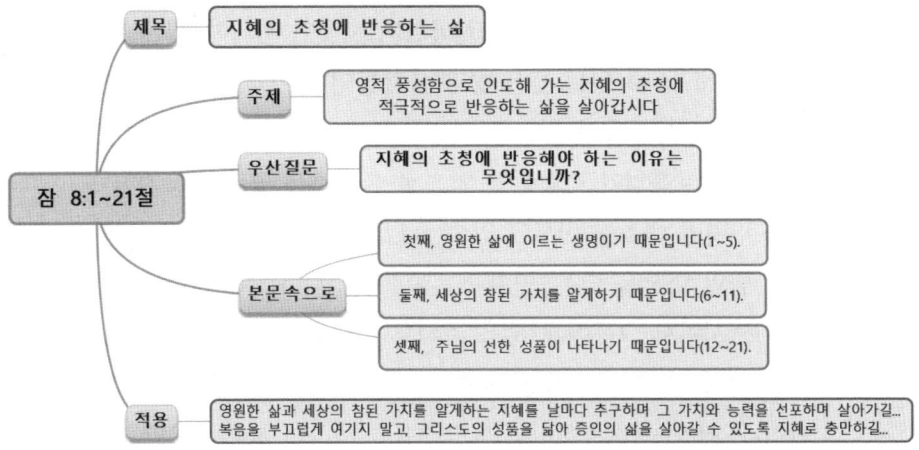

"여호와를 경외하는 것은 악을 미워하는 것이라 나는 교만과 거만과 악한 행실과 패역한 입을 미워하느니라"(잠 8:13).

📖 영적 풍성함으로 인도하는 지혜의 초청에 적극적으로 반응하며 살아갑시다.

☑ 지혜의 초청에 반응해야 하는 이유는 무엇입니까?

▰ 영원한 삶에 이르는 생명이 되기에(1-5절)

지혜는 모든 사람에게 차별 없이 개방되어 있습니다. "지혜가 부르지 아니하느냐 명철이 소리를 높이지 아니하느냐"(1절). 지혜가 부르며 명철이 소리를 높이는 이유는 사람들을 초대하기 위해서입니

잠언 8장 95

다. 지혜는 특정한 사람들에게만 국한되는 것이 아니라, 많은 사람의 눈에 쉽게 띌 수 있는 높은 곳과 사람들이 많이 지나다니는 네거리, 그 외에도 사람들이 출입하는 각종 문에서 공개적으로 선포됩니다(2-3절). 이는 음녀가 사람들을 악으로 유혹하는 장소인 음침한 모퉁이와 뚜렷한 대조를 이루고 있습니다. 지혜가 부르는 초대의 대상은 하나님의 형상을 닮은 '인자'(人子, 사람)들입니다(4절). 하나님은 사람을 지으시면서 그들에게 복을 주시고 하나님의 말씀에 순종하여 만물을 다스리도록 명령하셨습니다.

그러나 '인자'(사람)는 하나님의 말씀을 거역하며 불순종하였고, 그 결과 어리석고 미련한 자가 되었습니다. 또한 세상에 대한 탐닉에 눈이 어두워졌습니다. 그러므로 어리석고 미련한 자들에게 요구되는 것은 하나님의 말씀인 지혜의 소리에 귀 기울여 '명철'과 '마음의 밝음'이 필요함을 아는 것입니다(5절).

지혜는 단순히 지식이 아닙니다. 사도 바울은 "예수는 하나님으로부터 나와서 우리에게 지혜와 의로움과 거룩함과 구원함이 되셨으니"(고전 1:30)라고 증거합니다. 누구든지 겸손하게 지혜에 대해 마음과 귀를 열면, 지혜로 말미암아 거듭남과 하나님 나라에 들어감을 얻을 수 있습니다. 날마다 하나님 앞에 나아가 지혜를 구하면, 모든 사람에게 후히 주시고 꾸짖지 않으시는 하나님이 풍성함으로 채워 주실 것입니다(약 1:5).

그러나 안타깝게도 많은 사람이 선에 대한 지각과 분별력 없이 살아갑니다. 그러므로 성도들은 복음을 부끄러워하지 말고, 지혜자 되신 그리스도를 선포하며 지혜 안으로 그들을 초대해야 합니다. 모든 사람이 지혜의 초청에 즉각적으로 반응할 수 있도록 말씀의 능력과 가치, 그리고 예수 그리스도 안에 있는 참 생명을 부지런히 선포해야 합니다. 그 초청을 듣고 하나님 앞에 나아가면 누구나 지혜를 얻을 수 있기 때문입니다. 인생의 모든 문제의 해답이 바로 지혜에 있기에 우리는 이 지혜를 소중히 여기고 온전히 따름으로 영원한 생명을 누리며 살아가야 합니다.

🌿 세상의 참된 가치를 알게 하기에(6-11절)

우리는 지혜의 그 말씀에 귀 기울여야 합니다. 그 말씀은 가장 선하고 정직하기 때문입니다(6절). 사람이 지혜를 얻는 것보다도 더 중요하고 가치 있는 일은 없습니다. 또한 그 말씀이 진리이고 악이 아니기 때문에 귀 기울여야 합니다(7절). '내 입술이 악을 미워한다'(7절)라는 것은 악한 말을 하지 않는다는 의미요, 그것은 곧 악한 생각을 하지 않는다는 뜻입니다. 하나님은 진리의 하나님이십니다. 말과 행동이 일치하기에 충분히 믿고 따를 만한 분이십니다. 그러므로 우리는 하나님의 지혜가 진리 안에서 올바르고 균형 잡힌 삶으로 우리를 인도해 가도록 구함으로 참된 자유와 기쁨을 누릴 수 있습니다.

"일확천금! 인생은 한 방이다. 달려라!" 어느 도박 사이트의 홍보 문구입니다. 오늘날 세상 사람들이 최고의 가치로 여기는 것은 돈과 쾌락과 권력입니다. 더 많은 돈을 벌기 위해, 더 자극적인 쾌락을 얻기 위해, 더 크고 높은 권력을 얻기 위해 자신의 소중한 것들을 짓밟고 살아갑니다. 잠깐 손에 있다 사라질 것에 가치를 두고 살아가는 인생은 불행한 결과와 마주할 수밖에 없습니다. 그러나 지혜는 최상의 보석이 주는 기쁨과 결코 비교할 수 없는 만족과 기쁨을 날마다 샘솟게 합니다. 하나님 말씀의 지혜는 다이아몬드, 수정, 홍보석 등과 비교할 수 없을 만큼 가치가 있기 때문입니다. 결국 지혜의 가르침을 경청하는 사람만이 명철과 지식을 발견할 수 있습니다(9절).

우리는 우리의 삶을 완전한 의의 길로 인도하는 지혜의 가치를 깨달아야 합니다. 또한 우리를 풍성한 삶으로 이끌어 가는 하나님의 말씀을 늘 사모하고 가까이하고 즐겨 들으며 살아가야 합니다.

❦ 주님의 선한 성품이 나타나기에(12-21절)

지혜의 속성은 명철과 지식과 근신입니다(12절). 지혜가 가르치는 모든 교훈의 요점이 악을 미워하라는 것임을 밝히기 위해 지혜자는 "여호와를 경외하는 것은 악을 미워하는 것"(13절)이라고 말하면서 구체적으로 여호와가 미워하시는 악들을 명시합니다. 하나님은 교만, 거만, 악한 행실, 패역한 입을 미워하십니다(13절). 그러므로 지혜는 매사에 분명하고 확실한 판단 기준이 됩니다. 또한 좌로나 우로나 치우치지 않은 균형 잡힌 삶을 살게 해줍니다. "나를 사랑하는 자들이 나의 사랑을 입으며 나를 간절히 찾는 자가 나를 만날 것이니라"(17절). 지혜는 하나님의 말씀에 갈급해하고 그것을 얻기 위해 주야로 말씀을 묵상하며 간구하는 자에게 주어짐을 말씀하고 있습니다. 그뿐 아니라 하나님이 주시는 지혜는 우리의 영혼을 풍성하게 하는 것만이 아니라, 실제적인 생활에서 "재물을 얻어서 그 곳간에 채우게"(21절) 하는 데도 도움을 줍니다.

지혜를 구하고 찾고 그 문을 두드리는 사람이 하나님의 영광을 얻게 될 것입니다(마 7:7-8). 그러므로 지혜를 소유하기 위해서 우리는 지혜의 근본이 되시는 하나님을 경외하고 하나님의 말씀에 순종하며 살아가야 합니다. 무엇보다 예수 그리스도를 믿는 자로서 그리스도의 성품을 닮아 가는 것이 중요합니다. 구체적인 실천 덕목으로 옳은 행실과 바르고 진실한 말, 그리고 의롭고 정직한 생활이라고 말할 수 있습니다. 그리스도인으로서 우리는 정직하게 일하고, 정직하게 돈 벌고, 정직하게 재물을 모아야 합니다. 예수님을 믿는다고 모두가 가난하라는 법은 없습니다. 재물의 주인이 하나님이라는 청지기 정신으로, 다른 사람에게 덕을 나타내며 주어진 범위에서 누리는 것도 복입니다. 그러므로 재물의 복도 하나님의 지혜에서 올 수 있음을 깨닫고 날마다 하나님을 경외하며 그리스도의 선한 성품을 삶의 자리에서 나타내는 진짜 그리스도인으로 살아갈 수 있어야 합니다.

오늘도 영원한 삶과 세상의 참된 가치를 알게 하는 지혜를 구하고 그 가치와 능력을 선포할 뿐 아니라, 지혜의 복음을 자랑스러워하며 그리스도의 성품을 닮은 증인으로서 하나님의 지혜로 충만하여 살아갈 수 있기를….

행복의 시작, 예수 그리스도!
빛이 있으라.

잠언 8장

아침을 여는 묵상 15
(잠 8:22~36)

지혜의 능력을 추구하는 삶

22 여호와께서 그 조화의 시작 곧 태초에 일하시기 전에 나를 가지셨으며
23 만세 전부터, 태초부터, 땅이 생기기 전부터 내가 세움을 받았나니
24 아직 바다가 생기지 아니하였고 큰 샘들이 있기 전에 내가 이미 났으며
25 산이 세워지기 전에, 언덕이 생기기 전에 내가 이미 났으니
26 하나님이 아직 땅도, 들도, 세상 진토의 근원도 짓지 아니하셨을 때에라
27 그가 하늘을 지으시며 궁창을 해면에 두르실 때에 내가 거기 있었고
28 그가 위로 구름 하늘을 견고하게 하시며 바다의 샘들을 힘 있게 하시며
29 바다의 한계를 정하여 물이 명령을 거스르지 못하게 하시며 또 땅의 기초를 정하실 때에
30 내가 그 곁에 있어서 창조자가 되어 날마다 그의 기뻐하신 바가 되었으며 항상 그 앞에서 즐거워하였으며
31 사람이 거처할 땅에서 즐거워하며 인자들을 기뻐하였느니라
32 아들들아 이제 내게 들으라 내 도를 지키는 자가 복이 있느니라
33 훈계를 들어서 지혜를 얻으라 그것을 버리지 말라
34 누구든지 내게 들으며 날마다 내 문 곁에서 기다리며 문설주 옆에서 기다리는 자는 복이 있나니
35 대저 나를 얻는 자는 생명을 얻고 여호와께 은총을 얻을 것임이니라
36 그러나 나를 잃는 자는 자기의 영혼을 해하는 자라 나를 미워하는 자는 사망을 사랑하느니라

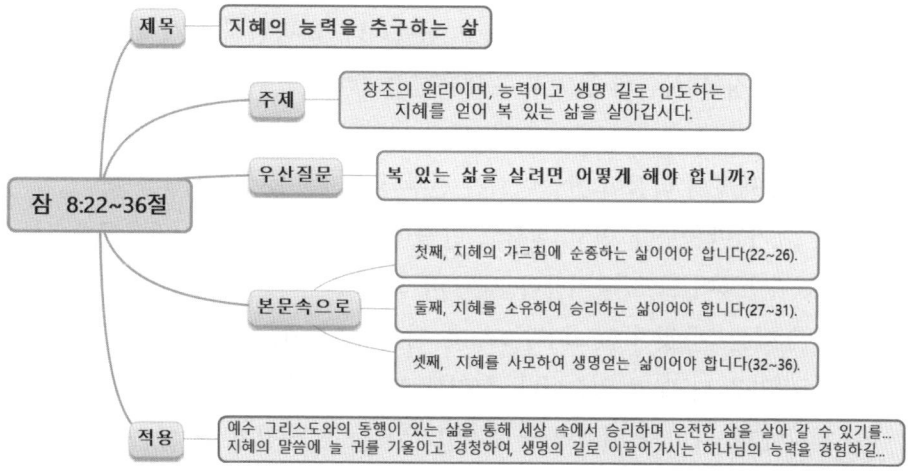

"아들들아 이제 내게 들으라 내 도를 지키는 자가 복이 있느니라 훈계를 들어서 지혜를 얻으라 그것을 버리지 말라"(잠 8:32-33).

📖 창조의 원리이자 능력이며 생명의 길로 인도하는 지혜를 얻어 복 있는 삶을 살아갑시다.

☑ 복 있는 삶을 살려면 어떻게 해야 합니까?

🌿 지혜의 가르침에 순종하기(22-26절)

"여호와께서 그 조화의 시작 곧 태초에 일하시기 전에 나를 가지셨으며"(22절). 지혜와 동일시되는 그리스도께서는 '조화의 시작', 즉 하나님의 창조 사역 이전에도 존재하셨으며, 성부 하나님과 동일한 능력으로 사역하셨음을 말씀하고 있습니다. 하나님께서 성자 그리스도를 창조 사역의 동역자로 세우셨습니다(23절). 이처럼 그리스도는 아직 깊은 바다가 생기기 전, 산이 세워지기 전, 땅도 들도 지어지기 전, 세상의 티끌이 만들어지기 전부터 존재하셨습니다(24-26절).

"그가 만물보다 먼저 계시고 만물이 그 안에 함께 섰느니라"(골 1:17). "만물이 그로 말미암아 지은 바 되었으니 지은 것이 하나도 그가 없이는 된 것이 없느니라"(요 1:3). 지혜(그리스도)는 우주 만물의 모든 비밀을 다 알고 있습니다. 그러므로 인생들에게 참된 삶의 길을 제시하고, 나아가 인생의 궁극적인 문제들을 해결할 수 있습니다. 그러므로 지혜의 가르침을 받고 지혜가 인도하는 대로 순종하며 살아갈 때, 그것이 우리에게는 생명의 길이 됩니다. 우리는 우리에게 삶의 원리를 제공해 주시는 지혜의 말씀에 더욱 적극적으로 순종하며 살아가야 합니다. 그럴 때 지혜의 능력을 매일의 삶에서 구체적으로 경험할 수 있습니다.

✙ 지혜를 소유하여 승리하기(27-31절)

하나님은 세상 만물을 창조하실 때 지혜를 사용하셨습니다. 하나님이 하늘을 지으시며 궁창을 해면에 두르실 때 지혜는 거기 있었습니다. 바다의 한계를 정하시고, 땅의 기초를 정하실 때도 그 곁에서 '건축사가 되어 매일 기쁨으로 충만하였고, 항상 그분 앞에서 춤추며, 그분이 만드신 온 땅에서 춤추며, 사람들에게서 기쁨을 얻었다'(30-31절, 쉬운성경)고 말합니다.

하나님이 세상을 오묘하게 창조하실 때 지혜가 필요하셨다면, 오늘 우리가 당면한 삶의 모든 문제를 해결하기 위해서도 하나님의 지혜가 필요합니다. 또한 그 지혜를 소유할 때, 하나님 아버지의 마음을 알고 하나님의 뜻을 분별하며 살아갈 수 있습니다. 하나님의 지혜는 여전히 우주 가운데 섭리하시고, 우리의 모든 삶을 주관하십니다.

그러므로 지혜를 우리 마음과 삶에 초청하여 모셔 들일 때 삶의 승리를 맛볼 수 있습니다. 우리는 지혜의 능력이 우리의 모든 막힌 담을 허물어 주심으로 날마다 선한 길로 인도함 받을 수 있도록 더욱 말씀을 가까이하며 살아가야 합니다.

지혜를 사모하여 생명 얻기(32-36절)

복되고 복된 자는 지혜의 말을 듣고 그 길을 따르는 사람입니다(32절). 훈계를 들어서 지혜를 얻고 그것을 버리지 않는 사람이 복 있는 사람입니다(33절). 또한 마치 사랑에 빠진 사람이 연인의 집 문 앞에서 날마다 기다리는 것처럼 그렇게 지혜를 사모하며 기다리는 사람이 복 있는 사람입니다(34절). 그러한 사람이 궁극적으로 "생명을 얻고 여호와께 은총을 얻을 것"입니다(35절). 반면 지혜를 잃는 자는 자기 영혼을 해하는 자요, 지혜를 미워하는 자는 사망을 사랑하는 자입니다(36절).

오늘 하나님께서 우리 자신을 통해 원하시는 것이 무엇인지를 분별하여 그 뜻대로 순종하며 살아가는 것이 진정한 지혜를 소유하고 있는 것입니다. 우리는 언제나 바르고 선한 행실을 세상에서 드러내며 살아가도록 지혜를 사모하고, 말씀 듣기를 게을리하지 않아야 합니다. 지혜는 우리를 사망의 길에서 지켜 주고, 생명의 길로 인도합니다. 그러므로 지혜를 품고 살아가느냐 아니냐에 따라 우리 삶의 질이 달라질 뿐 아니라, 사느냐 죽느냐가 결정된다는 것을 잊지 말아야 합니다. 우리는 마음을 열고 오늘도 겸손히 지혜를 구하고 기다려야 합니다. 날마다 갈급한 마음으로 지혜를 구하여 생명 얻는 삶을 살아갈 수 있어야 합니다.

오늘도 예수 그리스도와 동행하는 삶을 통해 세상에서 승리하며 온전하게 살아갈 뿐 아니라, 지혜의 말씀에 늘 귀를 기울이고 경청하여 생명의 길로 이끌어 가시는 하나님의 능력을 날마다 경험하며 살아갈 수 있기를….

행복의 시작, 예수 그리스도!
빛이 있으라

잠언 9장

아침을 여는 묵상 16
(잠 9:1~18)

지혜 안에 거하는 안전한 삶

1 지혜가 그의 집을 짓고 일곱 기둥을 다듬고
2 짐승을 잡으며 포도주를 혼합하여 상을 갖추고
3 자기의 여종을 보내어 성중 높은 곳에서 불러 이르기를
4 어리석은 자는 이리로 돌이키라 또 지혜 없는 자에게 이르기를
5 너는 와서 내 식물을 먹으며 내 혼합한 포도주를 마시고
6 어리석음을 버리고 생명을 얻으라 명철의 길을 행하라 하느니라
7 거만한 자를 징계하는 자는 도리어 능욕을 받고 악인을 책망하는 자는 도리어 흠이 잡히느니라
8 거만한 자를 책망하지 말라 그가 너를 미워할까 두려우니라 지혜 있는 자를 책망하라 그가 너를 사랑하리라
9 지혜 있는 자에게 교훈을 더하라 그가 더욱 지혜로워질 것이요 의로운 사람을 가르치라 그의 학식이 더하리라
10 여호와를 경외하는 것이 지혜의 근본이요 거룩하신 자를 아는 것이 명철이니라
11 나 지혜로 말미암아 네 날이 많아질 것이요 네 생명의 해가 네게 더하리라
12 네가 만일 지혜로우면 그 지혜가 네게 유익할 것이나 네가 만일 거만하면 너 홀로 해를 당하리라
13 미련한 여인이 떠들며 어리석어서 아무것도 알지 못하고
14 자기 집 문에 앉으며 성읍 높은 곳에 있는 자리에 앉아서
15 자기 길을 바로 가는 행인들을 불러 이르되
16 어리석은 자는 이리로 돌이키라 또 지혜 없는 자에게 이르기를
17 도둑질한 물이 달고 몰래 먹는 떡이 맛이 있다 하는도다
18 오직 그 어리석은 자는 죽은 자들이 거기 있는 것과 그의 객들이 스올 깊은 곳에 있는 것을 알지 못하느니라

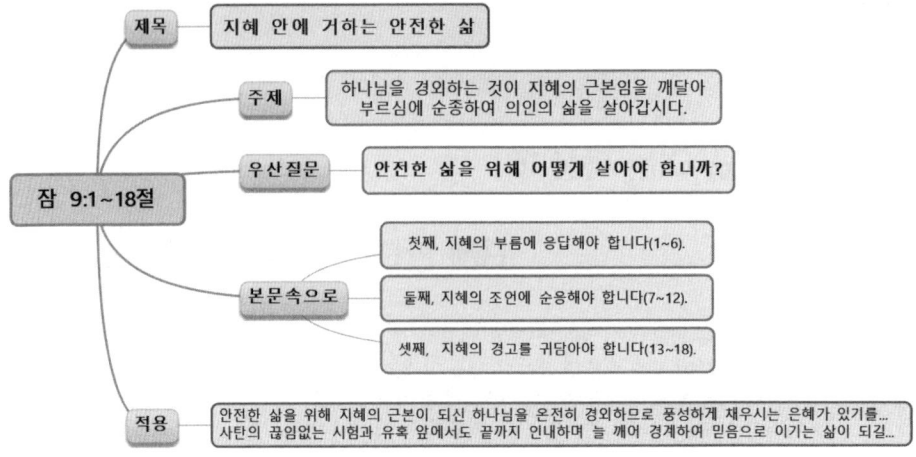

"지혜 있는 자에게 교훈을 더하라 그가 더욱 지혜로워질 것이요 의로운 사람을 가르치라 그의 학식이 더하리라" (잠 9:9).

📖 하나님을 경외하는 것이 지혜의 근본임을 깨달아 부르심에 순종하여 의인의 삶을 살아갑시다.

☑ 안전한 삶을 살려면 어떻게 해야 합니까?

🕊 지혜의 부름에 응답하기(1-6절)

지혜가 일곱 기둥을 다듬어 집을 만들었습니다(1절). '7'은 완전수로 그 집의 규모가 거대함을 보여 줍니다. 그리고 짐승을 잡고 포도주를 혼합하여 상을 준비하며 성대한 잔치를 준비했습니다(2절). 그런 후에 지혜는 그 잔치에 손님들을 초청합니다(3절). "어리석은 자는 이리로 돌이키라…너는 와서 내 식물을 먹으며 내 혼합한 포도주를 마시고"(4-5절). 음식이 사람의 생명에 활력을 더하는 공급원인 것처럼 지혜는 사람의 영혼을 살찌게 하고 힘을 얻게 하는 생명의 원천이 됩니다. 그러므로 지혜는 어리석음을 버리고 생명을 얻고 명철의 길을 행하라고 요구합니다(6절).

하나님은 모든 목마른 자에게 물을 주시며, 돈이 없는 자도 와서 먹을 수 있도록 양식을 제공하여 주십니다. 즉, 복음은 어느 특정한 사람들만의 전유물이 아니라 모든 사람에게 공평하게 주어지는 기쁨의 소식입니다. 하나님은 천국 잔치를 화려하게 그리고 풍성하게 준비해 놓고 기다리고 계십니다. 중요한 것은 우리 자신이 그 잔치의 자리에 참여하고 있느냐 하는 것입니다. 어리석은 사람들은 어떤 사람들입니까? 여러 가지 핑계를 대면서 그 잔치의 초대를 거부하는 사람입니다(참고. 마 22:4-5). 생명이 아닌 것에 자신의 모든 것을 빼앗기고 살아가는 사람이 어리석은 사람입니다. 우리는 이러한 어리석음을 버리고 주님의 초청과 부르심에 응답해야 합니다. 그래서 영원한 생명을 누리며 살아가도록 하시는 구원의 은혜를 경험해야 합니다.

✿ 지혜의 조언에 순응하기(7-12절)

거만한 자는 스스로 교만하여 자신에게 충고하고 징계하는 자를 미워하고 욕되게 합니다. 또한 자신의 악함에 대해 훈계하고 책망하는 자의 말을 겸손히 받지 않고, 오히려 그에게 악으로 갚습니다(7절). 그래서 성경은 차라리 지혜 있는 자를 책망하라고 합니다. 그는 겸손히 타인의 충고와 훈계를 받아들일 뿐 아니라 감사하게 생각하기 때문입니다(8절). 자신에 대한 훈계와 교훈을 겸손히 받아들이는 자가 지혜 있는 자이며(9절), 하나님을 경외하고 두려워하면서 하나님의 은혜를 누리며 사는 사람이 참된 지혜를 얻은 사람입니다(10절). 그는 그 지혜로 인하여 '생명의 해가 더할 것'이라고 말합니다(11절). 즉, 행복한 삶으로 나아갈 수 있다는 것입니다. 그러나 거만하여 악을 행하는 자들은 해를 당할 것입니다(12절).

오늘날 많은 사람이 말하기는 좋아하지만 듣는 것은 그리 좋아하지 않습니다. 자신의 잘못에 대해 책망하거나 훈계하면 참지 못합니다. 그러나 교훈과 책망을 받아들이는 사람은 결국 하나님의 지혜도 함께 받아들이게 됩니다.

구약성경에 등장하는 엘리 제사장의 두 아들은 아버지의 교훈과 책망을 받아들이지 않아 결국 전쟁에서 모두 죽고 말았습니다. 롯의 사위들 역시 롯의 훈계를 받아들이지 않아 소돔과 고모라 심판 때 죽음을 피하지 못했습니다. 교훈과 책망을 싫어하면 오히려 근심과 슬픔이 임합니다(잠 1:27).

때로는 영적인 선배들의 충고와 훈계가 노선에서 이탈하고 있는 우리를 바로잡아 주기도 하고, 큰 인생의 위기를 피할 수 있는 길을 우리에게 제공해 주기도 합니다. 저 역시 지금 사역하고 있는 곳으로 청빙을 받아 오는 과정에서 이런저런 많은 일이 있었는데, 그때마다 때로는 따끔한 조언으로, 때로는 따뜻한 격려로 이끌어 준 동역자가 있었습니다. 하나님이 우리를 책망하시는 것은 사랑하시기 때문이며, 죄에 머물러 망하지 않도록 하시기 위함입니다. 그러므로 우리 자신의 실수에 대한 충고와 조언에 순응하는 것이 안전한 삶을 살아가는 길입니다.

🌿 지혜의 경고를 귀담아듣기(13-18절)

'미련한 여인'은 미련한 음녀를 가리킵니다. 그녀는 시끄럽게 떠들며 제멋대로 하면서도 부끄러움을 깨닫지 못합니다. 자기 집 대문이나 마을 높은 곳에 앉아서 길을 바로 가는 행인들을 초청합니다(13-15절). 그리고 온갖 감언이설로 유혹합니다. "도둑질한 물이 달고 몰래 먹는 떡이 맛이 있다"(17절). 어리석은 자는 자신의 행위로 인해 감당할 수 없는 심각한 결과가 초래될 것을 알지 못한 채 죄악의 길로 들어섭니다. 그는 죽은 자들이 거기 있는 것과 그들이 스올 깊은 곳에 있는 것을 알지 못합니다(18절). 정당하지 않은 일시적인 쾌락은 결국 우리를 영적 죽음으로 이끌어 간다는 사실을 경고하고 있습니다.

믿음은 들음에서 나고, 들음은 그리스도의 말씀으로 말미암습니다(롬 10:17). 하늘을 가로질러 걸려 있는 전깃줄에는 눈에 보이지 않는 엄청난 전류가 흐르고 있습니다. 마찬가지로 우리가 듣는 하나님의 말씀에는 보이지 않는 성령의 강한 은혜가 흐르고 있습니다. 그래서 지혜의 책망을 듣고 돌이킨 자에게는 평안과 기쁨과 안전함이 보장됩니다. 우리는 하나님의 지혜의 말씀을 들음으로 하나님의 뜻을 발견하여 버릴 것은 과감히 버리고, 취할 것은 취해야 합니다.

넓은 바다는 바람에 큰 파도가 일렁일지라도 바닷속 깊은 곳에는 평화가 있습니다. 우리 인생도 지혜에 귀 기울이며 성령의 빛 가운데 거하면 재앙의 두려움에서도 안전하고 평화롭게 살 수 있습니다. 그러므로 우리는 성령의 빛 가운데서 죄의 고리를 끊어 버리기로 결단하고, 끝까지 인내하고 늘 깨어 믿음으로 이기며 살아가야 합니다. 말씀을 통한 경고의 메시지에 늘 귀 기울이고 깨우쳐 다시금 주의 은혜의 자리로 나아가는 것이 안전한 삶을 살아가는 방법입니다.

오늘도 안전한 삶을 위해 지혜의 근본이 되시는 하나님을 온전히 경외함으로 풍성하게 채우시는 은혜를 누릴 뿐 아니라, 사탄의 끊임없는 시험과 유혹 앞에서도 끝까지 인내하며 늘 깨어서 경계하여 믿음으로 이기며 살아갈 수 있기를….

행복의 시작, 예수 그리스도!
빛이 있으라.

잠언 10장

아침을 여는 묵상 17
(잠 10:1~17)

마음에 담긴 지혜를 삶으로 나타내는 삶

1 솔로몬의 잠언이라 지혜로운 아들은 아비를 기쁘게 하거니와 미련한 아들은 어미의 근심이니라
2 불의의 재물은 무익하여도 공의는 죽음에서 건지느니라
3 여호와께서 의인의 영혼은 주리지 않게 하시나 악인의 소욕은 물리치시느니라
4 손을 게으르게 놀리는 자는 가난하게 되고 손이 부지런한 자는 부하게 되느니라
5 여름에 거두는 자는 지혜로운 아들이나 추수 때에 자는 자는 부끄러움을 끼치는 아들이니라
6 의인의 머리에는 복이 임하나 악인의 입은 독을 머금었느니라
7 의인을 기념할 때에는 칭찬하거니와 악인의 이름은 썩게 되느니라
8 마음이 지혜로운 자는 계명을 받거니와 입이 미련한 자는 멸망하리라
9 바른 길로 행하는 자는 걸음이 평안하려니와 굽은 길로 행하는 자는 드러나리라
10 눈짓하는 자는 근심을 끼치고 입이 미련한 자는 멸망하느니라
11 의인의 입은 생명의 샘이라도 악인의 입은 독을 머금었느니라
12 미움은 다툼을 일으켜도 사랑은 모든 허물을 가리느니라
13 명철한 자의 입술에는 지혜가 있어도 지혜 없는 자의 등을 위하여는 채찍이 있느니라
14 지혜로운 자는 지식을 간직하거니와 미련한 자의 입은 멸망에 가까우니라
15 부자의 재물은 그의 견고한 성이요 가난한 자의 궁핍은 그의 멸망이니라
16 의인의 수고는 생명에 이르고 악인의 소득은 죄에 이르느니라
17 훈계를 지키는 자는 생명 길로 행하여도 징계를 버리는 자는 그릇 가느니라

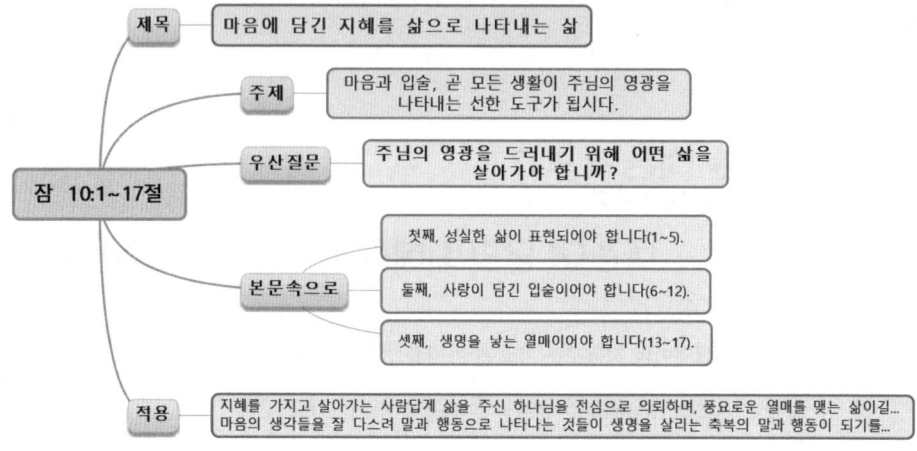

"의인의 입은 생명의 샘이라도 악인의 입은 독을 머금었느니라"(잠 10:11).

📖 마음과 입술, 곧 모든 생활이 주님의 영광을 나타내는 선한 도구가 됩시다.

☑ 주님의 영광을 드러내려면 어떻게 살아가야 합니까?

🌿 성실하게 살아가기(1-5절)

10장부터 22장 16절까지는 '솔로몬의 제2잠언집'입니다. 특징적으로 의인과 악인을 대조하고 있으며, 대부분의 구절이 반의적 또는 대구법 형태로 기록되어 있습니다. 지혜로운 아들은 가정에 평안을 가져오지만, 미련한 아들은 어미의 근심이 됩니다(1절). 악인이 불의로 얻은 재물은 무가치하지만, 의인의 공의는 생명을 살립니다(2절). 공의로우신 하나님은 의인의 영혼은 굶주리지 않게 하시지만, 악인의 탐욕은 물리치십니다(3절). 그 결과 부지런한 사람은 부하게 되지만, 게으른 사람은 가난하게 됩니다(4절). 또한 여름에 거두는 사람은 지혜롭지만, 추수 때 자는 사람은 부끄러움을 당하게 됩니다(5절).

게으른 자는 가난하게 되고 부지런한 자들은 부유하게 된다는 원리가 항상 적용되는 것은 아니지만, 분명한 것은 성실과 정의의 열매는 헛되지 않다는 것입니다. 열심히 노력하고 일해서 얻은 재산은 귀한 것이지만, 하루아침에 얻은 불의한 재물은 악한 것입니다. 특별히 복음 안에서 살아가는 사람들은 성실히 일하고, 때를 분별하여 균형 있게 살아가야 합니다. 균형 잡힌 성실함으로 살아가는 그리스도인의 모습은 하나님께 영광이 되는 것과 더불어 다른 이들에게 유익을 줍니다. 우리 자신의 모습을 통하여 그리스도께서 구체적으로 드러나게 되는 것입니다.

그러므로 우리 안에 있는 복음은 우리 자신이 성실하게 살아가는 모습을 통해 표현된다는 사실을 명심해야 합니다. 우리는 주어진 우리 삶에 최선을 다하여 복음에 합당한 열매를 맺어야 하는 것입니다.

❦ 사랑을 담은 마음으로 말하기(6-12절)

본문은 의인과 악인 그리고 지혜로운 자와 미련한 자의 결과는 확연하게 다르다는 것을 보여 줍니다. 의인의 머리에는 복이 임하고, 죽은 후에도 후손들에게 영광을 남기고 자신도 영원히 존경받습니다. 그리고 의인의 입은 생명의 샘이 됩니다. 반면 악인의 입은 독을 머금고 있으며, 그의 이름은 썩어 없어질 것입니다. 또한 마음이 지혜로운 사람은 계명을 받지만, 미련한 사람은 멸망합니다. 흠 없이 살면 앞길이 평안하지만, 그릇되게 살면 모든 악행이 낱낱이 드러납니다. 그리고 미움은 다툼을 일으켜도, 사랑은 모든 허물을 가립니다(12절).

무엇보다도 우리가 뜨겁게 서로 사랑해야 하는 이유는 사랑은 다른 사람의 허물과 죄를 덮어 주기 때문입니다(벧전 4:8). 사랑이 있는 곳에는 두려움이 없고, 완전한 사랑은 두려움을 내쫓습니다(요일 4:18). 그러므로 우리는 우리 입에서 나오는 것이 무엇인지를 잘 살펴야 합니다. 다른 사람을 헐뜯는 말이 나오지는 않는지, 다른 사람에게 상처 입히는 말이 나오지는 않은지, 긍정의 언어가 아닌 부정적 언어만 내뱉고 있지는 않은지 돌아보아야 합니다.

결국 우리 입을 통해 악한 말이 나온다는 것은 우리 마음이 못된 것으로 가득 차 있다는 증거임을 명심해야 합니다. 그러므로 하나님의 말씀과 기도를 통하여 우리 마음을 정결하게 씻어 내는 과정이 필요합니다. 무엇보다 우리의 입이 '생명의 샘'이어야 합니다. 하나님의 자녀답게 우리의 입에서 위로와 격려, 사랑과 소망이 담긴 생명의 언어가 흘러나오도록 힘써 노력해야 합니다. 그렇게 함으로 복음에 합당한 열매를 맺을 수 있습니다.

❦ 생명의 열매 맺기(13-17절)

명철한 자의 입술에는 지혜가 있고, 지혜로운 사람은 지식을 간직하고 있지만, 지혜 없는 자의 등에는 채찍이 떨어지고, 미련한 사람의 입은 멸망을 재촉합니다(13-14절). 의인은 재물을 지혜롭게 관리해 삶을 견고하게 하고, 그의 수고는 생명에 이르게 될 것입니다. 그러나 악인의 소득은 죄에 이르고 그를 망하게 하며, 채찍과 같은 고난과 고통의 징계가 주어집니다.

지혜는 막연한 것이 아닙니다. 구체적으로 말과 행동으로 표현되어 삶의 열매로 나타나야 합니다. 우리의 속사람은 언제나 마음에만 머물러 있지 않고, 우리의 손과 발로 드러나게 되어 있습니다. 결국 보이지 않는 지혜가 우리의 삶을 통하여 눈에 보이는 열매로 맺혀야 하는 것입니다. 비록 세상이 불의와 부조리로 가득하다 할지라도 하나님의 통치를 받으며 공의와 정의와 긍휼로 살아가야 합니다. 자신의 이익만을 추구하는 이기주의를 버리고 공동체의 유익과 안위를 생각하는 의인의 삶을 살아가도록 노력해야 합니다. 하나님께서는 의인들이 화평으로 심는 수고를 기억하시고 의의 열매로 보답해 주시는 분입니다(참고. 약 3:18). 특히 이 땅의 진정한 민주화를 위해 목숨을 걸고 싸우다 희생 당한 5월의 영웅들처럼 우리도 복음에 합당한 의인의 삶으로 의의 열매 곧 생명의 열매를 맺으며 살아가야 합니다.

오늘도 지혜를 가지고 살아가는 의인으로 불러 주신 하나님을 전심으로 의뢰하며 주어진 삶에 최선을 다하여 풍요로운 열매를 맺을 뿐 아니라, 마음의 생각을 잘 다스려 말과 행동으로 나타나는 모든 것이 생명을 살리는 축복의 삶이 되기를….

**행복의 시작, 예수 그리스도!
빛이 있으라.**

잠언 10장

아침을 여는 묵상 18
(잠 10:18~32)

말씀이 주는 충만함을 누리는 삶

18 미움을 감추는 자는 거짓된 입술을 가진 자요 중상하는 자는 미련한 자이니라
19 말이 많으면 허물을 면하기 어려우나 그 입술을 제어하는 자는 지혜가 있느니라
20 의인의 혀는 순은과 같거니와 악인의 마음은 가치가 적으니라
21 의인의 입술은 여러 사람을 교육하나 미련한 자는 지식이 없어 죽느니라
22 여호와께서 주시는 복은 사람을 부하게 하고 근심을 겸하여 주지 아니하시느니라
23 미련한 자는 행악으로 낙을 삼는 것 같이 명철한 자는 지혜로 낙을 삼느니라
24 악인에게는 그의 두려워하는 것이 임하거니와 의인은 그 원하는 것이 이루어지느니라
25 회오리바람이 지나가면 악인은 없어져도 의인은 영원한 기초 같으니라
26 게으른 자는 그 부리는 사람에게 마치 이에 식초 같고 눈에 연기 같으니라
27 여호와를 경외하면 장수하느니라 그러나 악인의 수명은 짧아지느니라
28 의인의 소망은 즐거움을 이루어도 악인의 소망은 끊어지느니라
29 여호와의 도가 정직한 자에게는 산성이요 행악하는 자에게는 멸망이니라
30 의인은 영영히 이동되지 아니하여도 악인은 땅에 거하지 못하게 되느니라
31 의인의 입은 지혜를 내어도 패역한 혀는 베임을 당할 것이니라
32 의인의 입술은 기쁘게 할 것을 알거늘 악인의 입은 패역을 말하느니라

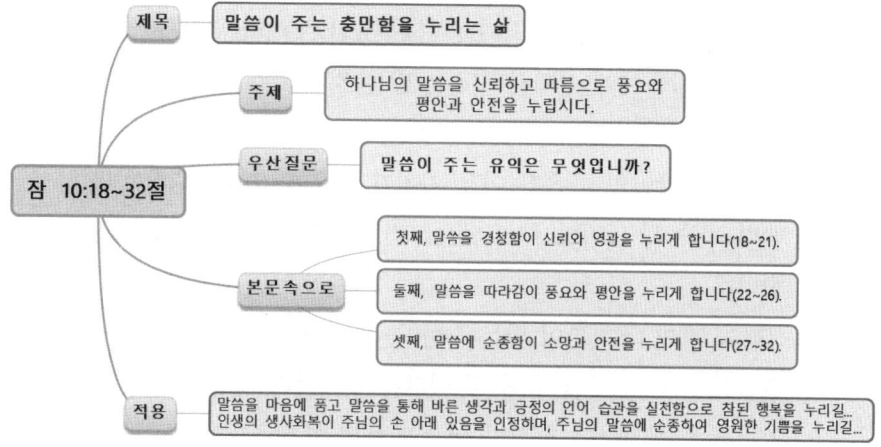

"여호와께서 주시는 복은 사람을 부하게 하고 근심을 겸하여 주지 아니하시느니라"(잠 10:22).

📖 하나님의 말씀을 신뢰하고 따름으로 풍요와 평안과 안전을 누립시다.

☑ 말씀이 주는 유익은 무엇입니까?

🍂 신뢰와 영광을 누리게 함(18-21절)

'미움을 감추는 자'는 상대를 미워하는 감정을 마음속에 감추고 겉으로는 아닌 척하는 사람으로 거짓 입술을 가진 사람이요, 근거 없이 중상하는 미련한 사람입니다(18절). "말이 많으면 허물을 면하기 어려우나 그 입술을 제어하는 자는 지혜가 있느니라"(19절). 이는 때와 장소에 맞는 말을 하는 것이 불필요한 오해와 비방을 받지 않고, 다른 사람들에게 신뢰와 인정을 받는 지혜로운 행동이라는 것입니다. 입술을 제어하는 지혜자의 혀는 순은과 같아서 많은 사람을 가르치지만, 악인의 마음은 아무 가치가 없으며 그런 사람은 미련하게 살다 죽게 될 것입니다(20-21절). 그러므로 말을 잘 제어할 수 있어야 합니다.

상담에서 가장 기본이 되는 요법 중 하나가 '경청'입니다. 잘 들어주기만 해도 좋은 상담이 될 수 있다는 것입니다. 많은 사람이 다른 사람의 말을 듣기보다 자신의 생각과 뜻만 주장하기를 좋아합니다. 그러나 성경은 말을 많이 하면 실수하기 쉽다고 교훈하고 있습니다. 많은 말을 하다 보면 자연스레 자신의 허물과 단점을 드러낼 수밖에 없기 때문입니다. 그래서 어떤 이는 "침묵하면 한 가지 죄만 지을 것을 말을 많이 함으로써 백 가지 죄를 짓게 된다"라고 말하기도 하였습니다. 하고 싶은 말이 많더라도 잘 제어하는 훈련을 하면 경우에 맞는 말을 할 수 있습니다.

무엇보다 우리는 하나님의 말씀을 경청하는 훈련이 필요합니다. 하나님의 말씀이 주는 교훈에 귀 기울이고 잠잠히 순종하며 신뢰하는 것이 지혜로운 삶의 모습입니다. 우리는 그리스도 예수 안에 있는 믿음으로 말미암아 구원에 이르게 하는 지혜가 있는 하나님의 말씀이 우리를 지도하도록, 배우고 확신한 일에 거해야 합니다(딤후 3:14-15). 말씀을 경청함으로 우리는 신뢰와 영광을 누리며 살아갈 수 있습니다.

풍요와 평안을 누리게 함(22-26절)

세상의 재물은 그것을 얻는 일에서부터 지키는 데까지 불안과 염려가 떠나지 않습니다. 그러나 하나님께서 주시는 복은 결코 근심이 곁들여 있지 않습니다(22절). 이 복은 어디까지나 하나님의 은혜와 사랑을 통해 얻는 것이기 때문입니다. 미련한 자는 악한 행동에서 쾌락을 찾지만, 명철한 자는 지혜에서 즐거움을 얻습니다(23절). 그러므로 악인은 경각 중에 두려워하는 일을 당하지만, 의인은 그 바라는 것을 얻습니다(24절). 회오리바람이 지나갈 때, 악인은 휩쓸려 사라지지만, 의인은 영원히 견고합니다(25절). 즉, 하나님의 뜻에 귀 기울이고, 하나님의 말씀만 바라보고 따라가는 자는 평안과 풍요를 누리게 됩니다.

무엇보다 게으른 종은 식초가 이를 시리게 하고, 불을 피울 때 생기는 연기가 눈물을 흘리게 만드는 것처럼 주인에게 아무런 유익을 주지 못하고 도리어 고통과 근심만 안겨 줍니다(26절). 이처럼 미련하고 게을러 무익한 종은 바깥 어두운 데로 내쫓겨 거기서 슬피 울며 이를 갈게 되는 비극을 맞이할 것입니다(마 25:30).

우리도 살다 보면 두려운 일을 당할까 염려하고 근심할 때가 있습니다. 어떤 사람은 자기에게는 늘 좋지 않은 일만 생긴다는 징크스를 갖고 살아가기도 합니다. 그러나 하나님의 말씀을 온전히 신뢰하며, 그 말씀을 따라 살아가는 자에게는 두려워하는 일이 아니라 원하고 바라는 일이 삶에 임하게 될 것입니다. "누구든지 나의 이 말을 듣고 행하는 자는 그 집을 반석 위에 지은 지혜로운 사람 같으리니 비가 내리고 창수가 나고 바람이 불어 그 집에 부딪치되 무너지지 아니하나니"(마 7:24-25)라는 말씀처럼 결코 흔들림이 없습니다. 그러나 악인은 바람에 나는 겨와 같아서(시 1:4) 쉽게 넘어지고, 늘 두려움과 염려 가운데서 살아갑니다. 혹 주위에 뜻하지 않는 사고로 큰 염려와 근심에 빠져 자책하고 있는 믿음의 지체가 있다면 견고한 믿음의 반석 위에 서서 모든 상황을 굳건하게 이겨 나가도록 기도해 주어야 합니다. 우리는 말씀을 따라 살아갈 때, 말씀이 주는 풍요로움과 평안을 누릴 수 있습니다.

소망과 안전을 누리게 함(27-32절)

"여호와를 경외하면 장수하느니라"(27절). 이는 잠언에서 자주 언급되는 교훈입니다. 의인은 하나님의 복을 받아 이 땅에서도 장수를 누립니다. 반면 악인은 수명이 짧습니다. 그뿐 아니라 의인의 소망은 기쁨을 거두지만, 악인의 소망은 끊어집니다(28절). 여호와의 도가 정직한 자에게는 산성(영원한 기초)이지만, 행악자에게는 멸망입니다(29절). 그러므로 여호와의 도를 따르는 의인은 영원히 흔들리지 않지만, 행악자는 땅에서 오래 살지 못합니다(30절). 의인의 입은 지혜를 내고 다른 사람을 기쁘게 하는 말이 무엇인지 알지만, 악인의 입은 거짓을 말하므로 그 혀가 베임을 당할 것입니다(31-32절).

하나님을 믿는 우리도 고난이 있을 수 있고, 핍박을 당할 수 있으며, 실패와 가난을 경험할 수 있습니다. 그럼에도 하나님의 말씀에 순종하여 그 길을 가는 사람은 결코 흔들리지 않는 산성이 되시는 하나님의 보호 아래 거할 수 있습니다. 소망 중에서 즐거워할 수 있는(롬 12:12) 영적인 안전함을 누릴 수 있습니다. 그러므로 우리는 어떠한 상황에서도 부정적인 말을 하거나 다른 사람을 원망하고 거칠게 대하는 것이 아니라, 영원히 변하지 않는 하나님 아버지를 더욱 신뢰하며 말씀에서 피할 길과 해답을 찾는 신실한 자녀로서 살아가야 합니다. 우리에게 주님의 말씀에 순종하며 살아가는 것보다 더 좋은 길은 없습니다. 이러한 믿음과 확신이 있을 때 말씀이 주는 충만함으로 소망과 안전함을 누리며 살아갈 수 있습니다.

오늘도 말씀을 마음에 품고 바른 생각과 긍정적인 언어로 살아감으로 인생의 참된 행복을 누릴 뿐 아니라, 인생의 생사화복이 주님의 손안에 있음을 인정하고 그 말씀에 순종하여 풍요와 평안과 안전을 누리며 살아갈 수 있기를….

행복의 시작, 예수 그리스도!
빛이 있으라.

잠언 11장

아침을 여는 묵상 19
(잠 11:1~15)

하나님의 원칙과 지혜로 사는 삶

1 속이는 저울은 여호와께서 미워하시나 공평한 추는 그가 기뻐하시느니라
2 교만이 오면 욕도 오거니와 겸손한 자에게는 지혜가 있느니라
3 정직한 자의 성실은 자기를 인도하거니와 사악한 자의 패역은 자기를 망하게 하느니라
4 재물은 진노하시는 날에 무익하나 공의는 죽음에서 건지느니라
5 완전한 자의 공의는 자기의 길을 곧게 하려니와 악한 자는 자기의 악으로 말미암아 넘어지리라
6 정직한 자의 공의는 자기를 건지려니와 사악한 자는 자기의 악에 잡히리라
7 악인은 죽을 때에 그 소망이 끊어지나니 불의의 소망이 없어지느니라
8 의인은 환난에서 구원을 얻으나 악인은 자기의 길로 가느니라
9 악인은 입으로 그의 이웃을 망하게 하여도 의인은 그의 지식으로 말미암아 구원을 얻느니라
10 의인이 형통하면 성읍이 즐거워하고 악인이 패망하면 기뻐 외치느니라
11 성읍은 정직한 자의 축복으로 인하여 진흥하고 악한 자의 입으로 말미암아 무너지느니라
12 지혜 없는 자는 그의 이웃을 멸시하나 명철한 자는 잠잠하느니라
13 두루 다니며 한담하는 자는 남의 비밀을 누설하나 마음이 신실한 자는 그런 것을 숨기느니라
14 지략이 없으면 백성이 망하여도 지략이 많으면 평안을 누리느니라
15 타인을 위하여 보증이 되는 자는 손해를 당하여도 보증이 되기를 싫어하는 자는 평안하니라

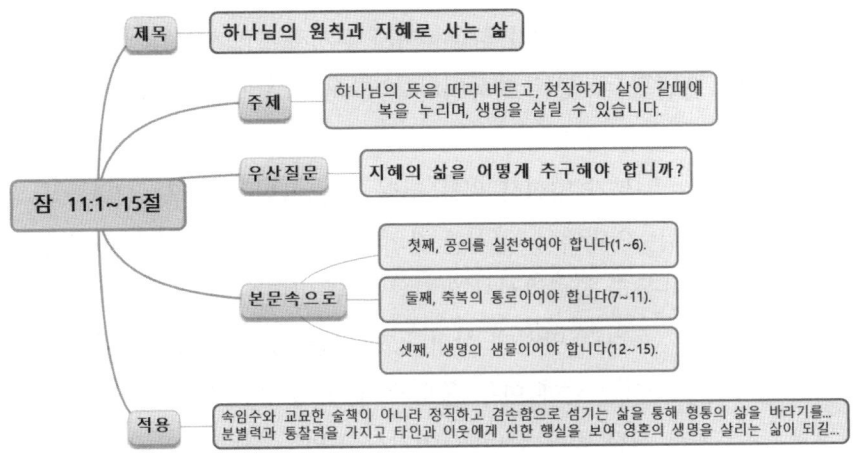

"지략이 없으면 백성이 망하여도 지략이 많으면 평안을 누리느니라"(잠 11:14).

📖 하나님의 뜻을 따라 바르고 정직하게 살아갈 때 복을 누리며 생명을 살릴 수 있습니다.

☑ 지혜의 삶을 어떻게 추구해야 합니까?

🌿 공의롭게 살아가기(1-6절)

하나님은 거짓이 없는 진실한 분이시며, 공의를 사랑하는 분이십니다. 그러므로 하나님은 속이는 말이나 거짓 저울은 다른 사람을 해하는 것이며 가증스러운 것이라고 단호하게 선언합니다(1절). 이어서 교만에 대해 경고합니다. 즉, 교만이 오면 욕도 온다는 것입니다(2

절). 교만은 타인뿐 아니라 하나님까지 무시하고 업신여기는 것이므로 결코 용납될 수 없는 행동입니다. 그래서 그런 행위에는 수치와 모욕이 따르게 됩니다.

지혜자는 농부가 열심히 씨를 뿌려 가꾸고 땀을 흘리는 만큼 곡식이 얻는다는 의미에서 "정직한 자의 성실"(3절)을 말합니다. 하나님은 이러한 자들과 함께하셔서 완전한 길로 인도하시지만, 사악한 자들의 패역은 스스로 망하게 합니다. 부정한 방법으로 모은 재물은 주님이 진노하시는 날에 아무 쓸모가 없게 됩니다(4절). 그러나 공의는 죽음에서 건짐 받게 합니다. 여기서 공의는 하나님 앞에서 바르게 사는 것을 말합니다. 그러므로 정직한 자의 공의는 그 자신을 살리지만, 악한 자는 자기의 악에 넘어지고 잡힙니다(5-6절).

사람과 사람의 관계에서 신뢰는 굉장히 중요합니다. 특히 사업이나 장사하는 사람들은 고객이나 손님에게 신뢰를 주지 못하면 큰 낭패를 보게 됩니다. 눈앞의 위기를 모면하기 위해, 또는 좀더 많은 이윤을 남기기 위해 사실을 왜곡하거나 눈속임을 한다면 오히려 더 큰 어려움을 당하게 될 것입니다. 그러므로 우리는 하나님 앞에서 바르게 살아감으로 모든 사람에게 신뢰를 줄 뿐 아니라 어떤 상황에서도 신뢰할 수 있는 사람이 되어야 합니다.

구약성경의 요셉은 비록 노예의 신분이었지만 주인과 그 가정을 위해 충성스럽게 최선을 다했습니다. 억울하게 감옥에 갇혀서도 성실함과 신뢰를 바탕으로 한 좋은 인간관계를 유지하였습니다. 결국 요셉은 민족을 살리는 위대한 일을 감당하는 사람이 되었습니다. 우리 역시 자기중심적으로 생각하고 자신의 이익만 챙기려는 교만을 버리고, 오직 공의를 실천하며 하나님의 원칙과 지혜로 살아가야 합니다.

🕊 축복의 통로로 살아가기(7-11절)

"악인은 죽을 때에 그 소망이 끊어지나니 불의의 소망이 없어지느니라"(7절). 악인의 불의한 소망이란 남에게 해를 끼치더라도 자기만의 영원한 삶을 꿈꾸는 것을 의미합니다. 악인은 악한 방법으로라도 인생을 영원토록 즐겨보려 하지만, 그 꿈은 결코 이루어질 수 없다는 것입니다. 오히려 자기가 파놓은 함정에 스스로 빠지게 됩니다(8절). 또한 자기의 이익을 위하여 입으로 거짓을 말하기 때문에 이웃을 망하게 합니다(9절). 반면 의인은 환난에서 구원을 얻고(8절), 또 그의 지식으로 말미암아 구원을 얻습니다(9절). 즉, 하나님을 경외하며 하나님의 말씀에 대한 바른 지식을 가지고 그것에 근거하여 살아가기에 구원을 얻는 것입니다.

"의인이 잘 되면 마을이 기뻐하고, 악인이 망하면 마을이 환호한다. 정직한 사람이 축복하면 마을이 흥하고, 악한 사람이 입을 열면 마을이 망한다"(10-11절, 새번역). 이는 곧 한 사람의 삶이 공동체에 미치는 영향이 매우 크다는 점을 강조하는 것입니다.

우리는 신실한 믿음을 가지고 살아가도 고난을 당하고 환난을 겪을 때가 있습니다. 마치 다니엘과 친구들이 억울하게 사자 굴에 들어간 것처럼 말입니다. 그러나 분명한 것은 하나님은 반드시 피할 길을 주시고, 결국엔 구원의 길로 인도하신다는 것입니다. 그러므로 작은 어려움 때문에 그릇된 길로 빠지지 않도록 주의해야 합니다. 믿음의 사람답게 인생을 폭넓게 볼 수 있어야 합니다.

우리는 모든 사람이 힘들어하는 작금의 사회적 분위기에서 나 혼자만의 안일한 삶을 바라거나 추구하는 것이 아니라, 나라와 민족을 위하여 기도하고 축복함으로 우리의 공동체가 온전해질 수 있도록 해야 합니다. 오늘날 교회와 성도는 사회 공동체를 위해 기도하고, 축복의 전달자의 역할을 감당해야 합니다. 우리 각자가 발을 딛고 살아가는 삶의 모든 자리에서 사랑과 희망을 전하는 축복의 통로가 되어야 하는 것입니다.

❦ 생명의 샘물로 살아가기(12-15절)

이웃을 무시하는 사람은 지혜가 없는 사람입니다(12절). 두루 다니며 한담하는 자는 남의 비밀을 누설합니다(13절). '한담하는 자'는 다른 사람을 헐뜯거나 비방하는 자를 뜻합니다. 즉, 여기저기 다니며 이간질하고 싸움을 부추기는 사람입니다. 그러나 명철한 자는 잠잠하고, 신실한 자는 남의 비밀을 숨깁니다(12-13절). 지략이 없으면 백성이 망하여도 지략이 많으면 평안을 누립니다(14절). '지략'은 '논의', '상담'의 의미입니다. 공동체 안에서 서로 논의하고 대화할 때, 지혜로운 말로 긍정적인 결과를 만들어 내야 함을 강조하는 것입니다. 무엇보다 공동체 안에서 경제적인 문제로 서로에게 해를 끼치지 말아야 합니다(15절).

건강한 공동체가 되려면 말 한마디에도 신중해야 합니다. 말을 함부로 한다는 것은 다른 사람에 대한 배려가 없거나 상대방에 대하여 가볍게 여긴다는 의미입니다. 흔한 말로 차라리 가만히 있으면 중간이라도 갈 텐데, 그 상황을 참지 못하여 실수를 저지르거나 상대방에게 큰 상처를 안기는 경우가 참으로 많습니다. 교회 내 소그룹 모임에서 누군가에게 위로한다고 한 말이 오히려 상처가 되어 교회마저 나오지 않는 일이 생기기도 합니다. 누군가를 비판할 때나, 높이 평가하여 칭찬할 때도 신중해야 합니다. 함부로 말하지 않고 신중하게 배려하도록 입술을 제어하는 훈련이 필요합니다. 우리는 우리 입술을 통해 나오는 모든 말이 결국엔 타인의 생명을 살리는

"생명의 샘"(10:11)이 되도록 해야 합니다.

  오늘도 속임수와 교묘한 술책이 만연한 세상에서 정직하고 겸손한 말로 건강한 공동체를 세워 갈 뿐 아니라, 분별력과 통찰력을 가지고 이웃에게 선한 행실을 보여 영혼을 살리는 그리스도인으로 살아갈 수 있기를….

행복의 시작, 예수 그리스도!
빛이 있으라.

잠언 11장

아침을 여는 묵상 20
(잠 11:16~31)

사랑과 섬김을 흘려보내는 삶

16 유덕한 여자는 존영을 얻고 근면한 남자는 재물을 얻느니라
17 인자한 자는 자기의 영혼을 이롭게 하고 잔인한 자는 자기의 몸을 해롭게 하느니라
18 악인의 삯은 허무하되 공의를 뿌린 자의 상은 확실하니라
19 공의를 굳게 지키는 자는 생명에 이르고 악을 따르는 자는 사망에 이르느니라
20 마음이 굽은 자는 여호와께 미움을 받아도 행위가 온전한 자는 그의 기뻐하심을 받느니라
21 악인은 피차 손을 잡을지라도 벌을 면하지 못할 것이나 의인의 자손은 구원을 얻으리라
22 아름다운 여인이 삼가지 아니하는 것은 마치 돼지 코에 금 고리 같으니라
23 의인의 소원은 오직 선하나 악인의 소망은 진노를 이루느니라
24 흩어 구제하여도 더욱 부하게 되는 일이 있나니 과도히 아껴도 가난하게 될 뿐이니라
25 구제를 좋아하는 자는 풍족하여질 것이요 남을 윤택하게 하는 자는 자기도 윤택하여지리라
26 곡식을 내놓지 아니하는 자는 백성에게 저주를 받을 것이나 파는 자는 그의 머리에 복이 임하리라
27 선을 간절히 구하는 자는 은총을 얻으려니와 악을 더듬어 찾는 자에게는 악이 임하리라
28 자기의 재물을 의지하는 자는 패망하려니와 의인은 푸른 잎사귀 같아서 번성하리라
29 자기 집을 해롭게 하는 자의 소득은 바람이라 미련한 자는 마음이 지혜로운 자의 종이 되리라
30 의인의 열매는 생명 나무라 지혜로운 자는 사람을 얻느니라
31 보라 의인이라도 이 세상에서 보응을 받겠거든 하물며 악인과 죄인이리요

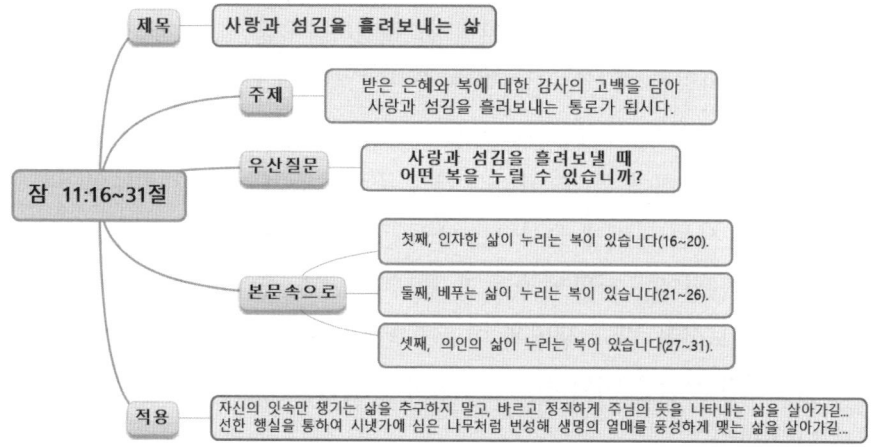

"구제를 좋아하는 자는 풍족하여질 것이요 남을 윤택하게 하는 자는 자기도 윤택하여지리라"(잠 11:25).

📖 받은 은혜와 복에 대한 감사의 고백을 담아 사랑과 섬김을 흘려보내는 통로가 됩시다.

☑ 사랑과 섬김을 흘려보낼 때 어떤 복을 누릴 수 있습니까?

🕊 인자한 삶이 누리는 풍요(16-20절)

'유덕한 여자'는 마음이 따뜻한 현숙한 여인으로 존경을 받습니다(16절). 여기서 '근면한 남자'는 문맥상 '힘을 사용해 억압하는 자'라는 의미가 더 적절하다고 보는 사람이 많습니다. 힘을 사용하여 재물을 얻으면 다른 사람들에게 부러움을 받을 수는 있겠지만, 그로 인해 그는 자기 몸을 해치게 될 것입니다(17절). '인자한 자'(17절)는 다른 사람을 자기 자신처럼 사랑하여 자기의 가진 것을 나눠 주고 선을 행하는 사람입니다(참조. 사 58:7). 이러한 자들은 하나님이 그 생명을 이롭게 할 뿐 아니라 더욱 풍족하게 채워 주십니다. 악인의 삶을 사는 자에게 돌아오는 소득은 허무하며, 하나님의 은총과 완전히 단절되는 사망에 이르게 합니다. 반면 공의를 뿌리는 자는 확실한 보상을 받고 생명에 이르게 됩니다(18-19절). 주님은 마음이 비뚤어진 사람은 미워하시지만, 올바른 길을 걷는 사람은 기뻐하십니다(20절).

우리는 우리 인생에서 더 중요하고 소중한 것을 잃어버리지 않도록 해야 합니다. 즉, 자신의 이익을 위해 인색하게 살지 말아야 합니다. 인생은 결코 혼자 살아가는 것이 아니기 때문입니다. 그러므로 타인에게 인자와 자비를 베푸는 것이 하나님이 기뻐하시는 행동일 뿐 아니라, 장차 영혼의 복을 보장받는 지혜로운 행동임을 잊지 말아야 합니다. 악한 방법으로 얻은 소득은 허무하게 사라지지만, 인자한 삶을 통해 얻는 복은 영원합니다. 우리는 인자한 삶을 통해 영혼의 생명을 살리는 복의 통로로 살아가야 합니다.

🌿 베푸는 삶이 누리는 풍요(21-26절)

악인들은 스스로 자신을 보호하기 위해 아무리 노력해도 자신들을 향한 하나님의 진노의 심판을 결코 피할 수 없습니다. 그러나 의인의 자손은 구원을 얻습니다(21절). 또한 금고리가 돼지에게 어울리지 않는 것처럼, 사리 분별을 하지 못하고 도덕적인 인식이 결여된 여인은 아무리 아름다운 외모를 가졌더라도 아무 가치 없을 뿐 아니라 가증스럽게 여겨집니다(22절).

사람의 외모가 아닌 중심을 보시는 하나님 앞에서 가장 중요한 것은 마음의 진실함입니다. 하나님의 경제방식은 세상과 반대입니다. "남에게 나누어 주는데도 더욱 부유해지는 사람이 있는가 하면, 마땅히 쓸 것까지 아끼는데도 가난해지는 사람이 있다"(24-25절, 새번역)는 것입니다. 그뿐 아니라 이웃의 어려운 형편을 보고도 곡식을 틀어쥐고 있는 사람은 저주를 받지만, 그것을 내어 파는 사람에게는 복이 돌아온다고 말씀하고 있습니다(26절).

우리는 하나님의 경제원칙에 순응하여 어려운 이웃을 돕고 정직하게 살아가야 합니다. 기억해야 할 것은, 우리가 가진 능력으로 열심히 일하고 많은 것을 쌓기 위해 노력해도 그것이 하나님의 뜻에서 벗어난 일이라면, 부지런히 애쓰며 수고한 그 모든 일이 도리어 미련한 악행이 될 수도 있다는 것입니다. 그러므로 지금 당장은 손해를 보는 것처럼 느껴져도 하나님이 내 인생을 책임져 주시고, 그에 합당한 복을 주실 것이라는 믿음을 가지고 내가 가진 것을 남에게 후히 베풀 수 있어야 합니다.

하나님께서는 이웃에게 베푸는 자에게 그가 하는 모든 일과 그의 손이 닿는 모든 일에 복을 주어 더욱더 풍족하게 하겠다고 약속하셨습니다(신 15:10). 또한 예수님도 남에게 베푸는 자에게는 후히 되어 누르고 흔들어 넘치도록 그에게 안겨 주겠다고 말씀하셨습니다(눅 6:38). 우리는 작은 것일지라도 우리에게 있는 것을 베푸는 삶이 우리 삶을 더욱 풍성하게 하며, 그것이 곧 하나님이 기뻐하시는 것임을 깨달아 더욱 구제(나눔)에 힘쓰는 축복의 통로로 살아가야 합니다(히 13:16).

🕊 의인의 삶이 누리는 풍요(27-31절)

선을 간절히 구하는 자는 은총을 얻습니다. 그러나 악을 더듬어 찾는 자에게는 악이 임합니다(27절). 그리고 자기의 재산만 믿는 사람은 넘어지지만, 의인은 푸른 나뭇잎처럼 번성합니다(28절). 이는 곧 재물은 사람의 영혼을 구원하지 못한다는 것입니다. 재물을 의지하는 사람은 오히려 하나님에게서 멀어지기에 그 영혼이 멸망할 수밖에 없습니다. 또한 미련한 자는 재물을 잃을 뿐 아니라 지혜로운 자의 종이 될 것입니다(29절). 그러므로 의인과 악인은 이 세상에서 모두 보응을 받습니다. 의인은 생명나무로 보상을 받을 것입니다(30절). 반대로 요행을 바라는 미련한 자는 그에 합당한 대가를 치르게 될 것입니다(31절).

하나님은 의인의 삶을 지켜 주시고, 그에 합당한 복을 내려 주시는 분입니다. 반면 하나님을 두려워하지 않고 타인에게 자비를 베풀지 않는 사람은 반드시 징계하십니다. 그러므로 우리는 우리가 어떤 일을 하든, 또 어떠한 상황에 직면하게 되든 하나님이 언제나 우리의 일거수일투족을 감찰하고 계심을 기억해야 합니다. 아울러 언제나 자신의 삶을 말씀에 비춰 보는 지혜가 필요합니다. 우리의 말과 행위가 끼치는 선한 영향력이 공동체를 살리는 생명의 근원이 된다는 거룩한 부담감을 안고 살아가야 합니다. 나아가 주 안에서 얻은 명철과 지식으로 알게 된 복음의 지혜를 증거함으로 사람들을 생명의 길로 인도하는 증인으로 살아가야 합니다.

오직 의인은 믿음으로 사는 것입니다. 믿음이 없이는 하나님을 결코 기쁘시게 하지 못합니다. 하나님은 자신을 의지하는 믿음 안에서 성실하게 살아가는 자녀에게 상을 주십니다. 우리는 하나님의 풍성한 은혜로 시냇가에 심은 나무처럼 번성하여 생명의 열매를 맺는 의인으로서 축복의 통로로 살아가야 합니다.

  자신의 잇속만 챙기는 삶에서 떠나 바르고 정직하게 주님의 뜻을 나타낼 뿐 아니라, 선한 행실을 통하여 시냇가에 심은 나무처럼 번성해 생명의 열매를 풍성하게 누리는 복된 삶을 살아갈 수 있기를….

행복의 시작, 예수 그리스도!
빛이 있으라.

잠언 12장

아침을 여는 묵상 21
(잠 12:1~14)

지혜로운 의인으로 살아가는 삶

1 훈계를 좋아하는 자는 지식을 좋아하거니와 징계를 싫어하는 자는 짐승과 같으니라
2 선인은 여호와께 은총을 받으려니와 악을 꾀하는 자는 정죄하심을 받으리라
3 사람이 악으로서 굳게 서지 못하거니와 의인의 뿌리는 움직이지 아니하느니라
4 어진 여인은 그 지아비의 면류관이나 욕을 끼치는 여인은 그 지아비의 뼈가 썩음 같게 하느니라
5 의인의 생각은 정직하여도 악인의 도모는 속임이니라
6 악인의 말은 사람을 엿보아 피를 흘리자 하는 것이거니와 정직한 자의 입은 사람을 구원하느니라
7 악인은 엎드러져서 소멸되려니와 의인의 집은 서 있으리라
8 사람은 그 지혜대로 칭찬을 받으려니와 마음이 굽은 자는 멸시를 받으리라
9 비천히 여김을 받을지라도 종을 부리는 자는 스스로 높은 체하고도 음식이 핍절한 자보다 나으니라
10 의인은 자기의 가축의 생명을 돌보나 악인의 긍휼은 잔인이니라
11 자기의 토지를 경작하는 자는 먹을 것이 많거니와 방탕한 것을 따르는 자는 지혜가 없느니라
12 악인은 불의의 이익을 탐하나 의인은 그 뿌리로 말미암아 결실하느니라
13 악인은 입술의 허물로 말미암아 그물에 걸려도 의인은 환난에서 벗어나느니라
14 사람은 입의 열매로 말미암아 복록에 족하며 그 손이 행하는 대로 자기가 받느니라

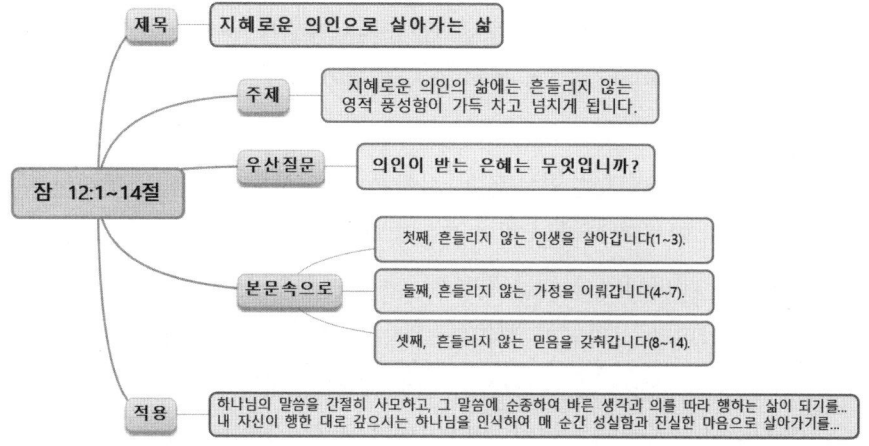

"훈계를 좋아하는 자는 지식을 좋아하거니와 징계를 싫어하는 자는 짐승과 같으니라"(잠 12:1).

📖 지혜로운 의인에게는 흔들리지 않는 인생의 복이 가득 차고 넘치게 됩니다.

☑ 의인이 받는 은혜는 무엇입니까?

🍃 흔들리지 않는 삶(1-3절)

의인은 훈계를 좋아하고, 악인은 징계를 싫어합니다. 훈계를 좋아한다는 것은 곧 지식을 좋아하는 것으로 볼 수 있습니다. '지식'의 근본은 여호와를 경외하는 것입니다. 이 지식은 영혼을 즐겁게 하며(2:10), 구원에 이르게 하는 생명과도 같은 것입니다. 그러나 징계를 싫어하는 자는 지혜의 가르침을 멸시하는 자로서 생명의 길로 나아가기를 거부하기에 짐승과 같이 우둔한 자입니다. 선한 사람은 하나님께 은총을 얻지만, 악을 행하는 사람은 하나님의 심판을 받을 것입니다(2절). 그러므로 죄를 짓는 사람은 그 인생이 견고하지 못하지만, 의인의 인생의 뿌리는 결코 흔들리지 않습니다(3절).

의인은 하나님의 공의를 행하며 살아가는 사람입니다. 그러므로 사람이 아니라 하나님께 뿌리를 내리는 사람, 곧 하나님께 인생의 기초를 두고 살아가는 사람은 물가에 뿌리를 내린 나무와 같이 번성하는 복을 누릴 수 있습니다. 인생의 뿌리가 하나님께 있기에 어떤 상황에서도 결코 뽑히지 않을 뿐 아니라 흔들림 없이 살아가게 됩니다. "악인들은 그렇지 아니함이여 오직 바람에 나는 겨와 같도다"(시 1:4). 우리가 눈으로 볼 수 있는 것, 만질 수 있는 것, 느낄 수 있는 것은 모두 바람에 나는 겨와 같은 것입니다. 그것을 바라보고 잡으려고 하면 인생이 공허해지고 영원한 멸망의 길을 걷게 됩니다.

예수 그리스도의 생명을 붙잡을 때 영원한 생명을 누리며 흔들리지 않는 인생을 살아갈 수 있습니다. 의인의 삶을 살아가는 사람이 바로 흔들리지 않는 인생입니다.

🌿 흔들리지 않는 가정(4-7절)

어진 아내는 남편의 면류관이지만, 욕을 끼치는 아내는 남편의 뼈를 썩게 합니다(4절). 악한 여인은 "뼈 중의 뼈요 살 중의 살"(창 2:23)로서 남편을 돕는 자가 아니라 그의 생명력을 약화시키고, 넘어뜨려 다시 일어서지 못하게 하는 자에 불과합니다. 반면 어진 아내와 함께하는 의인의 집은 든든하여 결코 흔들림이 없습니다(7절).

'어진 여인'은 잠언에서 '현숙한 여인'으로 집안을 일으키는 매우 능력 있는 여인으로 묘사되고 있습니다(잠 31장). 의인은 바르게 생각하고 타인을 살리는 말을 하여 하나님의 은총과 사람들의 칭찬을 받지만, 악인은 속이고 상처를 줌으로 하나님의 정죄와 사람들의 멸시를 받게 될 것입니다.

어느 공동체나 가장 중요하게 여겨야 하는 것이 '연합', 즉 '하나 됨'입니다. 서로 연합하지 않으면 공동체는 힘을 발휘할 수 없습니다. 공동체의 기초인 가정은 더욱 말할 것도 없습니다. 가정을 이루는 남편과 아내가 서로의 다름을 인정하지 않고 자기 것만 강조하면 하나가 될 수 없습니다. 하나님의 뜻 안에서 서로 다른 지체가 만나 한 몸을 이루어 하나가 된다는 생각을 가질 때, 가정은 세상의 그 어떤 풍파에도 흔들리지 않게 됩니다. 서로에게 아픔과 상처를 주는 것이 아니라 서로에게 면류관이 되어야 하며, 서로의 생명을 책임지는 관계를 이루어야 합니다. 같은 마음, 같은 뜻, 같은 생각을 가지고 하나님의 말씀에 뿌리를 내릴 때 흔들리지 않는 가정을 이룰 수 있습니다. 의인의 삶을 살아가는 사람이 받는 은혜가 흔들리지 않는 가정을 이루는 것입니다.

❦ 흔들리지 않는 믿음(8-14절)

하나님을 경외하는 지혜로운 사람은 그 지혜대로 칭찬을 받겠지만, 마음이 비뚤어진 사람은 멸시를 받습니다(8절). "부자이면서 아무것도 없는 듯 행동하는 것이 가난뱅이가 무엇인가 가진 듯 행동하는 것보다 낫습니다"(9절, 쉬운성경). 여기서 부자는 의인으로 허세를 부리지 않고, 짐승의 생명까지도 소중하게 여기며, 성실하게 자신의 토지를 경작하여 먹을 것을 넉넉하게 얻는 지혜로운 사람입니다(10-11절). 반면 악인은 허세가 가득하고(9절), 긍휼함이 없어 잔인하고, 방탕한 생활을 즐기며, 불의의 이익을 탐하는 자입니다(10-12절). 결국 악인은 자신의 입술을 잘못 놀려 덫에 걸리겠지만, 의인은 지혜로운 말과 행동으로 환난에서 벗어나고 형통하며 자기 손이 행한 대로 보상을 받게 됩니다(13-14절).

우리는 매 순간 하나님 앞에서 살아가고 있음을 잊지 말아야 합니다. 우리의 삶을 지켜보시며 우리가 행한 대로 갚으시는 하나님을 인식하며, 성실과 진실함으로 세상을 살아가야 합니다. 다른 사람들의 시선을 지나치게 의식하지 말고, 오직 하나님의 나라와 그 의와 뜻을 따르는 삶이어야 합니다. 언제 어디서나 하나님을 인식하고 있을 때 주어진 하루하루에 최선을 다할 수 있을 뿐 아니라 다른 이들에게 친절을 베풀며 살 수 있습니다.

무엇보다도 흔들리지 않는 믿음으로 살 수 있습니다. 우리는 일상에서 바른 언행의 씨앗을 심도록 노력해야 합니다. 아울러 교회 안과 밖에서의 삶이 언제나 일치하도록 최선을 다해야 합니다. 하나님은 그렇게 살아가는 우리에게 흔들리지 않는 믿음을 주실 뿐 아니라, 그에 합당한 풍성한 은혜로 우리 인생을 채워 주실 것입니다. 의인의 삶을 살아가는 사람이 받는 은혜가 바로 이러한 것입니다.

오늘도 하나님의 말씀을 간절히 사모하고 그 말씀에 순종하여 바른 생각과 의를 따라 행할 뿐 아니라, 무엇이든 각 사람이 행한 대로 갚으시는 하나님을 인식하여 매 순간 성실함과 진실한 마음으로 최선을 다하며 살아갈 수 있기를….

행복의 시작, 예수 그리스도!
빛이 있으라.

잠언 12장

아침을 여는 묵상 22
(잠 12:15~28)

선한 말의 열매를 맺는 삶

15 미련한 자는 자기 행위를 바른 줄로 여기나 지혜로운 자는 권고를 듣느니라
16 미련한 자는 당장 분노를 나타내거니와 슬기로운 자는 수욕을 참느니라
17 진리를 말하는 자는 의를 나타내어도 거짓 증인은 속이는 말을 하느니라
18 칼로 찌름 같이 함부로 말하는 자가 있거니와 지혜로운 자의 혀는 양약과 같으니라
19 진실한 입술은 영원히 보존되거니와 거짓 혀는 잠시 동안만 있을 뿐이니라
20 악을 꾀하는 자의 마음에는 속임이 있고 화평을 의논하는 자에게는 희락이 있느니라
21 의인에게는 어떤 재앙도 임하지 아니하려니와 악인에게는 앙화가 가득하리라
22 거짓 입술은 여호와께 미움을 받아도 진실하게 행하는 자는 그의 기뻐하심을 받느니라
23 슬기로운 자는 지식을 감추어도 미련한 자의 마음은 미련한 것을 전파하느니라
24 부지런한 자의 손은 사람을 다스리게 되어도 게으른 자는 부림을 받느니라
25 근심이 사람의 마음에 있으면 그것으로 번뇌하게 되나 선한 말은 그것을 즐겁게 하느니라
26 의인은 그 이웃의 인도자가 되나 악인의 소행은 자신을 미혹하느니라
27 게으른 자는 그 잡을 것도 사냥하지 아니하나니 사람의 부귀는 부지런한 것이니라
28 공의로운 길에 생명이 있나니 그 길에는 사망이 없느니라

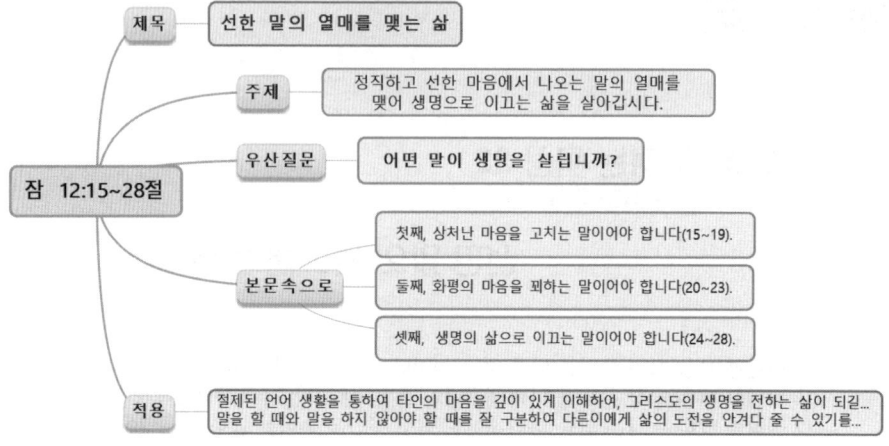

"칼로 찌름같이 함부로 말하는 자가 있거니와 지혜로운 자의 혀는 양약과 같으니라… 근심이 사람의 마음에 있으면 그것으로 번뇌하게 되나 선한 말은 그것을 즐겁게 하느니라"(잠 12:18, 25).

정직하고 선한 마음에서 나오는 말의 열매를 맺어 생명력 있는 삶을 살아갑시다.

☑ 어떠한 말이 생명을 살립니까?

❧ 상처 난 마음을 고치는 말(15-19절)

본문은 미련하고 어리석은 사람과 지혜롭고 슬기로운 사람의 상반된 언어생활의 모습을 잘 보여 줍니다. 지혜로운 사람은 다른 사람의 조언을 귀담아듣지만, 미련한 사람은 자신의 행실만 옳다고 생각합니다(15절). 미련한 사람은 쉽게 화를 내지만, 슬기로운 사람은 모욕을 참습니다(16절). 다윗이 반역한 아들 압살롬을 피해 피난길에 오를 때 자신에게 저주를 퍼부은 시므이의 행동에 대하여 참은 것처럼 말입니다(삼하 16:5-12). 거짓 증인은 속임수만 쓰기에 그 거짓된 혀는 곧 사라지지만, 진실한 증인은 정직한 증거를 보이므로 그 입술은 영원히 남습니다(17, 19절). 무엇보다 지혜로운 자의 혀는 상한 마음을 고쳐 주는 양약과 같습니다(18절).

말은 단지 소통의 수단만이 아니라 영혼의 그릇이며, 나아가 그 사람 자체라고 할 수 있습니다. 더구나 긍정적인 말은 사람의 닫힌 마음의 문을 열게 하며, 절망을 희망으로 바꾸고 용기를 북돋아 주는 능력이 있습니다. 또한 삶의 의욕을 잃은 이에게 살아갈 힘을 공급해 주기도 합니다.

우리는 아무 생각 없이 함부로 말함으로 사람들에게 상처를 주지 않도록 주의해야 합니다. 언제나 사랑이 담긴 따뜻한 말로 다른 이들을 위로하고, 평안과 용기를 주는 양약과 같은 좋은 언어를 사용해야 합니다. 무엇보다 별생각 없이 한 말이 누군가의 생사를 좌우할 수도 있음을 깨달아 늘 신중히 말하는 자세를 잃지 않는 것이 중요합니다. 우리는 늘 우리의 따뜻한 말 한마디가 다른 사람의 상처 난 마음을 고칠 수 있다는 거룩한 부담감을 가지고 선한 말의 열매를 맺으며 살아가야 합니다.

❦ 화평을 꾀하는 말(20-23절)

악을 꾀하는 자의 마음에는 속임이 있지만, 평화를 꾀하는 사람에게는 기쁨이 있습니다(20절). 그래서 의인은 아무런 해도 입지 않지만, 악인에게는 앙화(殃禍)가 가득합니다(21절). '앙화'는 악인에게 임하는 재앙을 뜻합니다. 하나님은 의인에 대해서는 철저하게 보호하시고, 악인에 대해서는 철저하게 보응하십니다. 하나님은 거짓된 입술을 미워하시고, 진실하게 사는 사람은 기뻐하시기 때문입니다(22절). 슬기로운 자는 지식을 소유하고 있기에 함부로 말하지 않으며 말을 제어합니다. 그러나 미련한 자는 자기 속에 있는 미련한 것들을 아낌없이 쏟아 냅니다(23절).

하나님 나라의 특징은 성령 안에서 의와 평강과 희락을 함께 누리는 것입니다(롬 14:17). 그리스도인의 선한 생각과 언어생활은 교회 공동체의 화평을 이루고 성도들이 하나님이 주시는 평강 가운데서 영적 기쁨을 누리게 합니다. 그러므로 생각 없이 말을 함부로 내뱉는 것이 아니라 매사에 신중함과 자제력을 가지고 말해야 합니다. 마음의 생각이 입술의 열매임을 깨닫고 늘 정결하고 진실한 마음을 유지하여 화평을 꾀함으로 선한 말의 열매를 맺으며 살아가야 합니다.

✿ 생명의 삶으로 이끄는 말(24-28절)

부지런한 사람은 주인이 되어 다른 사람을 다스리게 되지만, 게으른 사람은 종으로 살아가게 됩니다. 게으른 사람은 자기가 잡은 사냥감도 요리하기 싫어하지만, 부지런한 사람은 귀한 재물을 얻게 됩니다(27절, 새번역). 그러므로 의로운 사람의 길에는 생명이 있지만, 미련한 사람의 길은 죽음에 이릅니다(28절). 또한 마음에 근심이 있으면 번민이 생기지만, 좋은 말 한마디로도 사람을 기쁘게 할 수 있습니다(25절, 새번역). 의인은 이웃에게 바른길을 보여 주지만, 악인은 이웃을 나쁜 길로 빠져들게 합니다(26절, 새번역).

우리는 자신에게 맡겨진 모든 일을 부지런히, 그리고 성실한 태도로 최선을 다하여 감당해야 합니다. 그래서 주변 사람들에게 선한 믿음의 영향력을 끼쳐야 합니다. 우리의 작은 언행이 다른 사람의 삶에 큰 영향을 끼칠 수 있음을 잊지 말고, 하나님을 경외하는 사람답게 진실한 삶의 태도와 선한 말로 열매 맺으며 살아가야 하는 것입니다. 그 열매는 궁극적으로 생명으로 이끄는 복음의 열매입니다. 우리는 생명의 삶으로 이끄는 바른 언어생활을 통해 선한 말의 열매를 맺으며 살아가야 합니다.

오늘도 절제된 언어생활을 통하여 타인의 마음을 깊이 이해하며 그리스도의 생명을 전할 뿐 아니라, 말을 해야 할 때와 하지 말아야 할 때를 잘 구분하여 다른 이에게 삶의 도전을 주며 살아갈 수 있기를….

행복의 시작, 예수 그리스도!
빛이 있으라.

잠언 13장

아침을 여는 묵상 23
(잠 13:1~13)

밝고 빛나는 영광에 이르는 삶

1 지혜로운 아들은 아비의 훈계를 들으나 거만한 자는 꾸지람을 즐겨 듣지 아니 하느니라
2 사람은 입의 열매로 인하여 복록을 누리거니와 마음이 궤사한 자는 강포를 당하느니라
3 입을 지키는 자는 자기의 생명을 보전하나 입술을 크게 벌리는 자에게는 멸망이 오느니라
4 게으른 자는 마음으로 원하여도 얻지 못하나 부지런한 자의 마음은 풍족함을 얻느니라
5 의인은 거짓말을 미워하나 악인은 행위가 흉악하여 부끄러운 데에 이르느니라
6 공의는 행실이 정직한 자를 보호하고 악은 죄인을 패망하게 하느니라
7 스스로 부한 체하여도 아무 것도 없는 자가 있고 스스로 가난한 체하여도 재물이 많은 자가 있느니라
8 사람의 재물이 자기 생명의 속전일 수 있으나 가난한 자는 협박을 받을 일이 없느니라
9 의인의 빛은 환하게 빛나고 악인의 등불은 꺼지느니라
10 교만에서는 다툼만 일어날 뿐이라 권면을 듣는 자는 지혜가 있느니라
11 망령되이 얻은 재물은 줄어가고 손으로 모은 것은 늘어가느니라
12 소망이 더디 이루어지면 그것이 마음을 상하게 하거니와 소원이 이루어지는 것은 곧 생명 나무니라
13 말씀을 멸시하는 자는 자기에게 패망을 이루고 계명을 두려워하는 자는 상을 받느니라

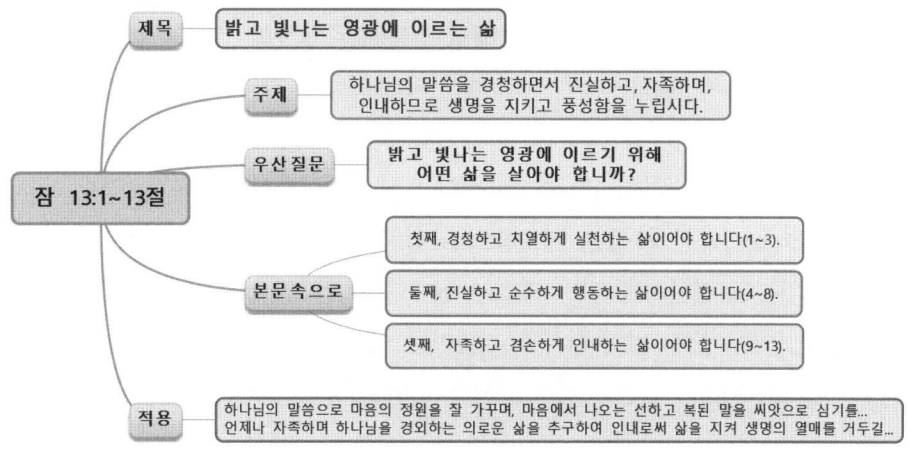

"공의는 행실이 정직한 자를 보호하고 악은 죄인을 패망하게 하느니라… 의인의 빛은 환하게 빛나고 악인의 등불은 꺼지느니라"(잠 13:6, 9).

📖 하나님의 말씀을 경청하고, 진실하게 살며, 자족하고 인내함으로 생명을 지키고 풍성함을 누립시다.

☑ 밝고 빛나는 영광에 이르려면 어떻게 살아야 합니까?

🌿 하나님의 말씀을 경청하며 실천하는 삶(1-3절)

본문에서 거듭 강조하고 있는 것은 '듣는' 자세입니다. 지혜로운 아들은 아비의 훈계를 듣습니다. 반면 거만한 사람은 꾸지람을 듣지 않습니다(1절). 지혜로운 사람은 입의 열매로 인하여 복록을 누립니다(2절). '복록'은 하나님의 은혜로 주어지는 최상의 부귀와 행복을 뜻하는 단어입니다.

그리고 '입을 지키는 자'는 사려 깊게 꼭 필요한 말만 하므로 자기의 생명을 보전하게 됩니다. 이들의 특징은 다른 사람을 선한 길로 인도하고, 약한 자들을 위로함으로 신뢰를 얻는 것으로, 결국 자신의 앞길도 평탄하게 되는 복을 누립니다. 반면 '입술을 크게 벌리는 자'는 아무 생각 없이 함부로 지껄이는 사람으로, 말로 사람들 사이를 이간질하고 다른 이에게 상처를 주며 다툼을 일으키기에 결국엔 멸망이 임합니다(3절).

"내가 말하기를 나의 행위를 조심하여 내 혀로 범죄 하지 아니하리니 악인이 내 앞에 있을 때에 내가 내 입에 재갈을 먹이리라"(시 39:1). 이 말씀은 누구나 말에서 실수가 있을 수 있음을 생각하게 합니다. 특히 그리스도인인 우리는 더더욱 말에 조심성이 있어야 합니다. 언제나 선한 말을 하고, 선한 믿음의 열매를 맺어야 합니다. 그러기 위해서는 무엇보다 마음을 잘 다스려야 합니다. 마음에 있는 것이 입을 통하여 나오기 때문입니다. 그러므로 마음에 무엇을 담고 있는지가 중요합니다. 무엇보다 우리는 하나님의 말씀을 중요하게 여김으로 우리의 말과 행동을 통해 그리스도인 됨을 온전히 드러내야 합니다. 하나님의 말씀을 잘 듣고 마음에 새겨 행함으로 밝고 빛나는 영광에 이르는 삶을 살아가야 합니다.

🌿 진실하고 순수하게 행하는 삶(4-8절)

사람은 근면하고 성실한 생활 자세를 가져야 합니다. 게으른 사람은 아무리 바라는 것이 있어도 얻지 못하기 때문입니다. 반면 부지런한 사람은 원하는 대로 얻는 복을 누립니다(4절). 의인은 거짓말을 미워하지만, 악인은 혐오스러운 행동으로 수치를 당하고 결국 패망하게 됩니다(5-6절). 행위가 온전한 사람은 공의가 그를 보호합니다(6절). 가식이 없이 순수하며 마음으로 의를 행하는 자는 하나님의 보호하심을 받아 축복을 얻게 된다는 것입니다. 무엇보다 겸손한 삶의 자세를 촉구하고 있습니다(7-8절). 자신에게 재물이 많다고 자랑하는 것은 결코 지혜로운 행동이 아닙니다. 오히려 재물을 의지하는 것이 때로는 화를 자초할 수 있음을 늘 염두에 두어야 합니다.

사람을 평가할 때의 바른 기준은 외면적으로 드러나는 행동이 아니라 그 사람의 중심 곧 마음입니다. 눈에 보이는 것이 전부가 아니라는 것입니다. 사람들은 대부분 많은 재물이 있을 때 안정감을 누린다고 생각합니다. 그러나 우리는 오히려 그 많은 재물 때문에 위협과 근심에 빠질 수 있음을 간과해서는 안 됩니다. 무엇보다 우리 인생에서 참된 행복은 가난이나 부유함에 있지 않습니다. 오히려 진실하고 순수한 마음을 가지고 행함을 통해 빛나는 영광에 이르는 삶을 살아갈 수 있습니다.

❦ 자족하며 겸손하게 인내하는 삶(9-13절)

의인은 충고를 잘 듣는 지혜로운 사람이기에 그 인생이 빛으로 환하게 빛나지만, 악인의 등불은 꺼집니다(9절). 그래서 악인은 교만해지며 다툼만 있는 인생이 됩니다(10절). 또한 기억해야 할 것은 쉽게 얻은 재산은 빠르게 줄어들지만, 힘들게 모은 돈은 점점 늘어난다는 것입니다(11절). 인생에서 요행을 바라지 말아야 하는 이유는 인내할 때 좋은 열매를 맺으며 보상을 받기 때문입니다. 그러나 말씀을 멸시하는 사람은 스스로 망하게 되고, 소망이 더디 이루어지는 것 때문에 마음이 상하게 됩니다(13절).

불의로 얻은 명성과 부귀는 결국 모래 위에 지은 집처럼 기초가 허약해 작은 위기라도 닥치면 한꺼번에 무너져 내리고 맙니다. 그러므로 허망한 재물을 얻으려고 애쓰지 말고, 하나님의 말씀에 따라 인생의 옳고 그름을 분별하는 것이 필요합니다. "사울이 죽은 것은 여호와께 범죄 하였기 때문이라 그가 여호와의 말씀을 지키지 아니하고…여호와께 묻지 아니하였으므로 여호와께서 그를 죽이시고 그 나라를 이새의 아들 다윗에게 넘겨주셨더라"(대상 10:13-14). 하나님의 말씀을 멸시했던 사울의 비참한 말로를 성경은 이렇게 기록합니다. 반면 하나님은 하나님의 계명을 두려워할 줄 알았던 다윗의 인생은 친히 인도해 주셨습니다.

그러므로 우리는 인내함으로 자족하고 겸손하게 행함으로 마음의 소원이 이루어지는 그날까지 온전한 믿음 안에서 살아가야 합니다. 더디게 갈지라도 결코 조급하게 행동하지 말고, 믿음의 인내로 지혜롭게 모든 상황을 극복해 나가야 합니다. 매일 매 순간 하나님을 경외함으로 모든 간구와 소원을 성취해 갈 때 빛나는 영광에 이르는 삶을 살아갈 수 있습니다.

오늘도 하나님의 말씀으로 마음의 정원을 잘 가꾸고, 그 마음에서 나오는 선하고 복된 말을 씨앗으로 심을 뿐 아니라, 언제나 자족하고 인내하며 하나님을 경외하는 의로운 삶을 추구함으로 생명의 열매를 거두며 살아갈 수 있기를….

행복의 시작, 예수 그리스도!
빛이 있으라.

잠언 13장

아침을 여는 묵상 24
(잠 13:14~25)

지혜의 말씀과 평생 동행하는 삶

14 지혜 있는 자의 교훈은 생명의 샘이니 사망의 그물에서 벗어나게 하느니라
15 선한 지혜는 은혜를 베푸나 사악한 자의 길은 험하니라
16 무릇 슬기로운 자는 지식으로 행하거니와 미련한 자는 자기의 미련한 것을 나타내느니라
17 악한 사자는 재앙에 빠져도 충성된 사신은 양약이 되느니라
18 훈계를 저버리는 자에게는 궁핍과 수욕이 이르거니와 경계를 받는 자는 존영을 받느니라
19 소원을 성취하면 마음에 달아도 미련한 자는 악에서 떠나기를 싫어하느니라
20 지혜로운 자와 동행하면 지혜를 얻고 미련한 자와 사귀면 해를 받느니라
21 재앙은 죄인을 따르고 선한 보응은 의인에게 이르느니라
22 선인은 그 산업을 자자 손손에게 끼쳐도 죄인의 재물은 의인을 위하여 쌓이느니라
23 가난한 자는 밭을 경작함으로 양식이 많아지거니와 불의로 말미암아 가산을 탕진하는 자가 있느니라
24 매를 아끼는 자는 그의 자식을 미워함이라 자식을 사랑하는 자는 근실히 징계하느니라
25 의인은 포식하여도 악인의 배는 주리느니라

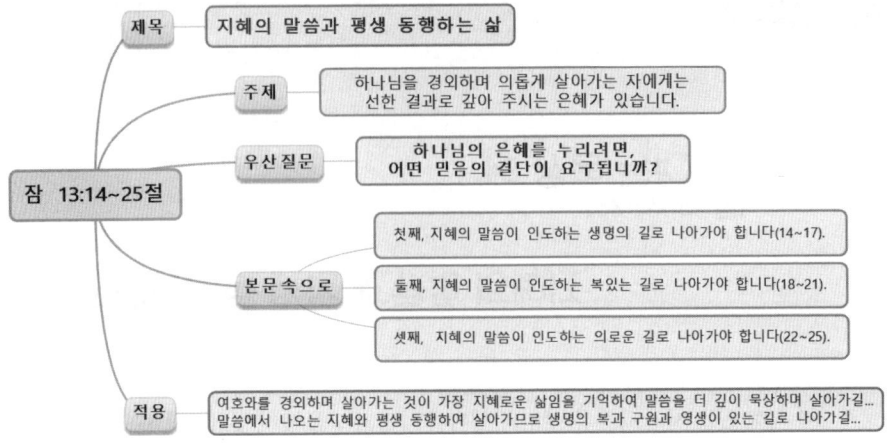

"지혜 있는 자의 교훈은 생명의 샘이니 사망의 그물에서 벗어나게 하느니라"(잠 13:14).

📖 하나님을 경외하며 의롭게 살아가는 자에게는 선한 결과로 갚아 주시는 은혜가 있습니다.

☑ 하나님의 은혜를 누리려면 어떤 믿음의 결단이 요구됩니까?

🌿 지혜의 말씀이 인도하는 생명의 길로 나아가기(14-17절)

지혜자의 가르침은 생명의 샘 같아서 사람을 사망의 올무에서 건져 줍니다(14절). '여호와를 경외하는 것'이 여기서는 '지혜 있는 자의 교훈'으로 대치되어 있습니다. 즉, 지혜로운 자의 교훈은 여호와를 경외하는 법을 가르쳐 주기 때문에 지혜를 따라가는 자는 생명의 근원을 찾게 됩니다. '선한 지혜'는 하나님의 뜻에 부합하는 것으로 사람을 올바른 도덕적 삶으로 인도하는 통찰력을 뜻합니다. 그래서 그 지혜는 은혜를 베풀지만, 사악한 자의 길은 스스로 멸망하는 험한 길입니다(15절). 슬기로운 자나 충성된 사신은 다른 사람에게 양약이 되지만, 미련한 자나 악한 사자는 재앙을 가져다줍니다(16-17절).

우리는 삶의 모든 출발점과 기준점을 하나님의 말씀에 둘 때, 참된 지혜와 분별력을 가지고 살아갈 수 있습니다. 그러면 우리의 말과 행동을 통해 사람들에게 감동을 주게 되며 험한 세상에서 진정한 평안과 기쁨을 누릴 수 있게 합니다. 더 나아가 생명과 구원의 길로 인도할 수 있습니다. 무엇보다 미련한 자와 같이 사리를 분별하지 못해 충동적인 언행으로 공동체를 어지럽히지 않도록 조심해야 합니다. 하나님을 경외하는 삶을 통해 얻는 지혜의 말씀은 광야와 같은 인생의 여정에서 허기를 채워 주는 생명의 떡이요, 영혼의 갈증을 해결해 주는 생명의 샘이 됩니다. 그러므로 지혜의 말씀과 평생 동행함을 통해 우리 자신의 영혼도 살고, 타인의 영혼도 살리는 생명의 길로 나아가야 합니다.

✿ 지혜의 말씀이 인도하는 복 있는 길로 나아가기(18-21절)

훈계와 징계를 받아들이거나 거부하는 것에 따라 그의 길은 확연하게 달라집니다. 훈계를 받아들이는 지혜로운 자는 풍요를 누리고 존경을 받지만, 훈계를 듣지 않는 자는 가난과 부끄러움을 당하게 됩니다(18절). 또한 지혜를 따르는 자는 소원이 성취되어 생명나무의 열매를 얻는 기쁨을 누리지만, 미련한 자는 악에서 떠나기를 싫어하여 기쁨을 누리지 못합니다(19절). 무엇보다 지혜로운 자들과 함께 걸으면 지혜롭게 되지만, 어리석은 자들과 친구가 되면 해만 당합니다(20절). 그러므로 분별력과 통찰력을 가져야 합니다. 재앙은 죄인을 찾아다니고, 선한 보상은 의인을 따라다닙니다(21절).

인생의 참된 복과 기쁨은 하나님을 경외하며 지혜의 말씀에 순종하며 살아갈 때 얻을 수 있습니다. 또한 그렇게 할 때 우리의 소원을 이루시는 하나님의 은혜 아래서 풍요로운 삶을 누리며, 다른 사람에게 존경과 존귀하게 여김을 받을 수 있습니다. 우리는 자신보다 지혜로운 사람 곁에 머물 때, 더 많은 지혜를 얻을 수 있습니다. 늘 진실하고, 믿음의 말을 하며, 긍정적으로 생각하고 말하는 사람 옆에 있으면, 어느 순간 우리 역시 그렇게 점점 닮아 가고 있음을 깨닫게 됩니다.

"친구 따라 강남 간다"는 속담이 있듯이 주변에 어떠한 사람들이 있는지, 지금 관계를 맺고 있는 사람들이 어떠한 사람들인지를 잘 살펴야 지금 누리는 이 복을 빼앗기지 않을 수 있습니다. 미련하고 어리석은 사람을 멀리하고, 지혜롭고 영적인 사람을 곁에 두어야 합니다. 무엇보다 우리의 가장 선한 친구이신 예수님과 평생 동행하는 것이 가장 복된 길입니다.

그러므로 날마다 하나님을 경외하는 마음으로 지혜의 말씀을 읽고 묵상하며 참 지혜이시고 좋은 친구 되신 예수님을 따라가야 합니다. 예수님이 주신 지혜를 우리 영혼의 자양분으로 삼아 날마다 복 있는 길로 나아가야 합니다.

❦ 지혜의 말씀이 인도하는 의로운 길로 나아가기(22-25절)

선한 사람은 유산을 자손 대대로 물려 주게 되지만, 죄인의 재산은 자신이 누리지 못할 뿐 아니라 자손에게도 물려 주지 못하며, 결국은 선한 사람을 위해 쌓일 뿐입니다(22절). 시편의 "온유한 자들은 땅을 차지하며 풍성한 화평으로 즐거워하리로다"(37:11)라는 말씀은 이스라엘을 향한 하나님의 마음을 잘 보여 줍니다. 또한 가난한 자도 부지런히 노력하면 많은 양식을 얻을 수 있지만, 사회적인 불의를 행하는 사람은 가산을 탕진할 수 있음을 경고하고 있습니다(23절). 그러므로 부모는 자식이 의인의 길에 서도록 지혜로 바르게 훈계해야 합니다(24절). 결국 의인은 배불리 먹지만, 악인은 배를 주리는 인생이 되고 맙니다(25절).

잠언에서 자주 반복되는 내용 중 하나는, 악한 방법으로 얻은 재산은 결코 오래가지 못한다는 것입니다. 불의하고 악한 방법으로 쉽게 얻은 재물은 그만큼 쉽게 잃는 법입니다. 그러나 선한 양심을 가지고 살아가는 자들은 풍성한 삶을 누릴 뿐 아니라 유업을 자손들에게 물려 주게 됩니다. 무엇보다 중요한 유산은 하나님을 경외하는 법을 가르쳐 주는 것입니다. 사랑하는 자녀들에게 영생의 길을 보여 주는 것이 가장 복된 유산입니다. 그러기 위해서는 우리 자신이 먼저 하나님의 말씀대로 의롭게 살아가야 합니다. 지혜의 말씀이 자녀들에게 잔소리로 들리는 것이 아니라 축복의 메시지로 전달되도록, 먼저 말씀대로 살아가도록 노력해야 합니다. 지혜의 말씀이 인도하는 의로운 길에서 벗어나지 않도록 묵묵히 하나님을 경외하며 살아가야 합니다.

오늘도 여호와를 경외하는 것이 가장 지혜로운 삶임을 기억하여 말씀을 더 깊이 묵상하며 살아갈 뿐 아니라, 말씀에서 얻는 지혜와 평생 동행함으로 생명과 구원과 영생이 있는 길로 나아갈 수 있기를….

행복의 시작, 예수 그리스도!
빛이 있으라.

잠언 14장

아침을 여는 묵상 25
(잠 14:1~19)

행복한 인생을 열어가는 삶

1 지혜로운 여인은 자기 집을 세우되 미련한 여인은 자기 손으로 그것을 허느니라
2 정직하게 행하는 자는 여호와를 경외하여도 패역하게 행하는 자는 여호와를 경멸하느니라
3 미련한 자는 교만하여 입으로 매를 자청하고 지혜로운 자의 입술은 자기를 보전하느니라
4 소가 없으면 구유는 깨끗하려니와 소의 힘으로 얻는 것이 많으니라
5 신실한 증인은 거짓말을 아니하여도 거짓 증인은 거짓말을 뱉느니라
6 거만한 자는 지혜를 구하여도 얻지 못하거니와 명철한 자는 지식 얻기가 쉬우니라
7 너는 미련한 자의 앞을 떠나라 그 입술에 지식 있음을 보지 못함이니라
8 슬기로운 자의 지혜는 자기의 길을 아는 것이라도 미련한 자의 어리석음은 속이는 것이니라
9 미련한 자는 죄를 심상히 여겨도 정직한 자 중에는 은혜가 있느니라
10 마음의 고통은 자기가 알고 마음의 즐거움은 타인이 참여하지 못하느니라
11 악한 자의 집은 망하겠고 정직한 자의 장막은 흥하리라
12 어떤 길은 사람이 보기에 바르나 필경은 사망의 길이니라
13 웃을 때에도 마음에 슬픔이 있고 즐거움의 끝에도 근심이 있느니라
14 마음이 굽은 자는 자기 행위로 보응이 가득하겠고 선한 사람도 자기의 행위로 그러하리라
15 어리석은 자는 온갖 말을 믿으나 슬기로운 자는 자기의 행동을 삼가느니라
16 지혜로운 자는 두려워하여 악을 떠나나 어리석은 자는 방자하여 스스로 믿느니라
17 노하기를 속히 하는 자는 어리석은 일을 행하고 악한 계교를 꾀하는 자는 미움을 받느니라
18 어리석은 자는 어리석음으로 기업을 삼아도 슬기로운 자는 지식으로 면류관을 삼느니라
19 악인은 선인 앞에 엎드리고 불의한 자는 의인의 문에 엎드리느니라

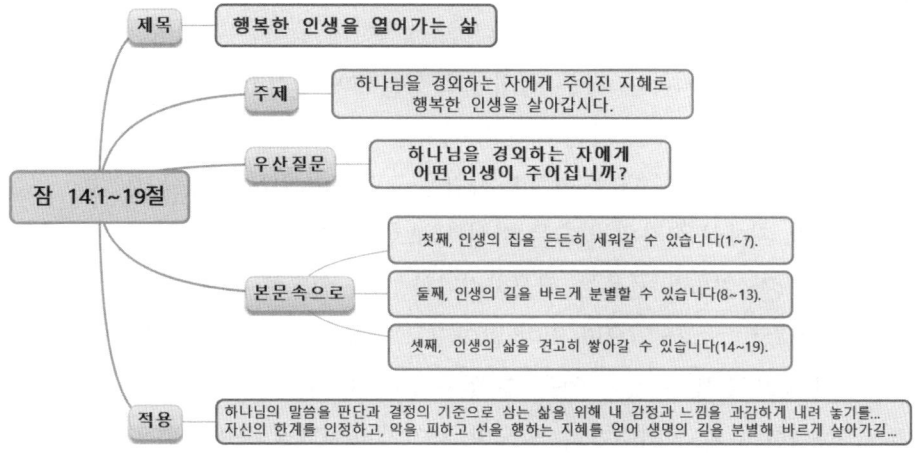

"어떤 길은 사람이 보기에 바르나 필경은 사망의 길이니라 웃을 때에도 마음에 슬픔이 있고 즐거움의 끝에도 근심이 있느니라"(잠 14:12-13).

📖 하나님을 경외하는 자에게 주어지는 지혜로 행복한 인생을 살아갑시다.

☑ 하나님을 경외하는 자에게는 어떤 행복이 주어집니까?

🌿 인생의 집을 든든히 세워 가는 행복(1-7절)

하나님을 경외하는 지혜로운 여인은 가정을 꾸려나가는 데 긍정적인 역할을 합니다. 그러나 지혜를 거부하는 미련한 여인은 자기의 손으로 집을 헐고 망쳐 버립니다(1절). 그렇다면 어떤 사람이 하나님

잠언 14장 **155**

을 경외하는 지혜로운 사람입니까? 정직하게 행하는 자입니다(2절). 하나님을 경외하는 자는 정직하고 성실하며 경건하게 살아가지만, 하나님을 경멸하는 자는 자신의 이익을 위해서라면 어떠한 악한 행위도 서슴지 않습니다. 미련한 사람은 교만하여 입으로 매를 자청하지만, 지혜로운 자의 입술은 자신을 보호합니다(3절).

"소가 없으면 구유는 깨끗하려니와 소의 힘으로 얻는 것이 많으니라"(4절). 소가 있으면 일이 많아지고 비용도 들어가지만, 결국 소의 힘으로 많은 것을 얻을 수 있습니다. 즉, 노동의 수고가 있어야 풍성한 수확을 기대할 수 있으며, 자연의 이치대로 근면하게 일하는 자가 복을 누릴 수 있다는 것입니다. 지혜로운 사람은 거짓말을 하지 않지만, 어리석은 사람은 주저 없이 거짓을 말합니다. 거만하여 어리석은 사람은 지혜를 구하여도 얻지 못하지만, 여호와를 경외하는 명철한 자는 쉽게 지식을 얻습니다(5-7절).

하나님을 경외하는 지혜로운 사람의 인생은 형통하지만, 하나님을 경멸하는 어리석고 거만한 사람의 인생은 무너져 내릴 것입니다. 그러므로 매사에 하나님을 경외함으로 신실하기 위해 노력해야 합니다. 신앙생활 역시 가식적이고 형식적인 종교생활이 아닌 하나님의 절대 주권 앞에 겸손히 순종하여 따르는 것이 되어야 합니다. 하나님을 경외한다는 말에는 하나님을 두려워할 뿐 아니라 즐겁게 섬긴다는 의미가 있습니다(시 2:11).

그러므로 여호와께서는 자신을 두려워하는 자에게 복을 주십니다(시 115:13). 아울러 성경은 "여호와를 두려워하는 너희여 그를 찬송할지어다"(시 22:23)라고 말씀하고 있습니다. 근면하고 성실한 삶, 그리고 하나님을 경외하는 신실한 믿음의 삶이 인생의 집을 든든히 세워 가는 비결입니다. 이것이 곧 행복한 인생을 열어 가는 열쇠가 됩니다.

🌿 인생의 길을 바르게 분별할 수 있는 행복(8-13절)

슬기로운 자가 소유하고 있는 지혜는 "자기의 길을 아는 것"(8절)이라고 말씀합니다. '알다'는 '분별하다', '자각하다'라는 의미가 내포되어 있으며, 이는 곧 지혜가 자기 자신의 행위가 선한 것인지 악한 것인지 분별하도록 해준다는 것입니다. 미련한 자는 그 어리석음으로 자신이 가야 할 길을 알지 못해 그릇된 길로 갑니다. 또한 어리석은 사람은 자신의 죄를 가볍게 여기지만, 지혜로운 사람은 죄의 심각성을 깨닫고 용서를 구하여 하나님의 은총을 누립니다(9절). "마음의 고통은 자기가 알고 마음의 즐거움은 타인이 참여하지 못하느니라"(10절). 슬픔이나 기쁨 같은 내면의 깊은 감정은 궁극적으로 타인에게 전달될 수 없다는 것입니다.

사람들이 아는 것은 상대방의 겉모습일 뿐, 속사람은 그 자신만이 알 수 있습니다. 그러나 하나님은 인간의 마음 깊은 곳까지 감찰하는 분이십니다. 사람의 마음의 모든 비밀을 아시며, 그보다 그를 더 잘 아는 분이십니다(시 44:21, 139:1). 그러므로 우리는 언제나 하나님 앞에서 바르고 신실하게 살아가야 합니다. 악한 자의 집은 망하고, 정직한 자의 장막은 흥하기 때문입니다. 어떤 길은 사람이 보기에 좋아 보여도 결국은 죽음의 길이 될 수 있습니다(11-12절). 웃어도 마음이 아플 때가 있고, 즐거워도 끝에 가서 슬플 때가 있습니다(13절).

지혜는 우리에게 준 분별력과 판단력을 통해 우리를 선한 길로 인도하며 풍성한 생명의 삶으로 이끌어 줍니다. 반면 어리석은 자는 지혜가 없기에 자신의 인생길이 옳은지 그른지 알지 못합니다. 인생의 길을 분별한다는 것은 곧 사망과 생명의 길에서 생명을 취하는 지혜가 있다는 것입니다. 인생의 흥망성쇠는 언제든 변할 수 있습니다. 살다 보면 흥할 때도 있고, 망할 때도 있습니다. 즐거움의 끝에 슬픔이 있을 수도 있습니다. 처음과 끝이 완전히 다를 수도 있습니다. 그러므로 하나님을 경외하며 범사에 주를 의지하며 살아가야 합니다. "네 길을 여호와께 맡기라 그를 의지하면 그가 이루시고"(시 37:5). 우리 눈에 보이는 것이 전부가 아닙니다. 분명 보기에는 좋았는데 그 길이 죽음의 길이 될 수 있다는 것입니다. 하나님을 경외함으로 얻는 지혜만이 인생의 길을 바르게 분별할 수 있는 비결입니다. 인생의 길을 바르게 분별하는 것이 곧 행복한 인생을 열어 가는 열쇠입니다.

❦ 인생의 삶을 견고히 쌓아 갈 수 있는 행복(14-19절)

슬기로움과 어리석음은 행동에서도 분명한 차이가 있지만, 그에 따른 결과 역시 다름을 보여 줍니다. 마음이 비뚤어진 사람은 행한 대로 보응을 받고, 선한 사람도 자기 행실로 보상을 받습니다(14절). 선한 사람은 위에서 주어지는 복의 소망으로 이어지지만, 악인은 하나님의 심판으로 이어진다는 것입니다(요 5:29; 계 20:13, 22:11). 여호와를 경외하는 지혜로운 사람은 언제나 신중하게 행동하고, 악한 일을 멀리하며, 지식을 면류관으로 삼습니다. 그러나 미련하고 어리석은 사람은 어떠한 검증이나 사려 깊은 판단도 없이 남의 말을 그대로 믿어 버리고, 제멋대로 행동하며, 어리석음을 기업으로 삼습니다(15-16, 18절). 결국 악인은 선한 사람 앞에서 고개를 숙여야 하며, 악인들은 의인의 문 앞에 엎드리게 될 것입니다(19절).

사람들은 자신의 안락한 삶을 위해 많은 것을 쏟아붓습니다. 인생이 자신이 추구하고 바라는 대로 이루어져 갈 것이라는 착각에 빠져, 세상의 어리석음에 마음을 빼앗긴 채 인생의 시간을 낭비하며 살아갑니다. 그러나 분명한 성경의 가르침은 하나님 안에 있는 참된 진리를 좇는 자가 진정 가치 있는 삶을 이루어 가는 지혜로운 사람이라는 것입니다. 혹 자신의 인생이 모래 위에 지어지고 있는지도 모른 채 외적인 화려함에만 정신이 팔려 살아가고 있지는 않습니까?

우리는 이 땅에서 살아가는 동안에만 누릴 작은 유익을 따르는 것이 아니라, 하나님의 말씀을 판단 기준으로 삼아 하나님의 지혜가 주는 영원한 유익을 바라보며 인생의 삶을 견고히 쌓아 가야 합니다. 한편 세상에는 쉽게 분노함으로 어리석은 일을 행하는 자들과 악한 생각으로 가득 차 하나님과 사람들에게 미움 받는 자들이 있습니다(17절). 하나님을 경외하고, 그분이 주시는 지혜를 의지하며 살아가는 것이 인생을 견고히 쌓는 비결입니다. 인생을 견고히 쌓는 것이 곧 행복한 삶을 열어 가는 열쇠입니다.

오늘도 하나님의 말씀을 모든 판단과 결정의 기준으로 삼기 위해 내 감정과 경험과 느낌을 과감하게 내려놓을 뿐 아니라, 내 자신의 한계를 인정하고, 악을 피하고 선을 행하는 지혜를 얻어 생명의 길을 분별해 바르게 살아갈 수 있기를….

행복의 시작, 예수 그리스도!
빛이 있으라.

잠언 14장

아침을 여는 묵상 26
(잠 14:20~35)

하나님의 자녀답게 살아가는 삶

20 가난한 자는 이웃에게도 미움을 받게 되나 부요한 자는 친구가 많으니라
21 이웃을 업신여기는 자는 죄를 범하는 자요 빈곤한 자를 불쌍히 여기는 자는 복이 있는 자니라
22 악을 도모하는 자는 잘못 가는 것이 아니냐 선을 도모하는 자에게는 인자와 진리가 있으리라
23 모든 수고에는 이익이 있어도 입술의 말은 궁핍을 이룰 뿐이니라
24 지혜로운 자의 재물은 그의 면류관이요 미련한 자의 소유는 다만 미련한 것이니라
25 진실한 증인은 사람의 생명을 구원하여도 거짓말을 뱉는 사람은 속이느니라
26 여호와를 경외하는 자에게는 견고한 의뢰가 있나니 그 자녀들에게 피난처가 있으리라
27 여호와를 경외하는 것은 생명의 샘이니 사망의 그물에서 벗어나게 하느니라
28 백성이 많은 것은 왕의 영광이요 백성이 적은 것은 주권자의 패망이니라
29 노하기를 더디 하는 자는 크게 명철하여도 마음이 조급한 자는 어리석음을 나타내느니라
30 평온한 마음은 육신의 생명이나 시기는 뼈를 썩게 하느니라
31 가난한 사람을 학대하는 자는 그를 지으신 이를 멸시하는 자요 궁핍한 사람을 불쌍히 여기는 자는 주를 공경하는 자니라
32 악인은 그의 환난에 엎드러져도 의인은 그의 죽음에도 소망이 있느니라
33 지혜는 명철한 자의 마음에 머물거니와 미련한 자의 속에 있는 것은 나타나느니라
34 공의는 나라를 영화롭게 하고 죄는 백성을 욕되게 하느니라
35 슬기롭게 행하는 신하는 왕에게 은총을 입고 욕을 끼치는 신하는 그의 진노를 당하느니라

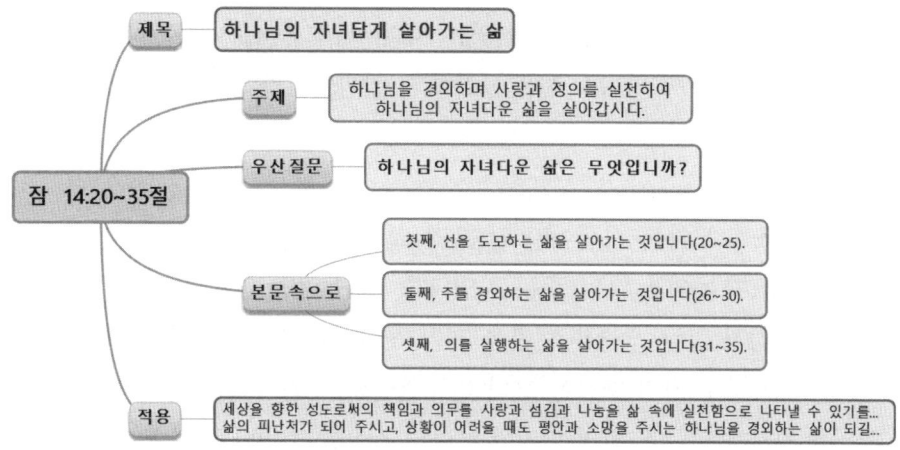

"여호와를 경외하는 자에게는 견고한 의뢰가 있나니
그 자녀들에게 피난처가 있으리라"(잠 14:26).

📖 하나님을 경외하며 사랑과 정의를 실천하여 하나님의 자녀답게 살아갑시다.

☑ 하나님의 자녀다운 삶은 무엇입니까?

🕊 선을 도모하며 살아가기(20-25절)

본문 20절에는 자신에게 유익을 주지 못할 것 같은 가난한 자는 멸시하고, 부자에게는 유익을 구하기 위해 갖은 친절과 아첨으로 친구처럼 대하는 사람의 이기적인 성향이 이면적으로 묘사되고 있습니다. 그러나 이웃을 업신여기는 자는 죄를 범하는 자요, 빈곤한 자를 불쌍히 여기는 자는 복이 있는 자입니다(21절). 그러므로 하나님의 자녀는 악이 아니라 선을 도모하며 살아가야 하며, 말만 번지르르하게 하고 실제로는 전혀 행동하지 않는 사람이 되어서는 안 됩니다(22-23절).

선을 도모하는 사람이란 땀 흘려 일함으로 풍성한 소득을 얻어 빈곤한 자들에게 나눠 주는 자입니다. 반면 말만 앞세우고 아무런 일도 하지 않는 사람은 빈곤을 면치 못합니다(23절). 진실하게 행하는 지혜로운 자의 재물은 그의 면류관이요, 그는 다른 사람의 생명을 건지게 됩니다. 반면 미련한 사람의 소유는 미련한 관이 되고, 남을 해치는 결과를 낳게 됩니다(24-25절).

우리는 사람을 외형적인 모습으로 판단하지 말아야 합니다. 그의 중심 곧 마음을 보고 판단하는 것이 지혜로운 태도입니다. 편견 없이 어려운 이웃에게 선을 베풀어야 합니다. 가난하고 사회적으로 약한 사람들은 하나님께서 우리에게 섬기고 돌보라고 보내신 사람들입니다. 지극히 작은 자에게 행한 것이 곧 우리 주님께 행한 것임을 기억해야 합니다(마 25:40). 무엇보다 재물을 모을 때는 언제나 정당한 방법을 사용해야 하며, 그렇게 모은 재물은 영혼을 살리는 일, 곧 생명을 살리는 일에 아낌없이 사용해야 합니다. 세상을 향한 교회와 성도로서의 사회적 책임과 의무를 구체적인 섬김을 통해 실천함으로 하나님의 자녀답게 선을 도모하며 살아가야 합니다.

✒ 주를 경외하며 살아가기(26-30절)

여호와를 경외하며 살아가야 하는 이유는, 여호와께서 견고한 요새가 되어 주시고 그 후손에게도 피난처가 되어 주시기 때문입니다(26절). 또한 그것이 생명의 샘이 되고, 사망의 그물에서 벗어나도록 하기 때문입니다(27절). 백성이 많으면 왕이 통치하는 데 큰 힘이 되어 왕의 영광이 됩니다. 지혜로운 왕은 노하기를 더디 하여 생명에 이르지만, 어리석은 왕은 성질이 급하고 경솔해 자신의 미련함을 드러냅니다. '뼈를 썩게 한다'(30절)라는 말은 육체적 기능이 저하되게 하고, 삶의 의욕도 잃게 만든다는 것입니다.

우리는 세상의 권력과 물질이 우리의 안정된 삶에 일시적인 도움이 될지는 모르지만, 진정한 보호와 안전망은 될 수 없음을 인정해야 합니다. 우리의 안정된 삶은 권력과 재물과 인간관계 등으로 스스로 인생의 성곽을 쌓아 간다고 확보되는 것이 아닙니다. 오직 전능하신 하나님을 신뢰하고 의지할 때, 하나님이 우리 인생에서 산성이 되어 주시고, 요새가 되어 주시며, 피난처가 되어 주십니다.

오늘 우리는 자신이 움켜쥐고 있는 것들을 내려놓고 진정한 피난처가 되시는 하나님을 온전히 경외하는 일에 더욱 힘써야 합니다. 여호와를 경외하며 성실과 인자로 교회와 성도들을 잘 섬기는 종이 되어야 합니다. 사망의 길에서 벗어나 생명에 이르도록 우리를 인도하는 원동력은 하나님을 경외함으로 주어진다는 사실을 믿고, 하나님의 자녀다운 삶을 살아가야 합니다.

의를 행하며 살아가기(31-35절)

하나님의 축복을 받을 수 있는 지혜로운 삶은, 가난한 사람을 억압하지 않고 궁핍한 자에게 은혜를 베푸는 것입니다(31절). 이것이 하나님을 멸시하지 않는 삶이자 하나님을 경외하는 삶입니다. 그래서 재앙이 오면 악인은 망하지만, 의인은 죽을 자리에서도 피난처를 얻게 됩니다(32절). 공의로운 통치는 한 나라를 영화롭게 하지만, 왕의 죄악은 백성을 수치스럽게 만듭니다(34절). 아울러 슬기로움 역시 신하의 중요한 덕목으로 나라의 공의를 세우는 데 중요한 역할을 합니다(35절). 그러므로 마음이 지혜로운 사람은 침묵으로 하나님의 계명을 받지만, 입이 미련하여 떠드는 사람은 무지하기에 멸망하고 맙니다(33절).

우리는 그리스도인으로서 궁핍하고 불쌍한 사람들을 돌아보는 의무를 다하고, 정의를 실천하여 하나님의 공의를 드러내야 합니다. 왕 같은 제사장으로 부름 받은 자답게 일상에서 만나는 약한 사람들을 돌보며 하나님의 정의를 실현해야 합니다. 훌륭한 지도자란 하나님의 절대 주권을 인정하며 주변 사람들을 잘 섬기고 충실한 청지기로 살아가는 사람입니다.

그러므로 우리는 어느 곳에 있든지 하나님이 우리를 온전히 다스릴 수 있도록 언제나 깨어 있어야 합니다. 부족한 우리를 통해 하나님의 사랑과 정의가 온 땅에 드러날 수 있도록 영적인 민감함을 가져야 합니다. 또한 교회 지도자들이 하나님을 온전히 경외하고 하나님의 공의를 실천할 수 있도록 기도해야 합니다. 무엇보다 지혜롭고 의롭게 살아감으로 하나님의 공의를 일상에서 구체적으로 실현해야 합니다.

오늘도 세상을 향한 성도로서의 책임과 의무를 사랑과 섬김과 나눔으로 일상의 삶에서 나타낼 뿐 아니라, 삶의 피난처가 되어 주시고 어려운 상황에서도 평안과 소망을 주시는 하나님을 온전히 경외하며 살아갈 수 있기를….

행복의 시작, 예수 그리스도!
빛이 있으라.

잠언 15장

아침을 여는 묵상 27
(잠 15:1~18)

주님의 임재 앞에서 살아가는 삶

1 유순한 대답은 분노를 쉬게 하여도 과격한 말은 노를 격동하느니라
2 지혜 있는 자의 혀는 지식을 선히 베풀고 미련한 자의 입은 미련한 것을 쏟느니라
3 여호와의 눈은 어디서든지 악인과 선인을 감찰하시느니라
4 온순한 혀는 곧 생명 나무이지만 패역한 혀는 마음을 상하게 하느니라
5 아비의 훈계를 업신여기는 자는 미련한 자요 경계를 받는 자는 슬기를 얻을 자니라
6 의인의 집에는 많은 보물이 있어도 악인의 소득은 고통이 되느니라
7 지혜로운 자의 입술은 지식을 전파하여도 미련한 자의 마음은 정함이 없느니라
8 악인의 제사는 여호와께서 미워하셔도 정직한 자의 기도는 그가 기뻐하시느니라
9 악인의 길은 여호와께서 미워하셔도 공의를 따라가는 자는 그가 사랑하시느니라
10 도를 배반하는 자는 엄한 징계를 받을 것이요 견책을 싫어하는 자는 죽을 것이니라
11 스올과 아바돈도 여호와의 앞에 드러나거든 하물며 사람의 마음이리요
12 거만한 자는 견책 받기를 좋아하지 아니하며 지혜 있는 자에게로 가지도 아니하느니라
13 마음의 즐거움은 얼굴을 빛나게 하여도 마음의 근심은 심령을 상하게 하느니라
14 명철한 자의 마음은 지식을 요구하고 미련한 자의 입은 미련한 것을 즐기느니라
15 고난 받는 자는 그 날이 다 험악하나 마음이 즐거운 자는 항상 잔치하느니라
16 가산이 적어도 여호와를 경외하는 것이 크게 부하고 번뇌하는 것보다 나으니라
17 채소를 먹으며 서로 사랑하는 것이 살진 소를 먹으며 서로 미워하는 것보다 나으니라
18 분을 쉽게 내는 자는 다툼을 일으켜도 노하기를 더디 하는 자는 시비를 그치게 하느니라

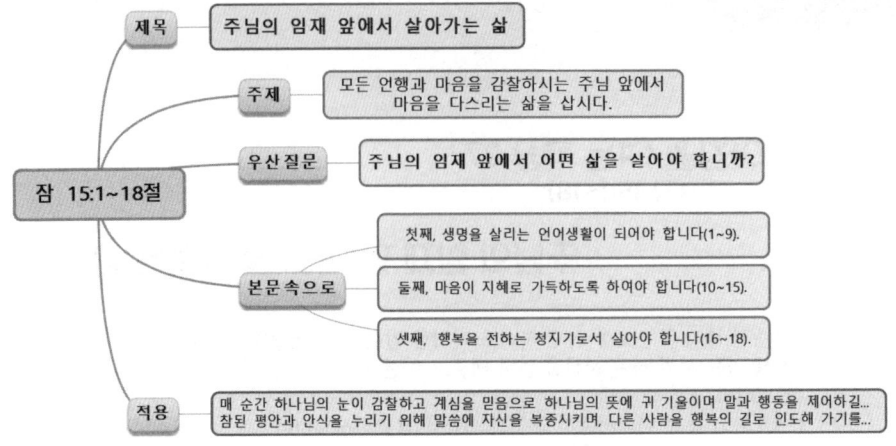

"여호와의 눈은 어디서든지 악인과 선인을 감찰하시느 니라"(잠 15:3).

📖 모든 언행과 마음을 감찰하시는 주님 앞에 부끄럽지 않게 삽시다.

☑ 주님의 임재 앞에서 어떤 삶을 살아야 합니까?

🕊 생명을 살리는 언어생활을 하는 삶(1-9절)

지혜로운 사람으로 살아가기 위해서는 먼저 자신의 혀를 제어할 수 있는 신중한 생활이 선행되어야 합니다(1-2절). 부드러움은 사람의 마음을 바꾸는 놀라운 위력이 있으며, 선한 지식을 베풀어 생명으로 인도할 수 있습니다. 그러나 상처를 주는 거친 말은 결과적으로 상대방의 분노를 일으킵니다. 중요한 것은 여호와의 눈은 어디서든지 악인과 선인을 감찰하고 계시다는 것입니다(3절).

그러므로 우리는 온순하고 따뜻하고 온화한 언어를 사용해야 합니다. 이러한 언어는 생명나무와 같아서 사람을 살리고 지혜를 전합니다. 반면 미련한 자의 말은 다른 사람에게 상처를 주고, 그 말에는 지식이 없습니다(4-7절). 악인의 제사와 길은 여호와께서 미워하시지만, 정직한 자의 기도와 의를 따라가는 자는 기뻐하십니다(8-9절).

우리는 하나님 앞에서 살아가고 있음을 의식하고 늘 하나님의 자녀다운 지혜로운 언어생활을 해야 합니다. 항상 겸손하고 온화하며 다른 사람을 배려하는 따뜻한 말을 해야 합니다. 무엇보다 진심이 담긴 따뜻한 말 한마디는 낙심한 사람에게 희망을 주고, 상처받은 사람에게 위로를 주며, 나아가 그들의 삶에 새로운 생기를 불어넣는 생명나무가 될 수 있습니다. 우리의 모든 것을 감찰하시고 모든 말을 듣고 계시는 하나님을 경외하는 마음을 말과 행동에 담아 다른 사람들에게 선한 영향력을 끼칠 수 있어야 합니다. 무엇보다 실천이 따르는 정직하고 의로운 일상의 예배, 하나님이 기뻐하시는 정직한 삶을 드리는 예배자로 살아가야 합니다.

❦ 마음을 지혜로 가득 채우는 삶(10-15절)

옳은 길을 버리고 악인의 길을 가는 사람은 하나님의 엄한 징계를 피할 수 없습니다. 또한 책망의 말씀을 듣지 않는 어리석은 사람에게 주시는 하나님의 징계는 결국 죽음입니다(10절). 죽음과 파멸도 하나님 앞에서 환히 드러나는데, 하물며 하나님께서 사람의 마음을 모르시겠습니까?(11절)

그러므로 하나님께 지혜의 말씀을 받으며 그 말씀에 힘입어 마음을 즐겁게 해야 합니다. "마음의 즐거움은 얼굴을 빛나게 하여도 마음의 근심은 심령을 상하게 하느니라"(13절). 명철한 사람의 마음은 지식을 요구합니다. 고난이 끊임없는 상황에서도 마음이 즐거운 사람은 항상 잔칫집에 있는 것 같은 즐거움을 누리며 살아갈 수 있습니다(14-15절).

우리 마음의 상태는 우리의 생활에 큰 영향을 미칩니다. 즐거운 마음은 삶에 활기를 주지만, 마음에 근심이 있으면 심령이 상할 뿐 아니라 삶의 의욕마저 잃습니다. 그러므로 지혜의 말씀으로 마음을 잘 다스려 항상 평안함을 유지하는 것이 우리의 영과 육에 큰 유익이 되는 것입니다. 생명의 근원이 마음에서 나오기에 마음을 잘 다스리는 것이 지혜입니다. 시편의 시인은 환난 중에서도 하나님께 영혼의 기쁨을 간구하였습니다(시 86:4). 그리고 구원의 하나님을 경험함으로 마음의 평안과 기쁨을 회복했다고 노래했습니다(시 16:9, 55:18). 우리는 항상 하나님을 마음의 중심에 모시고 하나님 앞에 있음을 기억하여 참 기쁨과 즐거움을 누리며 살아가야 합니다.

🌿 **행복을 전하는 청지기의 삶**(16-18절)

하나님을 매 순간 의식하며 살아가는 사람들은 가난함이 있더라도 과도하게 근심하지 않고 평안하고 즐겁게 살아갈 수 있습니다. "가산이 적어도 여호와를 경외하는 것이 크게 부하고 번뇌하는 것보다 나으니라"(16절). 비록 가진 재물이 없다 할지라도 여호와 하나님 한 분으로 인한 영혼의 만족은 이 땅의 어떤 보물과도 비교할 수 없습니다.

"채소를 먹으며 서로 사랑하는 것이 살진 소를 먹으며 서로 미워하는 것보다 나으니라"(17절). 세상의 잣대로는 살진 소를 먹는 것, 즉 부유함이 최고의 행복이며 가치이겠지만, 참된 지혜의 판단으로는 재물의 풍족함으로 인한 육신의 평안보다 마음의 평안이 더 중요함을 말하고 있습니다. 마음을 다스리지 못해 분을 쉽게 내는 사람은 다툼을 일으켜도, 노하기를 더디 하는 자는 시비를 그치게 합니다(18절).

하나님을 경외하는 사람에게 주어지는 특별한 은총은 모든 것에 부족함이 없도록 영혼에 만족을 주신다는 것입니다. 재물이 적어도 하나님과 친밀한 사랑의 관계에 있다면, 하나님의 말씀으로 인하여 삶에서 큰 평안과 기쁨, 그리고 참 행복을 누릴 수 있습니다.

행복이란 무엇을 많이 가졌는지 적게 가졌는지로 결정되는 것이 아닙니다. 하나님만을 참 소망으로 삼고, 하나님을 행복의 진정한 근원으로 여기고 살아가는 것이 진정한 행복입니다. 그러므로 인생에 참된 행복을 보장해 주지 못하는 세상 재물에 영혼을 빼앗기지 말고, 오직 여호와만이 힘이 되신다는 고백을 통해 참된 행복을 누려야 합니다. 나아가 이 행복을 다른 사람들에게 나눌 수 있는 청지기로 살아가야 합니다.

오늘도 매 순간 하나님의 눈이 감찰하고 계심을 믿음으로 하나님의 뜻에 귀 기울이며 말과 행동을 제어할 뿐 아니라, 참된 평안과 안식을 누리기 위해 말씀에 복종하고, 나아가 다른 사람을 행복의 길로 인도하는 청지기로 살아갈 수 있기를….

행복의 시작, 예수 그리스도!
빛이 있으라.

잠언 15장

아침을 여는 묵상 28
(잠 15:19~33)

생명의 길을 택하며 사는 삶

19 게으른 자의 길은 가시 울타리 같으나 정직한 자의 길은 대로니라
20 지혜로운 아들은 아비를 즐겁게 하여도 미련한 자는 어미를 업신여기느니라
21 무지한 자는 미련한 것을 즐겨 하여도 명철한 자는 그 길을 바르게 하느니라
22 의논이 없으면 경영이 무너지고 지략이 많으면 경영이 성립하느니라
23 사람은 그 입의 대답으로 말미암아 기쁨을 얻나니 때에 맞는 말이 얼마나 아름다운고
24 지혜로운 자는 위로 향한 생명 길로 말미암음으로 그 아래에 있는 스올을 떠나게 되느니라
25 여호와는 교만한 자의 집을 허시며 과부의 지계를 정하시느니라
26 악한 꾀는 여호와께서 미워하시나 선한 말은 정결하니라
27 이익을 탐하는 자는 자기 집을 해롭게 하나 뇌물을 싫어하는 자는 살게 되느니라
28 의인의 마음은 대답할 말을 깊이 생각하여도 악인의 입은 악을 쏟느니라
29 여호와는 악인을 멀리 하시고 의인의 기도를 들으시느니라
30 눈이 밝은 것은 마음을 기쁘게 하고 좋은 기별은 뼈를 윤택하게 하느니라
31 생명의 경계를 듣는 귀는 지혜로운 자 가운데에 있느니라
32 훈계 받기를 싫어하는 자는 자기의 영혼을 경히 여김이라 견책을 달게 받는 자는 지식을 얻느니라
33 여호와를 경외하는 것은 지혜의 훈계라 겸손은 존귀의 길잡이니라

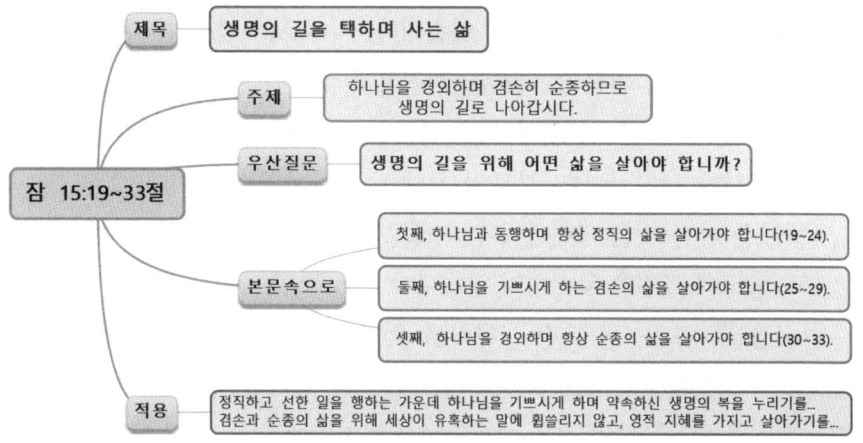

"여호와는 악인을 멀리하시고 의인의 기도를 들으시느니라"(잠 15:29).

📖 하나님을 경외하며 겸손히 순종함으로 생명의 길로 나아갑시다.

☑ 생명의 길을 가려면 어떻게 살아야 합니까?

🌿 하나님과 동행하며 항상 정직하게 살아가기(19-24절)

19절은 인생의 두 가지 길을 비유로 말합니다. 게으른 자가 걷는 가시울타리와 정직한 자가 걷는 대로입니다. '가시울타리'는 오래도록 다듬지 않은 길에 가시나무가 저절로 자라나 큰 울타리를 이룬 것을 가리킵니다. 곧 평탄하지 못한 삶을 뜻합니다. 반대로 정직한 자는 평탄한 삶이 약속되어 있습니다. 지혜로운 아들은 바른길을 걸으며 부모의 기쁨이 되지만, 미련하고 무지한 자는 미련함을 즐길 뿐 아니라 부모를 업신여깁니다(20-21절). 업신여긴다는 것은 부모를 멸시한다는 것이요, 부모의 뜻에 순종하지 않고 반항하며 악한 행동을 하는 것을 의미합니다. 지혜로운 사람은 모든 일에 계획적이고, 충고와 조언을 무시하지 않습니다.

'경영'(22절)은 '생각'이나 '계획'을 뜻합니다. 이스라엘의 르호보암 왕은 조언자들의 조언을 무시해 버려 큰 낭패를 당했습니다(왕상 12:8). 지혜로운 자의 길은 여호와께서 보시기에 위로 향해 있는 생명의 길이지만, 어리석고 무지한 자들의 길은 아래로 향하는 사망의 길입니다(24절).

"정직한 자들에게는 흑암 중에 빛이 일어나나니"(시 112:4). 시편의 이 고백처럼 하나님이 빛을 비추고 있기에 정직한 자에게는 흑암 중에도 빛이 일어납니다. 또한 성경은 "여호와를 경외하며…정직한 자들의 후손에게 복이 있으리로다"(시 112:1-2)라고 말씀합니다. 정직한 자는 하나님이 신원하여 주십니다. 그래서 정직한 자는 더는 어둠 가운데서 헤매지 않고 시온의 대로가 열려 형통한 인생으로 인도함을 받게 됩니다. 그뿐 아니라 하나님은 정직한 자에게 방패가 되어 주십니다(시 7:10). 그러므로 날마다 하나님과 동행하며 친밀한 교제를 나눔으로 위로 향한 생명의 길로 나아가야 합니다.

❧ 하나님을 기쁘시게 하는 겸손으로 살아가기(25-29절)

악한 꾀를 꾸미는 교만한 사람은 하나님이 역겨워하실 뿐 아니라 그의 집을 헐어 버리며 심판하십니다(25-26절). 반면 하나님은 과부의 지계를 정하십니다. '지계'는 토지의 소유를 나타내는 경계 표시를 말합니다. 즉, 연약한 과부와 같은 자들의 재산을 지키시고 보호하신다는 뜻입니다. 마치 룻의 인생을 친히 책임져 주셨던 것처럼 세심히 돌보신다는 것입니다. 그리고 선한 자의 말은 정결한 제물처럼 받으십니다(26절, 새번역). 정당하지 않은 이익을 탐하는 자는 결국 자신의 집을 해롭게 하지만, 불의한 이익을 싫어하는 의인은 생명을 얻게 됩니다.

"대답할 말을 깊이 생각하여도"(28절)에서 '대답할 말'이란 유순한 대답(1절), 온순한 혀(4절), 때에 맞는 말, 경우에 합당한 말을 뜻하며, 이러한 말은 모든 사람을 기쁘게 합니다. 하나님은 악인을 멀리하시고, 의인의 기도(정직한 자의 기도, 8절)를 들으십니다(29절).

하나님은 스스로 지혜롭게 여기는 교만한 자를 싫어하십니다. 하나님이 미워하시는 것, 그의 마음에 싫어하시는 것이 예닐곱 가지가 있는데, 그중 하나가 교만한 눈입니다(잠 6:16-17). 교만해지면 하나님을 찾지 않고, 하나님과 함께하려 하지 않습니다. 무엇보다 하나님의 말씀을 소중히 생각하지 않고, 하나님의 말씀에 순종하는 것을 멸시합니다. 그러므로 하나님은 교만한 자들을 대적하시고, 겸손한 자에게 은혜를 주십니다(약 4:6). 그리고 겸손한 자를 구원하시고(욥 22:29), 겸손한 자의 소원을 들어주십니다(시 10:17). 예수 그리스도를 통해 생명을 얻은 우리는 언제나 겸손하게 주님을 신뢰함으로 주께서 맡기신 이 길을 묵묵히 걸어가야 합니다. 하나님을 기쁘시게 하는 겸손의 삶을 통해 위로 향한 생명의 길로 나아가야 합니다.

❦ 하나님을 경외하고 항상 순종하며 살아가기(30-33절)

"눈이 밝은 것은 마음을 기쁘게 하고 좋은 기별은 뼈를 윤택하게 하느니라"(30절). 눈은 마음을 비춰 주는 거울이기에 눈의 밝음은 곧 마음의 밝음을 의미한다고 볼 수 있습니다. 마음이 선하고 아름다우며 내적 즐거움이 있는 자는 눈의 빛을 보면 알 수 있습니다. 좋은 소식은 사람을 새롭게 하고, 활기 넘치게 합니다. 생명의 말씀을 듣고 순종하는 자는 지혜로운 자이지만, 훈계받기를 싫어하는 사람은 자신의 영혼을 가볍게 여기는 자로서, 결국 생명의 길에서 벗어나 죽음의 길을 선택하는 어리석은 사람입니다. 반면 견책을 기꺼이 받아들이는 자는 생명의 지식을 얻게 됩니다(31-32절). 그러므로 여호와를 경외하는 것은 지혜의 훈계이며, 겸손은 존귀의 길잡이입니다(33절).

우리는 세상의 소리보다 하나님의 말씀에 더욱 민감하게 귀 기울여야 합니다. 헛된 마음과 욕심을 버리고, 우리의 판단보다 하나님의 변하지 않는 말씀을 전적으로 신뢰해야 합니다. 더디게 가더라도 세상의 헛된 것에 속지 말고, 선한 양심을 가지고 한 걸음씩 믿음과 순종의 길을 걸어야 합니다. 탐욕과 불의로 얻은 재물은 궁극적으로 우리를 행복하게 할 수 없고, 오직 하나님의 말씀에 순종하는 자에게만 생명의 복이 주어집니다.

그러므로 우리는 참 지혜이신 하나님 앞에서 겸허하게 자신을 낮추고 말씀에 순종해야 합니다. 세상이 유혹하는 말에 휩쓸리지 않고 하나님을 경외하는 믿음을 가지고 살아가기 위해 매일 하루를 하나님의 말씀과 함께 시작해야 합니다. 하나님을 경외하며 항상 순종함으로 위로 향한 생명의 길로 나아가야 합니다.

오늘도 정직하고 선하게 행함으로 하나님을 기쁘시게 하며 약속하신 생명의 복을 누릴 뿐 아니라, 세상이 유혹하는 말에 휩쓸리지 않는 영적 지혜를 가지고 겸손과 순종으로 살아갈 수 있기를….

행복의 시작, 예수 그리스도!
빛이 있으라.

잠언 16장

아침을 여는 묵상 29
(잠 16:1~15)

하나님의 통치 아래 살아가는 삶

1 마음의 경영은 사람에게 있어도 말의 응답은 여호와께로부터 나오느니라
2 사람의 행위가 자기 보기에는 모두 깨끗하여도 여호와는 심령을 감찰하시느니라
3 너의 행사를 여호와께 맡기라 그리하면 네가 경영하는 것이 이루어지리라
4 여호와께서 온갖 것을 그 쓰임에 적당하게 지으셨나니 악인도 악한 날에 적당하게 하셨느니라
5 무릇 마음이 교만한 자를 여호와께서 미워하시나니 피차 손을 잡을지라도 벌을 면하지 못하리라
6 인자와 진리로 인하여 죄악이 속하게 되고 여호와를 경외함으로 말미암아 악에서 떠나게 되느니라
7 사람의 행위가 여호와를 기쁘시게 하면 그 사람의 원수라도 그와 더불어 화목하게 하시느니라
8 적은 소득이 공의를 겸하면 많은 소득이 불의를 겸한 것보다 나으니라
9 사람이 마음으로 자기의 길을 계획할지라도 그의 걸음을 인도하시는 이는 여호와시니라
10 하나님의 말씀이 왕의 입술에 있은즉 재판할 때에 그의 입이 그르치지 아니하리라
11 공평한 저울과 접시 저울은 여호와의 것이요 주머니 속의 저울추도 다 그가 지으신 것이니라
12 악을 행하는 것은 왕들이 미워할 바니 이는 그 보좌가 공의로 말미암아 굳게 섬이니라
13 의로운 입술은 왕들이 기뻐하는 것이요 정직하게 말하는 자는 그들의 사랑을 입느니라
14 왕의 진노는 죽음의 사자들과 같아도 지혜로운 사람은 그것을 쉬게 하리라
15 왕의 희색은 생명을 뜻하나니 그의 은택이 늦은 비를 내리는 구름과 같으니라

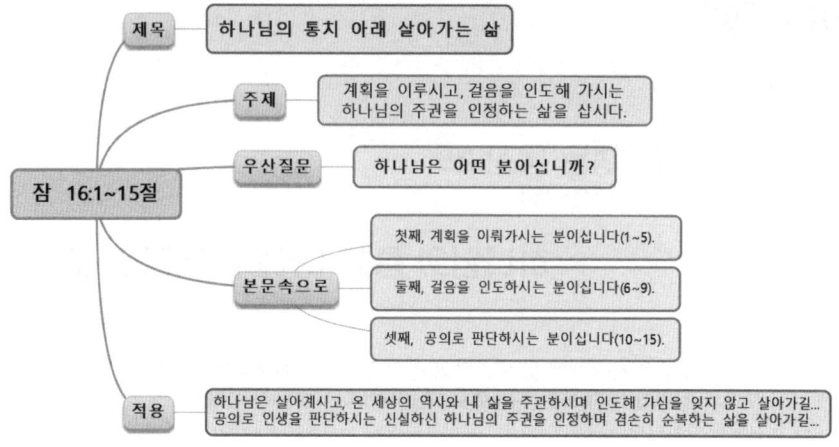

"너의 행사를 여호와께 맡기라 그리하면 네가 경영하는 것이 이루어지리라"(잠 16:3).

📖 계획을 이루시고 걸음을 인도해 가시는 하나님의 주권을 인정하며 삽시다.

☑ 하나님은 어떤 분이십니까?

🌿 계획을 이루어 가시는 분(1-5절)

인생의 모든 계획과 성패는 궁극적으로 오직 하나님의 주권에 속해 있음을 인정해야 합니다(1절). 사람의 행위가 자기 보기에는 모두 깨끗하게 보여도, 여호와께서는 마음을 살피시는 분이기 때문입니다(2절). 그러므로 모든 계획을 주님께 맡기면 계획하는 일이 이루어질 것입니다(3절). '맡기다'는 어떤 대상을 굴리는 행위를 뜻합니다. 다시 말하면 여호와께 자기 자신을 굴리는 것, 즉 여호와를 믿고 의탁하는 행동을 말합니다. 아울러 하나님께서는 모든 것을 그 쓰임에 적당하게 만드셨으며, 악인도 재앙의 날을 위하여 만드셨습니다. 그러므로 여호와는 마음이 교만한 자를 미워하시며, 반드시 처벌하십니다(4-5절).

그리스도의 제자는 세상에서 열심히 살아가며 최선을 다해야 합니다. 열심히 계획을 세우고, 그 계획을 이루기 위해 온 힘과 열정을 쏟아야 합니다. 그러나 기억해야 할 것은 세상만사가 오직 하나님의 주권 아래 있다는 사실입니다. 열심히 계획하고 실천하되 전적으로 주를 의지하는 마음을 가져야 합니다.

생각하고 계획하는 것은 우리 자신이지만 그것들을 확고하게 이루시는 분은 하나님이시므로, 오직 하나님을 경외하며 말씀대로 순종하는 것이 성공의 지름길입니다. 우리가 세운 계획과 의도가 아무리 선하다 해도 하나님이 보시기에는 옳지 않을 수 있기 때문입니다. 하나님은 우리의 속마음을 꿰뚫어 보시는 분입니다. 우리가 하나님의 절대 주권 아래 있음을 인정할 때, 하나님은 우리의 계획을 이루어 가십니다.

❦ 걸음을 인도하시는 분(6-9절)

"인자와 진리로 인하여 죄악이 속하게 되고 여호와를 경외함으로 말미암아 악에서 떠나게 되느니라"(6절). '속하게 되다'는 '덮다'라는 의미로서 누군가에 의해 덮이는 것을 뜻합니다. 즉, 죄가 인자(자비, 히. 헤세드)와 진리(히. 에메트)로 덮이고, 인자와 진리로 씻겼음을 말합니다. 여호와를 경외하며 하나님과 친밀한 관계를 누리려면 죄와 분리되어 살아야 합니다. 하나님은 그러한 삶을 기뻐하시기에 우리가 그렇게 하면 원수와도 화목하게 하십니다(7절).

적은 소득이 많은 소득보다 낫지만, 그 기준은 그 소득이 의로운 것이냐 불의한 것이냐에 있습니다(8절). 사람이 마음으로 자기의 길을 계획할지라도 그의 걸음을 인도하시는 이는 여호와이십니다(9절).

인간인 우리는 인생을 살아갈 때 한계가 있음을 인정해야 합니다. 그렇기에 영원불변한 하나님의 말씀을 읽고, 하나님께 인생의 길을 물으며 살아가야 합니다. 여호와를 경외하는 마음을 놓치지 않을 때, 혹시 지금 가고 있는 길이 잘못되었더라도 그 길에서 속히 벗어날 수 있습니다. 그러므로 우리 인생의 걸음을 인도하시는 분이 하나님이심을 다시금 깨달아, 하나님의 뜻에 따라 우리의 계획이 이루어지기도 하고 그렇지 않기도 하다는 사실을 기억해야 합니다. 하나님의 절대 주권 앞에 우리 인생의 걸음을 맡기고 겸허하게 그분의 뜻에 순종하며 살아가는 지혜가 필요합니다.

공의로 판단하시는 분(10-15절)

"하나님의 말씀이 왕의 입술에 있은즉 재판할 때에 그의 입이 그르치지 아니하리라"(10절). 왕은 하나님의 대리자로서 정의로운 판결을 해야 하는 의무가 있습니다. 또한 "공평한 저울과 접시 저울은 여호와의 것"(11절)이라고 말씀합니다. 그러므로 우리는 자신의 기준이 아니라 하나님 기준에서 틀리지 않는지 늘 삶을 확인해야 합니다. 왕은 악을 미워하고 멀리해야 합니다(12절). 아울러 신하들은 왕을 잘 보좌해야 합니다(13절). 또한 왕은 독재정치를 통해 백성들에게 공포를 조성하는 왕이 아니라, 늦은 비를 내리는 구름 같은 선한 왕이 되어야 합니다(14-15절).

우리의 왕이신 하나님의 뜻이 무엇인지를 알고 그대로 순종하는 지혜가 오늘 우리에게 필요합니다. 주님의 공의와 판단을 두려워할 줄 알아야 하며, 그분의 뜻을 귀하게 여김으로 악을 떠나야 합니다. 왕 되신 하나님 앞에서 교만한 모습을 보이면 인생이 망할 수밖에 없습니다. 그러므로 우리는 공의로 인생들을 판단하시는 하나님 앞에 낮추는 것이 진정한 복이요, 인생의 진정한 성공임을 깨달아야 합니다. 아울러 이 땅의 위정자들이 정의로운 사회를 세우고, 옳은 말과 행동을 보일 수 있도록 기도해야 합니다. 우리는 공의로 판단하시는 하나님의 절대 주권을 신뢰함으로 하나님의 뜻대로 살아가는 지혜로운 인생이 되어야 합니다.

오늘도 하나님은 살아계셔서 온 세상의 역사와 우리 개인의 삶을 주관하시며 인도해 가시는 분임을 잊지 않고 살아갈 뿐 아니라, 공의로 인생을 판단하시는 신실하신 하나님의 주권을 인정하며 그분 앞에 겸손히 순복하며 살아갈 수 있기를….

**행복의 시작, 예수 그리스도!
빛이 있으라.**

잠언 16장

아침을 여는 묵상 30
(잠 16:16~33)

말씀을 붙잡고 의지하는 삶

16 지혜를 얻는 것이 금을 얻는 것보다 얼마나 나은고 명철을 얻는 것이 은을 얻는 것보다 더욱 나으니라
17 악을 떠나는 것은 정직한 사람의 대로이니 자기의 길을 지키는 자는 자기의 영혼을 보전하느니라
18 교만은 패망의 선봉이요 거만한 마음은 넘어짐의 앞잡이니라
19 겸손한 자와 함께 하여 마음을 낮추는 것이 교만한 자와 함께 하여 탈취물을 나누는 것보다 나으니라
20 삼가 말씀에 주의하는 자는 좋은 것을 얻나니 여호와를 의지하는 자는 복이 있느니라
21 마음이 지혜로운 자는 명철하다 일컬음을 받고 입이 선한 자는 남의 학식을 더하게 하느니라
22 명철한 자에게는 그 명철이 생명의 샘이 되거니와 미련한 자에게는 그 미련한 것이 징계가 되느니라
23 지혜로운 자의 마음은 그의 입을 슬기롭게 하고 또 그의 입술에 지식을 더하느니라
24 선한 말은 꿀송이 같아서 마음에 달고 뼈에 양약이 되느니라
25 어떤 길은 사람이 보기에 바르나 필경은 사망의 길이니라
26 고되게 일하는 자는 식욕으로 말미암아 애쓰나니 이는 그의 입이 자기를 독촉함이니라
27 불량한 자는 악을 꾀하나니 그 입술에는 맹렬한 불 같은 것이 있느니라
28 패역한 자는 다툼을 일으키고 말쟁이는 친한 벗을 이간하느니라
29 강포한 사람은 그 이웃을 꾀어 좋지 아니한 길로 인도하느니라
30 눈짓을 하는 자는 패역한 일을 도모하며 입술을 닫는 자는 악한 일을 이루느니라
31 백발은 영화의 면류관이라 공의로운 길에서 얻으리라
32 노하기를 더디하는 자는 용사보다 낫고 자기의 마음을 다스리는 자는 성을 빼앗는 자보다 나으니라
33 제비는 사람이 뽑으나 모든 일을 작정하기는 여호와께 있느니라

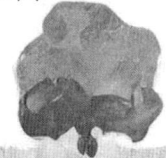

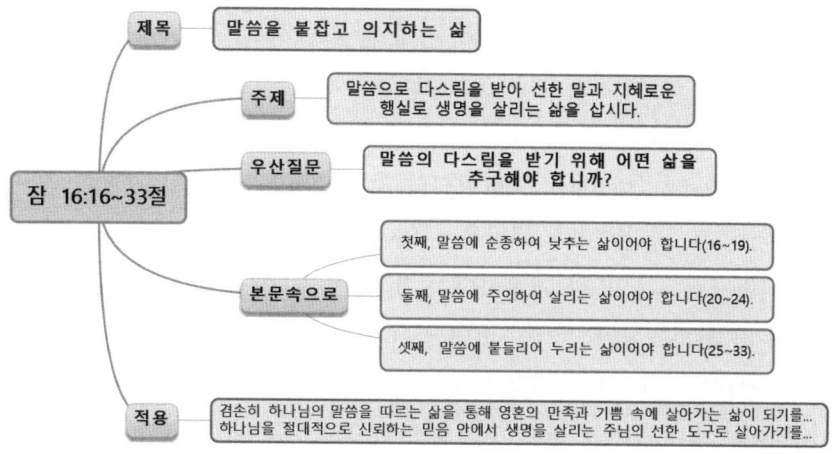

"삼가 말씀에 주의하는 자는 좋은 것을 얻나니 여호와를 의지하는 자는 복이 있느니라"(잠 16:20).

📖 말씀의 다스림을 받아 선한 말과 지혜로운 행실로 생명을 살리는 삶을 삽시다.

☑ 말씀의 다스림을 받으려면 어떤 삶을 추구해야 합니까?

🌿 말씀에 순종하여 자신을 낮추는 삶(16-19절)

지혜와 명철을 소유하는 삶이 물질적인 풍요로움을 누리는 삶보다 더 귀중하고 복됩니다(16절). 악한 수단을 통해 얻는 부귀나 명예는 인간의 영혼에 해만 될 뿐입니다. 그러므로 악을 버리고 하나님을 절대적으로 신뢰해야 합니다. 그러한 삶의 길은 대로와 같아서

잠언 16장 **181**

장애물이 없는 평탄한 길이요, 자기 생명을 지킬 수 있는 길입니다 (17절).

우리가 버려야 할 악 중의 악이 바로 '교만'입니다. "교만은 패망의 선봉이요 거만한 마음은 넘어짐의 앞잡이니라"(18절). 이 교훈은 잠언의 기본 정신입니다. 교만은 무엇이 바른길인지 깨닫지 못하도록 눈을 가립니다. 또한 거만하다는 것은 높은 곳에 있다는 의미입니다. 결국 피조물인 인간이 하나님보다 높은 곳에 있는 것이 곧 교만한 상태입니다. 하나님께서는 이러한 자를 반드시 징벌하십니다. 그러므로 우리는 겸손한 자와 함께해 마음을 낮추어야 합니다(19절).

불의하게 얻은 재물은 무익하며, 하나님이 아닌 재물을 의지하는 삶은 망하게 되어 있습니다. 그러므로 하나님의 말씀을 듣고 순종하는 것이 지혜로운 삶입니다. 우리가 아무리 노력해도 하나님보다 높아질 수는 없습니다. 아니, 높아지려는 악한 생각조차 하지 말아야 합니다. 하나님 나라에 들어갈 그때까지 겸손한 마음을 유지하고, 하나님보다 높아지거나 앞서지 않는 믿음과 순종의 삶을 날마다 간구해야 합니다. 작은 일에 충성하고, 맡겨 주신 재물도 하나님을 위해 씀으로 청지기적 사명을 잘 감당해야 합니다. 하나님을 경외하지 않으면 우리는 점점 교만해질 수밖에 없습니다. 그러므로 겸손하게 하나님을 경외하며 그 말씀에 순종하고 의지하여 악한 길에서 떠나 생명을 살리는 삶을 살아가야 합니다.

❦ 말씀에 주의하여 생명을 살리는 삶(20-24절)

"삼가 말씀에 주의하는 자는 좋은 것을 얻나니"(20절). 우리 인생에 가장 좋은 것은 바로 성령입니다. "너희가 악할지라도 좋은 것을 자식에게 줄 줄 알거든 하물며 너희 하늘 아버지께서 구하는 자에게 성령을 주시지 않겠느냐"(눅 11:13). 그러므로 하나님은 말씀에 주의하는 자에게 성령을 주십니다. 또한 겸손하며 여호와를 경외하는 인생에게는 재물과 영광과 생명이라는 좋은 선물도 주십니다(22:4). 마음이 지혜로운 자와 입이 선한 자는 자신도 유익함을 얻지만 다른 사람에게도 선한 영향력을 끼치게 됩니다(22절). 즉, 지혜로운 자의 입에서 나오는 선한 말이 공동체의 성장을 가져옵니다.

그러므로 선한 말은 꿀송이 같아서 마음에 달고 뼈에 양약이 됩니다(24절). 하나님의 말씀은 금 곧 많은 순금보다 더 사모할 것이며, 꿀과 송이 꿀보다 더 달콤합니다(시 19:10). "주의 말씀의 맛이 내게 어찌 그리 단지요 내 입에 꿀보다 더 다니이다"(시 119:103). 또한 하나님은 자신의 이름을 경외하는 이들에게 치료하는 광선을 비추셔서 육체와 영혼에 새로운 힘을 공급하여 주십니다(말 4:2).

하나님의 말씀을 충실히 주의 깊게 듣고 선한 말을 전하는 삶이 곧 지혜로운 삶입니다. 또한 말씀을 잘 듣고 자신을 돌아보아 올바른 삶으로 나아가는 것이 지혜로운 삶입니다. 말씀으로 충만할 때, 세상 재물의 풍요로움과는 비교할 수 없는 영적 부요함의 복을 또한 누리게 됩니다. 그러므로 말씀의 깊이와 뜻을 깨달아 자신이 속한 그 자리에서 하나님의 말씀을 실천하는 것이 중요합니다. 말씀을 주의하여 듣고 깨달음으로 미련한 자의 길에서 떠나 생명을 살리는 삶을 살아가야 합니다.

❧ 말씀에 붙들려 영적인 풍요함을 누리는 삶(25-33절)

"어떤 길은 사람이 보기에 바르나 필경은 사망의 길이니라"(25절). 지혜자는 여기서 14장 12절을 동일하게 반복함으로 옳고 그름의 기준이 각 사람의 주관적 판단에 있는 것이 아니라 오직 하나님께 있음을 강조합니다. 사람이 먹고 사는 일, 또 먹고 살기 위해 일하는 것은 결코 나쁜 것이 아닙니다. 그러나 인간이 그것으로 만족함을 누리는 데는 한계가 있다는 것입니다(26절). 불량한 자, 패역한 자, 강포한 자, 눈짓하는 자의 끝은 멸망이요, 사망입니다(27-30절). 이런 자들의 문제는 자신만 그렇게 사는 것이 아니라 주변 사람에게도 영향을 미쳐 바른길에서 벗어나게 한다는 것입니다(28절). 그러므로 이러한 모든 유혹을 피하고 바른길을 걸은 후 얻은 백발은 면류관이 됩니다(31절). 노하기를 더디 하는 자와 마음을 다스리는 자는 용사보다 강한 자이며, 성을 점령한 자보다 유익을 얻은 자입니다(32절). "제비는 사람이 뽑으나 모든 일을 작정하기는 여호와께 있느니라"(33절). 이는 인간사의 모든 결정권은 하나님께 있음을 말씀하고 있습니다.

"모든 지킬 만한 것 중에 더욱 네 마음을 지키라 생명의 근원이 이에서 남이니라"(4:23). 모든 지킬 만한 것을 다 지켰다 할지라도 마음을 지키지 못하면, 그는 생명을 얻을 수 없습니다. 그러므로 손에 쥔 것을 빼앗기지 않으려는 욕심과 욕망이 지나쳐 하나님의 뜻을 제대로 깨닫지 못한 채 더욱 소중한 것을 놓치지 않도록 마음을 주의 말씀으로 가득 채워야 합니다. 마음을 다스리지 못하면 결국 어리석은 일을 행할 뿐 아니라 공동체에서도 큰 다툼과 분열을 일으키게 됩니다. 그러므로 우리가 할 일은 인생의 모든 결정권이 오직 하나님께 있음을 인정하고, 다만 하나님의 구원을 바라며 모든 판단을 주께 맡기고 잠잠히 기다리는 것입니다. 우리는 말씀에 온전히 붙들린 삶을 통해 영적인 풍요를 누림으로 생명을 살리는 삶을 살아가야 합니다.

오늘도 겸손히 하나님의 말씀을 따르는 삶을 통해 영혼의 만족과 기쁨을 누릴 뿐 아니라, 하나님을 절대적으로 신뢰하는 믿음 안에서 생명을 살리는 주님의 선한 도구로 살아갈 수 있기를….

행복의 시작, 예수 그리스도!
빛이 있으라.

잠언 17장

아침을 여는 묵상 31
(잠 17:1~14)

지혜로운 자로 복을 누리는 삶

1 마른 떡 한 조각만 있고도 화목하는 것이 제육이 집에 가득하고도 다투는 것보다 나으니라
2 슬기로운 종은 부끄러운 짓을 하는 주인의 아들을 다스리겠고 또 형제들 중에서 유업을 나누어 얻으리라
3 도가니는 은을, 풀무는 금을 연단하거니와 여호와는 마음을 연단하시느니라
4 악을 행하는 자는 사악한 입술이 하는 말을 잘 듣고 거짓말을 하는 자는 악한 혀가 하는 말에 귀를 기울이느니라
5 가난한 자를 조롱하는 자는 그를 지으신 주를 멸시하는 자요 사람의 재앙을 기뻐하는 자는 형벌을 면하지 못할 자니라
6 손자는 노인의 면류관이요 아비는 자식의 영화니라
7 지나친 말을 하는 것도 미련한 자에게 합당하지 아니하거든 하물며 거짓말을 하는 것이 존귀한 자에게 합당하겠느냐
8 뇌물은 그 임자가 보기에 보석 같은즉 그가 어디로 향하든지 형통하게 하느니라
9 허물을 덮어 주는 자는 사랑을 구하는 자요 그것을 거듭 말하는 자는 친한 벗을 이간하는 자니라
10 한 마디 말로 총명한 자에게 충고하는 것이 매 백 대로 미련한 자를 때리는 것보다 더욱 깊이 박히느니라
11 악한 자는 반역만 힘쓰나니 그러므로 그에게 잔인한 사자가 보냄을 받으리라
12 차라리 새끼 빼앗긴 암곰을 만날지언정 미련한 일을 행하는 미련한 자를 만나지 말 것이니라
13 누구든지 악으로 선을 갚으면 악이 그 집을 떠나지 아니하리라
14 다투는 시작은 둑에서 물이 새는 것 같은즉 싸움이 일어나기 전에 시비를 그칠 것이니라

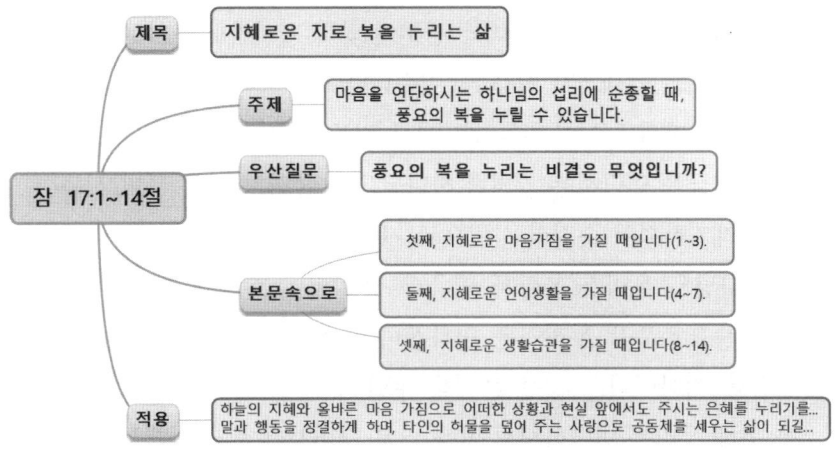

"도가니는 은을, 풀무는 금을 연단하거니와 여호와는 마음을 연단하시느니라"(잠 17:3).

📖 마음을 연단하시는 하나님의 섭리에 순종할 때 풍요의 복을 누릴 수 있습니다.

☑ 풍요의 복을 누리는 비결은 무엇입니까?

🍃 지혜로운 마음 사모하기(1-3절)

인간의 행복은 어떤 외부적인 조건에 있지 않습니다. 가정의 행복 역시 마찬가지입니다. 마른 빵 한 조각을 먹으며 화목하게 지내는 것이 진수성찬을 가득히 차린 집에서 다투며 사는 것보다 낫습니다(1절, 새번역). 이는 가정에서 중요한 것은 물질의 풍요로움이 아니라 화목임을 의미합니다. 비록 신분이 낮다 할지라도 슬기로운 종은 결국 풍요와 권세까지 얻을 수 있습니다(2절). 그러므로 풍요의 복을 누리려면 지혜로운 마음을 얻도록 노력해야 합니다. 도가니가 은을, 풀무가 금을 연단하는 것처럼 하나님은 사람의 마음을 살피고 불순물을 제거하셔서 순전한 사람으로 거듭나게 하십니다(3절).

하나님은 우리가 올바른 믿음과 성실한 삶을 통해 참된 행복과 영적 풍요로움을 누리기를 원하십니다. 우리는 무엇보다 하나님의 말씀을 가까이함으로 큰 은혜를 누릴 수 있습니다. 하나님은 말씀을 통해 우리를 연단하셔서 삶을 더욱 단련시켜 주시기 때문입니다.

이해할 수 없는 고난과 실패, 그리고 절망적인 상황에 직면했을지라도 "내가 가는 길을 그가 아시나니 그가 나를 단련하신 후에는 내가 순금같이 되어 나오리라"(욥 23:10)라는 말씀을 붙잡고 신뢰하며 헤쳐 나가야 합니다. 여호와의 말씀이 응할 때까지 요셉을 단련하셨던 것처럼(시 105:19) 우리 인생도 그렇게 단련해 가실 것이기 때문입니다.

많은 것을 소유하고 있다 할지라도 무엇이 바른 길인지 말씀에 귀 기울이는 지혜가 없다면, 그의 삶은 안전을 보장받을 수 없습니다. 그러므로 늘 우리 마음의 중심에서 하나님의 말씀이 떠나지 않도록 해야 합니다. 하나님의 말씀을 듣고 깨우치는 일에 열심을 내야 합니다. 믿음은 들음에서 나며, 들음은 그리스도의 말씀으로 말미암기 때문입니다(롬 10:17). 우리는 지혜로운 마음가짐을 가지고, 하나님의 뜻과 섭리에 순종함으로 풍요의 복을 누리며 살아가야 합니다.

🌿 지혜로운 언어 구사하기(4-7절)

마음을 다스리지 못한 채 악한 마음을 품으면 그것이 말로 나타나게 되고, 결국 잘못된 길로 나아가게 됩니다. 악을 행하는 사람은 악한 말을 따르고, 거짓말하는 사람은 중상하는 말에 귀를 기울입니다(4절). 더욱 심각한 것은 그런 악한 마음이 가난한 자를 비웃고 조롱하며, 다른 사람이 망하는 것을 기뻐하는 죄악에 빠지도록 한다는 것입니다. 이러한 자는 결국 그들을 만드신 분을 멸시하는 것이기 때문에 형벌을 면하지 못할 것입니다(5절). 백발이 영화의 면류관인 것처럼(16:31) 손자는 노인의 면류관이요, 아비는 자식의 영화입니다(6절).

미련한 자의 말은 가치가 없기에 말을 많이 할수록 더욱더 무용지물이 됩니다. 그러나 존귀한 자는 진실만 말하기 때문에 거짓말하는 것이 어울리지 않습니다(7절). 이는 결국 많은 말과 거짓말은 아무에게도 유익을 주지 못한다는 의미입니다.

성경은 "입술을 제어하는 자는 지혜가 있느니라"(10:19)라고 말씀합니다. 말하는 태도를 보면 그 사람의 됨됨이를 알 수 있고, 하나님에 대한 태도 역시 알 수 있습니다. 무례한 말을 함부로 내뱉으면 상대방의 마음에 큰 상처를 줄 수 있습니다. 힘없고 연약한 자들을 깔보고 무시하고 조롱한다고 자기 자신이 높아지는 것은 아닙니다. 우리는 말을 통해 죄를 짓지 않도록 노력해야 합니다. 당장 나에게 도움이 될 것처럼 보이지 않는 사람일지라도 친절하게 대하고 지혜롭게 말할 때, 그것을 통해 얻는 영적 풍요로움이 있습니다. 그러므로 겉으로 드러나는 경건의 행위가 아니라 우리 마음과 입술에서 나오는 말을 잘 살펴야 합니다. 하나님의 자녀다운 언어생활을 통해 하나님의 뜻과 섭리에 순종함으로 풍요의 복을 누리며 살아가야 합니다.

지혜로운 생활 습관 갖기(8-14절)

우리는 하나님의 백성답게 올바르고 정직하게 살아가야 합니다. 뇌물을 주는 행위를 하지 말아야 하며, 다른 사람의 허물을 덮어 주며 살아야 합니다. 세상에서 뇌물이 큰 힘을 발휘하는 까닭은 그것이 사람의 마음을 움직이기 때문입니다. "뇌물은 그 임자가 보기에 보석 같은즉 그가 어디로 향하든지 형통하게 하느니라"(8절). 구약의 율법에서 뇌물 수수는 엄격히 금지되어 있습니다(출 23:8; 신 16:19). 이는 뇌물이 재판을 굽게 하며 온갖 악을 행하도록 부추기기 때문입니다(삼상 8:3; 잠 17:23). 뇌물은 어디로 향하든지 사람으로 하여금 형통하게 하기에 사람들은 그것을 보석과 같이 여기게 되고, 마치 뇌물이 성공을 가져다주는 것처럼 생각해 그것을 하나님과 같이 여기게 됩니다(8절). 한편 다른 사람의 잘못을 거듭 반복하여 말하는 자는 친한 벗을 이간하는 자입니다(9절). 친구의 허물로 인하여 입은 피해를 수용하고 그를 사랑하는 마음으로 감싸려고 노력하는 것이 지혜로운 자임을 말해 주고 있습니다.

또한 충고를 들을 마음의 준비가 되어 있으면, 어려움을 피하고 좋은 길로 갈 수 있습니다(10-11절). 그러므로 우리는 미련한 일을 행하는 미련한 자와 악으로 선을 갚는 자, 그리고 다투는 자를 만나지 말아야 합니다(12-14절). 다툼도 처음에는 사소한 것에서 시작되지만 그냥 두면 악화해 큰 분쟁으로 발전하기에 그렇게 되기 전에 어리석은 다툼을 그치고 화해해야 합니다(14절).

사람들은 대부분 마음이 가는 대로 행동합니다. 그러나 그러한 행동에는 반드시 대가는 따릅니다. 비겁한 방법으로 세상에서 성공을 취하려는 악한 마음을 버려야 합니다. 다른 사람이야 어찌 되든 나만 성공하면 된다는 악한 생각을 버려야 합니다. 나의 경쟁자의 약점을 세상에 들추어내 내가 그 자리에 앉으려는 비겁함을 버려야 합니다. 다른 사람에 대하여 사랑의 마음을 갖고, 우리 자신을 향한 충고에는 마음을 열어야 지혜로운 사람이라 할 수 있습니다.

개인적으로 지금 교회에서 사역을 시작한 지 한 달이 되었는데, 목회 초년생과 같은 마음으로 임하고 있습니다. 내가 그동안 경험했던 목회 시스템과는 많이 다르기 때문에 주변 선배 목회자들의 충고에 귀와 마음을 열지 않으면 실수만 할 것 같아 겸손하게 들으려 노력하고 있습니다. 우리는 자기가 가지고 있는 것만 옳다고 고집하는 미련한 삶, 그리고 자기 자신만을 위한 이기적인 삶을 버리고 모두와 화평할 수 있는 지혜로운 생활 습관을 가져 하나님의 뜻과 섭리에 순종함으로 풍요의 복을 누리며 살아가야 합니다.

오늘도 하늘의 지혜와 올바른 마음가짐으로 어떠한 상황과 현실에서도 하나님께서 부어 주시는 은혜의 복을 누릴 뿐 아니라, 말과 행동을 정결하게 하고 타인의 허물을 덮어 주는 사랑을 실천함으로 공동체를 세우는 삶을 살아갈 수 있기를….

**행복의 시작, 예수 그리스도!
빛이 있으라.**

잠언 17장

아침을 여는 묵상 32
(잠 17:15~28)

인생을 기쁘게 만들어 가는 삶

15 악인을 의롭다 하고 의인을 악하다 하는 이 두 사람은 다 여호와께 미움을 받느니라
16 미련한 자는 무지하거늘 손에 값을 가지고 지혜를 사려 함은 어쩜인고
17 친구는 사랑이 끊어지지 아니하고 형제는 위급한 때를 위하여 났느니라
18 지혜 없는 자는 남의 손을 잡고 그의 이웃 앞에서 보증이 되느니라
19 다툼을 좋아하는 자는 죄과를 좋아하는 자요 자기 문을 높이는 자는 파괴를 구하는 자니라
20 마음이 굽은 자는 복을 얻지 못하고 혀가 패역한 자는 재앙에 빠지느니라
21 미련한 자를 낳는 자는 근심을 당하나니 미련한 자의 아비는 낙이 없느니라
22 마음의 즐거움은 양약이라도 심령의 근심은 뼈를 마르게 하느니라
23 악인은 사람의 품에서 뇌물을 받고 재판을 굽게 하느니라
24 지혜는 명철한 자 앞에 있거늘 미련한 자는 눈을 땅 끝에 두느니라
25 미련한 아들은 그 아비의 근심이 되고 그 어미의 고통이 되느니라
26 의인을 벌하는 것과 귀인을 정직하다고 때리는 것은 선하지 못하니라
27 말을 아끼는 자는 지식이 있고 성품이 냉철한 자는 명철하니라
28 미련한 자라도 잠잠하면 지혜로운 자로 여겨지고 그의 입술을 닫으면 슬기로운 자로 여겨지느니라

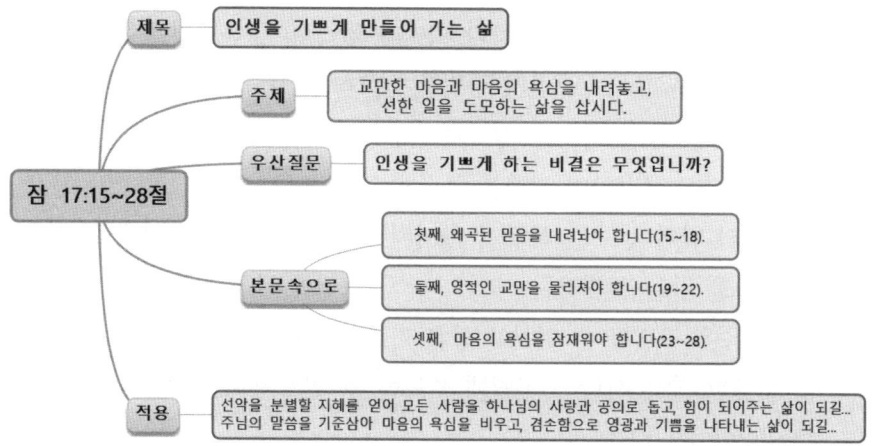

"친구는 사랑이 끊어지지 아니하고 형제는 위급한 때를 위하여 났느니라"(잠 17:17).

📖 교만한 마음과 욕심을 내려놓고 선한 일을 도모하며 삽시다.

📖 인생을 기쁘게 살아가는 비결은 무엇입니까?

🍂 왜곡된 믿음 내려놓기(15~18절)

하나님은 자신의 공의로운 성품을 왜곡하는 것에 대해 단호하게 입장을 밝히십니다. "악인을 의롭다 하고 의인을 악하다 하는 이 두 사람은 다 여호와께 미움을 받느니라"(15절). 여기서 '미움을 받다'는

'혐오스러움', '가증스러움' 등의 의미가 있습니다. 하나님은 하나님의 공의를 무시하는 악인의 행위를 혐오하고 가증스럽게 여기신다는 것입니다. 그런 사람은 심지어 돈만 지불하면 손쉽게 지혜를 얻을 수 있다고 생각하며 지혜를 하찮게 여깁니다(16절).

이어서 참된 친구는 사랑이 끊어지지 않고 위급할 때 형제와 같이 도움을 주는 존재라는 사실과 함께, 그러한 사랑과 보증을 서는 어리석음을 구별할 수 있어야 함을 가르칩니다(17-18절). 보증은 가족을 비롯한 많은 사람을 곤경에 빠뜨릴 수 있기에 지혜롭게 거절할 수 있어야 합니다.

예수님은 옳은 것은 '옳다' 하고, 아닌 것은 '아니다'라고 말하라고 하셨습니다(마 5:37). 이는 곧 사실을 왜곡하지 말라는 것입니다. 살다 보면 당장 눈앞에 보이는 이익에 눈이 어두워 사실을 왜곡하고 거짓말하고 싶은 유혹에 빠질 때가 많이 있습니다. 그러나 사실을 왜곡하려는 악한 마음을 품으면 결국 우리 자신도 억울한 일을 당하게 될 것입니다.

혹 '믿음' 또는 '은혜'라는 말로 그럴싸하게 포장해서 교묘하게 자신이 걷고 있는 죄악의 길을 합리화하는 왜곡된 믿음을 가지고 있다면 지금 즉시 내려놓아야 합니다. 언제나 하나님과 사람 앞에서 '정직한 삶'을 선택하는 것이 가장 좋은 선택이며 가장 그리스도인다운 모습입니다. 아울러 곤경에 처한 친구를 보면서도 자신이 손해를 볼 것 같아 외면한다면, 우리 자신도 그와 같은 상황에서 친구들에게 외면당할 것입니다. 잘못된 삶과 생각을 버리지 않고는 패망의 길을 피할 수 있는 방법이 없습니다. 재앙을 피하고 복을 누리는 것은 돈으로 얻을 수 있는 것도 아닙니다. 그러므로 왜곡된 믿음을 내려놓고 하나님의 기준을 붙들고 나아가야 인생을 기쁘게 만들어 갈 수 있습니다.

🕊 영적인 교만 물리치기(19-22절)

'다툼을 좋아하는 자'와 '자기 문을 높이는 자'(19절)는 사람들 앞에서 자기 자신을 높이는 자, 즉 교만한 사람을 가리킵니다. 자기 문을 높인다는 것은 자신의 부유함을 과시하기 위해 자기 집의 대문을 크게 세운다는 뜻입니다. 이런 행동은 결국 자신의 멸망을 구하는 것입니다. 마음의 교만은 패망의 선봉(16:18)임을 분명하게 보여주는 말씀입니다. 마음이 비뚤어진 사람은 형통하지 못하고, 혀로 남을 해치는 말을 하는 자 역시 재앙에 빠집니다(20절). 그래서 어리석은 자를 자식으로 둔 아버지에게는 근심만 있고 어떤 즐거움도 없습니다(21절). 결국에는 어떤 마음을 품느냐에 따라 자신과 주변 사람들의 운명이 결정되고, 육체적 평안도 영향을 받게 됩니다(22절).

교만한 사람은 자신의 힘을 믿고, 그 힘으로 인생을 살아가는 자입니다. 자신이 최고인 것처럼 믿고 살아갑니다. 자신이 가진 물질의 부요함으로 인하여 하나님을 믿지 않을 뿐 아니라 심지어 하나님을 업신여기고, 복음 그 자체를 하찮게 여깁니다(16절). 그러므로 교만해지지 않으려면 마음을 지켜야 합니다. 교만을 버리고, 겸손의 마음을 소유해야 합니다. 교만하여 비뚤어진 마음을 갖지 않도록 주의해야 합니다. 무엇보다 자신을 과시하려는 영적 교만에 대하여 경계해야 합니다. 영적 교만은 결국 자신의 신앙을 병들게 할 뿐 아니라 공동체에도 큰 악영향을 끼치게 됩니다. 그러므로 영적 겸손함으로 균형 잡힌 신앙생활을 할 때 인생을 기쁘게 만들어 갈 수 있습니다.

❦ 마음의 욕심 잠재우기(23-28절)

재물에 대한 욕심 때문에 뇌물을 받고 공의를 거스르는 어리석은 사람들(23절)은 반드시 그들의 패역한 행동에 상응하는 하나님의 진노의 심판을 받게 됩니다. 명철한 사람은 영구적인 가치를 지닌 지혜를 구하지만, 미련한 자는 잠시 있다가 없어질 세속적인 것에 시선을 둠으로(24절) 결과적으로 그 인생은 실패할 것입니다. 그래서 미련한 아들은 아비의 근심이 되고, 어미의 고통이 됩니다(25절). 지혜자는 하나님의 공의로운 법도를 무시하는 패역한 행위를 저질러 모든 상황을 나쁘게 만들기보다, 차라리 아무 말도 하지 않는 사람이 더 지혜로운 사람이라고 강조합니다(26-28절).

세상이 부패하고 죄악이 만연한 것은 결국 사람들의 욕심 때문입니다. 다른 사람들보다 더 가지려고 애쓰다 보니 불법적이고 비도덕적인 일까지 서슴지 않습니다. 마음의 욕심을 버리지 못할 때, 주변에서 일어나는 여러 가지 일을 왜곡해서 보게 됩니다. 그리고 마음의 여유를 찾지 못합니다. 그래서 말 한마디를 하더라도 가시가 돋쳐 있어 다른 사람의 마음에 큰 상처를 남기는 것입니다. 우리는 하나님께서 주신 것에 만족해야 합니다. 또한 마음의 욕심을 내려놓고 하나님만으로 만족하며 거기서 행복을 느껴야 합니다. 나아가 모든 사람을 따뜻한 말과 행동으로 대함으로 그리스도의 사랑을 실천해야 합니다. 우리는 하나님의 자녀로 인정받기 위해 늘 말씀 안에서 기도하는 삶을 통해 마음의 욕심을 잠재움으로 인생을 기쁘게 만들어 가야 합니다.

오늘도 선악을 분별하는 지혜를 얻어 모든 사람을 하나님의 사랑과 공의로 돕고 그들에게 힘이 되어 줄 뿐 아니라, 매 순간 주님의 말씀을 기준 삼아 마음의 욕심을 비우고 겸손함으로 주님의 영광과 기쁨을 나타내며 살아갈 수 있기를….

행복의 시작, 예수 그리스도!
빛이 있으라.

잠언 18장

아침을 여는 묵상 33
(잠 18:1~12)

건강한 공동체를 만드는 삶

1 무리에게서 스스로 갈라지는 자는 자기 소욕을 따르는 자라 온갖 참 지혜를 배척하느니라
2 미련한 자는 명철을 기뻐하지 아니하고 자기의 의사를 드러내기만 기뻐하느니라
3 악한 자가 이를 때에는 멸시도 따라오고 부끄러운 것이 이를 때에는 능욕도 함께 오느니라
4 명철한 사람의 입의 말은 깊은 물과 같고 지혜의 샘은 솟구쳐 흐르는 내와 같으니라
5 악인을 두둔하는 것과 재판할 때에 의인을 억울하게 하는 것이 선하지 아니하니라
6 미련한 자의 입술은 다툼을 일으키고 그의 입은 매를 자청하느니라
7 미련한 자의 입은 그의 멸망이 되고 그의 입술은 그의 영혼의 그물이 되느니라
8 남의 말하기를 좋아하는 자의 말은 별식과 같아서 뱃속 깊은 데로 내려가느니라
9 자기의 일을 게을리하는 자는 패가하는 자의 형제니라
10 여호와의 이름은 견고한 망대라 의인은 그리로 달려가서 안전함을 얻느니라
11 부자의 재물은 그의 견고한 성이라 그가 높은 성벽 같이 여기느니라
12 사람의 마음의 교만은 멸망의 선봉이요 겸손은 존귀의 길잡이니라

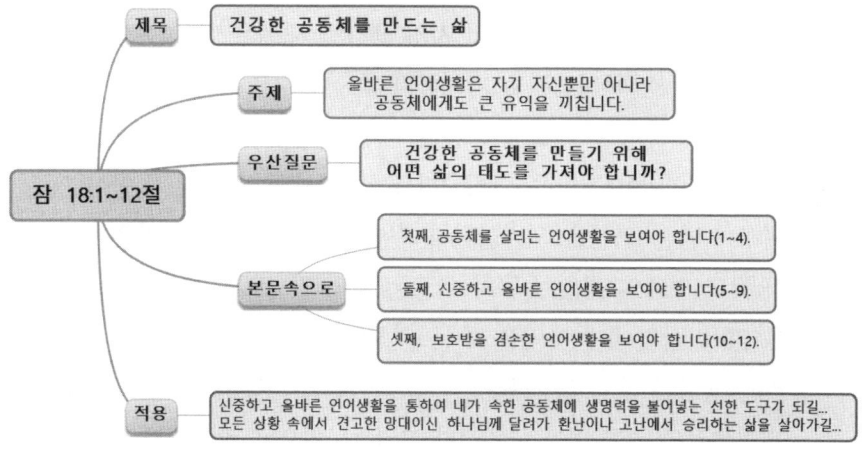

"명철한 사람의 입의 말은 깊은 물과 같고 지혜의 샘은 솟구쳐 흐르는 내와 같으니라"(잠 18:4).

📖 올바른 언어생활은 자기 자신뿐 아니라 공동체에도 큰 유익을 끼칩니다.

☑ 건강한 공동체를 만들려면 어떤 태도를 가져야 합니까?

❦ 공동체를 살리는 언어생활(1-4절)

미련하고 악한 자는 무리에게서 스스로 갈라지는 자이며, 자기 소욕을 따르는 자입니다. 이 사람은 공동체와 더불어 화평을 이루지 못하고 분리되어 온갖 참 지혜를 배척합니다(1절). '배척하다'의 원뜻은 '이를 내보이면서 비웃다'입니다. 이와 같이 미련한 자는 명철

에는 도무지 관심이 없고, 오직 자기 생각만 내세우기를 기뻐합니다
(2절). 하나님 경외하는 것을 기뻐하지 않으니 당연히 하나님께서 주
시는 명철에 주의를 기울이지 않게 되는 것입니다. 악한 자가 득세
하게 되면 의인이 고난을 당합니다(3절). '멸시'와 '능욕'은 의인이 악
인에게서 받는 고난을 의미합니다. "명철한 사람의 입의 말은 깊은
물과 같고 지혜의 샘은 솟구쳐 흐르는 내와 같으니라"(4절). 지혜자의
말은 많은 사람에게 유익을 주는 원천임과 동시에 죽어가는 자를
살리는 생명의 샘과 같습니다.

　언어생활의 변화 없이는 온전한 그리스도인으로 살아가는 것이 불
가능합니다. 언어생활이 영적 성숙의 지표가 되며, 인간관계에서도 성
공과 실패를 좌우하기 때문입니다. 또한 심지어 언어생활은 교회 공
동체가 건강한 공동체로 나아가느냐 그렇지 못하느냐까지도 결정지을
수 있기 때문입니다. 가나안 땅에 보낸 정탐꾼 열 명의 부정적인 보고
가 이스라엘 공동체에 큰 혼란을 가져왔고, 결국 그들은 약속의 땅을
밟지 못하고 광야에서 다 죽는 안타까운 결과를 맞이했습니다.

　그러므로 공동체는 자신의 욕망과 욕심을 이루기 위한 도구로 존
재하는 것이 아닙니다. 오히려 우리는 공동체를 통해 생명을 얻고,
또 공동체에 생명을 불어넣는 도구로 쓰임 받아야 합니다. 미련한
자는 행악을 기쁨으로 삼지만, 명철한 자는 지혜로 기쁨을 삼습니
다(10:23). 우리는 영혼을 치유하고 살리는 향기로운 언어생활을 통해
건강한 공동체를 만들어 가야 합니다.

❧ 신중하고 올바른 언어생활(5-9절)

　악인을 두둔하는 것(5절)은 악인에게 유리한 증언으로 공의를 무
너뜨리는 행위이기에 하나님 앞에서 결코 선한 일이 아닙니다. 미련

한 사람의 입술은 다툼을 일으키고, 그 입은 매를 불러들입니다(6절). 또한 미련한 사람의 입은 그의 멸망이 되고, 그의 입술은 그의 영혼의 올무가 됩니다(7절). 미련한 자의 입에서 나오는 악한 언어는 결국 부메랑이 되어 그것을 내뱉은 자에게 돌아와 그를 파멸로 이끕니다(참고. 롬 1:32). 특히 악하고 미련한 자들의 특징은 남의 말 하기를 좋아한다는 것입니다.

다른 사람을 헐뜯고 수군거리면서 지속적으로 내뱉는 악의적인 말을 '별식과 같다', 즉 맛있는 음식과 같아서 뱃속 깊은 데로 내려간다고 말하고 있습니다(8절). 이 교훈은 다른 사람을 중상 모략하기를 은근히 즐기는 인간의 악한 본성을 드러냅니다. 결국 다른 사람을 중상 모략하는 일에 앞장서고 자기의 일을 게을리하는 자는 파멸이라는 운명을 맞이합니다(9절). 그래서 공동체 안에서의 신중하고 올바른 언어생활은 매우 중요합니다.

구약성경의 느헤미야는 예루살렘 성벽이 무너지고 성문이 불탔다는 소식을 듣고 조급해하지 않고 심사숙고했습니다. 그는 하늘의 하나님께 기도한 후(느 2:4) 아닥사스다 왕에게 계획을 말했고, 왕의 도움을 받아 성벽 재건을 완성할 수 있었습니다. 반면 우리는 상대방에게 조급하게 말함으로 일을 더욱 어렵게 만드는 경우가 많습니다. 그러므로 우리에게는 하나님을 의지하고 그 말씀을 더 깊이 묵상하는 가운데 대답할 말을 준비하고 하나님의 때를 기다리는 인내가 필요합니다.

우리는 입술을 절제할 뿐 아니라, 자신의 유익보다 상대방을 먼저 배려하는 마음으로 깊이 생각하고 신중하게 대화하는 언어 습관을 길러야 합니다. 한 번 내뱉은 말은 다시 주워 담을 수 없기에, 섣불리 말하기보다 차라리 잠잠할 때가 문제 해결을 앞당길 수 있습니다. 주의 형제 야고보는 "우리가 다 실수가 많으니 만일 말에 실수가 없는 자라면 곧 온전한 사람이라"(약 3:2)라고 말합니다. 그러므로 우리는 하늘의 지혜를 받아 해야 할 말과 하지 말아야 할 말을 구별할 수 있어야 하며, 신중하며 올바른 언어생활을 통해 건강한 공동체를 만드는 데 일조해야 합니다.

🕊 보호받을 겸손한 언어생활(10-12절)

지혜자는 여호와의 이름을 안전한 삶의 터전이며 피난처라고 고백합니다. "여호와의 이름은 견고한 망대라 의인은 그리로 달려가서 안전함을 얻느니라"(10절). 의인은 병거나 말을 의지하지 않고 오직 하나님의 이름을 의지하며, 모든 도움의 근원을 하나님의 이름에 둡니다. 반면 부자는 재산이 그의 견고한 성이 되고, 재물이 자기들을 보호해 줄 것이라고 믿습니다(11절). '재물'과 '부' 그리고 '부자'는 의인에게 내리는 하나님의 복입니다(시 112:3). 그리고 부지런함의 결과(10:4)입니다.

그런데 많은 경우 부가 하나님을 의지하지 못하게 하는 방해물이 되기 때문에 부정적인 것으로 나타납니다(참고. 마 19:23). 이처럼 재물을 하나님보다 더 의지하는 마음이 바로 '교만'입니다. 그리고 그 결과는 멸망입니다(12절). 그러므로 겸손히 하나님을 신뢰할 때, 하나님은 그에 합당한 재물과 영광과 생명을 주십니다.

우리는 날마다 견고한 망대가 되어 주시는 하나님을 절대적으로 의지함으로 평강을 누리며 살아가야 합니다. 모든 힘의 근원이 하나님께 있다는 사실을 깨달아 영원한 것을 사모하고, 허망한 것을 좇는 어리석은 삶이 되지 않도록 주의해야 합니다. 인간이 쌓아 올린 성벽이 아무리 견고하고 높을지라도 강한 대적들의 공격은 이겨 낼 수 없습니다. 그러나 하나님을 의지하는 자는 절대 무너지지 않는 가장 안전한 곳으로 인도되어 보호받을 수 있습니다. 그러므로 우리는 세상의 헛된 것을 바라며 교만한 인생을 살아가는 것이 아니라, 하나님을 의지하는 겸손한 삶을 통해 진정한 하늘의 복을 누리며 살아가야 합니다. 은혜를 끼치는 겸손하고 지혜로운 언어생활로 우리가 속한 공동체를 건강하게 만들어 가야 합니다.

오늘도 신중하고 올바른 언어생활을 통하여 우리 각자가 속한 공동체에 생명력을 불어넣는 선한 도구가 될 뿐 아니라, 어떤 상황에서도 견고한 망대이신 하나님께 달려가 안전함을 누리며 살아갈 수 있기를….

행복의 시작, 예수 그리스도!
빛이 있으라.

잠언 18장

아침을 여는 묵상 34
(잠 18:13~24)

화목한 관계를 만들어 가는 삶

13 사연을 듣기 전에 대답하는 자는 미련하여 욕을 당하느니라
14 사람의 심령은 그의 병을 능히 이기려니와 심령이 상하면 그것을 누가 일으키겠느냐
15 명철한 자의 마음은 지식을 얻고 지혜로운 자의 귀는 지식을 구하느니라
16 사람의 선물은 그의 길을 넓게 하며 또 존귀한 자 앞으로 그를 인도하느니라
17 송사에서는 먼저 온 사람의 말이 바른 것 같으나 그의 상대자가 와서 밝히느니라
18 제비 뽑는 것은 다툼을 그치게 하여 강한 자 사이에 해결하게 하느니라
19 노엽게 한 형제와 화목하기가 견고한 성을 취하기보다 어려운즉 이러한 다툼은 산성 문빗장 같으니라
20 사람은 입에서 나오는 열매로 말미암아 배부르게 되나니 곧 그의 입술에서 나는 것으로 말미암아 만족하게 되느니라
21 죽고 사는 것이 혀의 힘에 달렸나니 혀를 쓰기 좋아하는 자는 혀의 열매를 먹으리라
22 아내를 얻는 자는 복을 얻고 여호와께 은총을 받는 자니라
23 가난한 자는 간절한 말로 구하여도 부자는 엄한 말로 대답하느니라
24 많은 친구를 얻는 자는 해를 당하게 되거니와 어떤 친구는 형제보다 친밀하니라

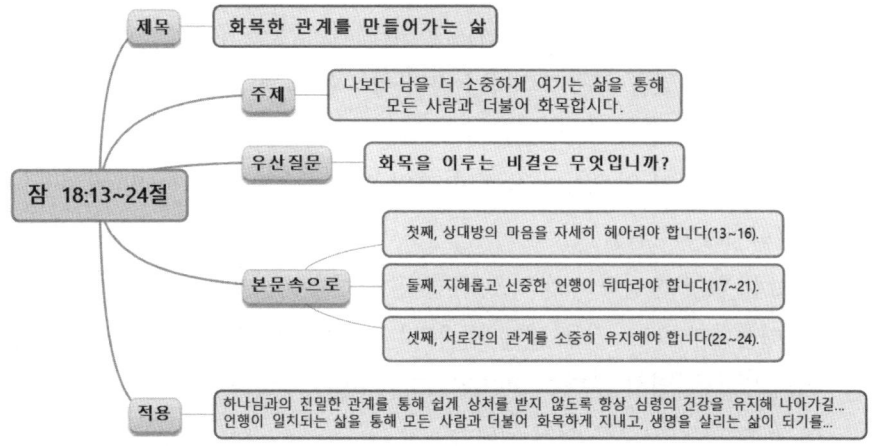

"사람은 입에서 나오는 열매로 말미암아 배부르게 되나니 곧 그의 입술에서 나는 것으로 말미암아 만족하게 되느니라"(잠 18:20).

📖 나보다 남을 더 소중하게 여기는 삶을 통해 모든 사람과 더불어 화목합시다.

☑ 화목을 이루는 비결은 무엇입니까?

🌿 상대방의 마음을 자세히 헤아리기 (13-16절)

화목을 이루기 위해서는 성급한 언행을 피해야 합니다. "사연을 듣기 전에 대답하는 자는 미련하여 욕을 당하느니라"(13절). 우리는 다른 사람의 말을 들을 때, 성급하게 가로채는 무례한 행위를 하지 않도록 해야 합니다. 사람의 심령은 육체의 질병을 감당할 수 있는 힘과 의지가 있습니다. 그러나 심령이 상하면 삶의 의지가 꺾여 버리기 때문에 회복하기가 어렵습니다(14절). 그러므로 다른 사람의 심령을 상하게 하지 않으려면 '명철한 자의 마음'과 '지혜로운 자의 귀'가 필요합니다(15절).

사심 없이 존경과 사랑의 마음을 담아 주는 선물은 그의 길을 넓게 해줍니다(16절). 길을 넓게 해준다는 것은 상대방과의 화목한 관계의 영역을 넓혀 준다는 의미입니다. 그래서 존귀한 자 앞으로 나아갈 수 있는 기회를 얻게 됩니다(16절).

성숙한 신앙인은 상대방의 마음을 잘 헤아려 줍니다. 우리는 자신의 생각이나 정서만 고집하는 것이 아니라 상대방의 마음과 생각을 잘 헤아려 주는 성숙한 신앙 인격을 갖추어야 합니다. 또한 상대방의 말을 경청하고 의사소통을 원활하게 하여 우리가 속한 공동체를 평화가 깃든 공동체로 만들어 가야 합니다.

한편 우리는 자신도 모르는 사이에 상대방에게 상처를 주고, 우리 역시 상처를 받을 때가 있습니다. 구약성경의 다윗도 믿었던 사람들에게 배신을 당했습니다. 심지어 목숨의 위협까지 받으며 깊은 상처와 절망에 빠지기도 했습니다. "내가 근심으로 편하지 못하여 탄식하오니… 내 마음이 내 속에서 심히 아파하며…공포가 나를 덮었도다"(시 55:2-5). 그러나 다윗은 하나님께 기도했습니다. 마음속 깊은 곳에 자리하고 있는 상처 난 마음을 가지고 저녁과 아침과 정오에 탄식하며 기도했습니다(시 55:16-17). 그리고 모든 인생의 짐을 하나님께 맡김으로(시 55:22) 상한 자신의 심령을 치유했습니다. 혹 상대방의 마음을 헤아리지 못해 상처를 주었다면 곧바로 잘못을 인정하고 용서를 구해야 합니다. 반대로 우리 자신이 상처를 입었다면 모든 짐을 주님께 맡김으로 상처 난 마음을 고침 받아야 합니다. 그러므로 우리는 상대방의 마음을 잘 살펴 때론 용기와 희망을 주고, 때론 아픔을 함께 나눔으로 주 안에서 서로 화목을 이루는 일에 힘써야 합니다.

🕊 지혜롭고 신중한 언행 구사하기(17-21절)

말의 옳고 그름은 반드시 드러나게 되어 있습니다. 재판석에서는 먼저 온 원고의 말이 옳은 듯해도, 피고가 오면 사정이 달라집니다(17절). 그래서 재판관은 항상 중립적인 태도와 합당한 원칙에 기초해 판단해야 합니다. 구약시대에는 간혹 판결이 어려운 문제가 발생하면 모든 일의 작정이 하나님께 있음을 알고 제비뽑기로 분쟁을 해결하고, 서로 싸우는 사람들 사이에서 판결했습니다(18절). 그럼에도 갈등을 해결하는 일은 견고한 성을 취하는 것보다 어렵습니다. 다툼 중에 기분이 상하면 성문의 빗장을 걸어 잠그듯 마음의 문을 닫아 버리기 때문입니다(19절). 사람의 죽고 사는 것이 말의 힘에 달려 있습니다(20-21절). 그러므로 항상 지혜롭고 신중하게 말하고, 함부로 말하지 말아야 합니다.

당장의 위기를 모면하겠다고 거짓을 말하면 사실이 드러난 후에 더욱 큰 어려움을 겪게 됩니다. 거짓말은 상처만 남기고, 관계는 끊어지게 됩니다. 결과적으로 마음에 상처를 입은 사람은 상대방에 대해 마음을 완전히 닫아 버리기에 그와 다시 화목하기란 쉽지 않습니다. 그러므로 다른 사람과 화목하게 지내는 것은 매우 중요한 문제입니다.

우리는 선하고 아름다운 말을 사용함으로 행복을 전하는 메신저가 되어야 합니다. 우리 입은 우리 자신이 먹은 열매를 생산하는 나무입니다. 입에서 나오는 말들은 결코 중립적이지 않습니다. 좋거나 나쁜 것, 선하거나 악한 것이 나옵니다. 그러므로 우리는 매 순간 지혜롭고 신중한 언행으로 주 안에서 서로 화목을 이루는 일에 힘써야 합니다.

❦ 상호관계를 소중히 유지하기(22-24절)

지혜로운 여인은 자기 집을 세우지만, 미련한 여인은 자기 손으로 그것을 무너뜨립니다(14:1). "아내를 얻는 자는 복을 얻고"(22절)에서 아내는 정숙하고 현명한 아내를 의미합니다. 현숙한 여인은 값비싼 진주보다 귀하며, 하나님께서 내리시는 은총의 선물입니다(31:10).

가난한 자는 잘못한 것이 없어도 간절한 말로 구해야 하지만, 부자는 잘못을 저지르고도 거만하게 말합니다(23절). "많은 친구를 얻는 자는 해를 당하게 되거니와 어떤 친구는 형제보다 친밀하니라"(24절). 피를 나눈 형제보다 더 친밀한 관계의 친구는 위급할 때 도움을 주지만, 형식적인 친구들은 위급할 때 오히려 해가 된다는 것입니다. 그러므로 우리는 사람을 얻을 수 있도록 말과 행동을 지혜롭게 해야 합니다.

하나님을 경외하는 친구 한 명이 어리석고 미련한 친구 수십 명보다 훨씬 낫습니다. 그리스도인들은 하나님께서 맺어 주신 관계를 잘 관리하고 유지해야 할 책임이 있습니다. 무엇보다 그들과 합력해서 선을 이루고, 더불어 하나님 나라를 이루어 가야 합니다. 이러한 관계를 꾸준히 유지해 나가려면 우리의 언어부터 변화되어야 합니다. 즉, 우리의 언어가 긍정의 언어, 칭찬하는 언어, 격려하는 언어가 되어야 합니다.

언어가 올바르게 변화될 때 서로 간에 좋은 관계를 유지할 수 있습니다. 좋은 관계를 유지하는 것은 결국 우리 자신이 어떻게 하느냐에 달려 있는 것입니다. 지혜롭게 말하고 행동하면 주변에 당연히 좋은 사람들이 모이게 될 것입니다. 그러므로 우리는 주님의 마음으로 섬기는 삶을 통해 서로 간에 좋은 관계를 유지하여 주 안에서 화목을 이루는 일에 힘쓰며 살아가야 합니다.

오늘도 하나님과의 친밀한 관계를 통해 세상에서 쉽게 상처받지 않도록 심령의 건강을 유지해 나갈 뿐 아니라, 언행이 일치하는 삶을 통해 모든 사람과 더불어 화목하게 지내며, 무엇보다 생명을 살리며 살아갈 수 있기를….

행복의 시작, 예수 그리스도!
빛이 있으라.

잠언 19장

아침을 여는 묵상 35
(잠 19:1~14)

믿음이 있는 사람답게 사는 삶

1 가난하여도 성실하게 행하는 자는 입술이 패역하고 미련한 자보다 나으니라
2 지식 없는 소원은 선하지 못하고 발이 급한 사람은 잘못 가느니라
3 사람이 미련하므로 자기 길을 굽게 하고 마음으로 여호와를 원망하느니라
4 재물은 많은 친구를 더하게 하나 가난한즉 친구가 끊어지느니라
5 거짓 증인은 벌을 면하지 못할 것이요 거짓말을 하는 자도 피하지 못하리라
6 너그러운 사람에게는 은혜를 구하는 자가 많고 선물 주기를 좋아하는 자에게는 사람마다 친구가 되느니라
7 가난한 자는 그의 형제들에게도 미움을 받거든 하물며 친구야 그를 멀리 하지 아니하겠느냐 따라가며 말하려 할지라도 그들이 없어졌으리라
8 지혜를 얻는 자는 자기 영혼을 사랑하고 명철을 지키는 자는 복을 얻느니라
9 거짓 증인은 벌을 면하지 못할 것이요 거짓말을 뱉는 자는 망할 것이니라
10 미련한 자가 사치하는 것이 적당하지 못하거든 하물며 종이 방백을 다스림이랴
11 노하기를 더디 하는 것이 사람의 슬기요 허물을 용서하는 것이 자기의 영광이니라
12 왕의 노함은 사자의 부르짖음 같고 그의 은택은 풀 위의 이슬 같으니라
13 미련한 아들은 그의 아비의 재앙이요 다투는 아내는 이어 떨어지는 물방울이니라
14 집과 재물은 조상에게서 상속하거니와 슬기로운 아내는 여호와께로서 말미암느니라

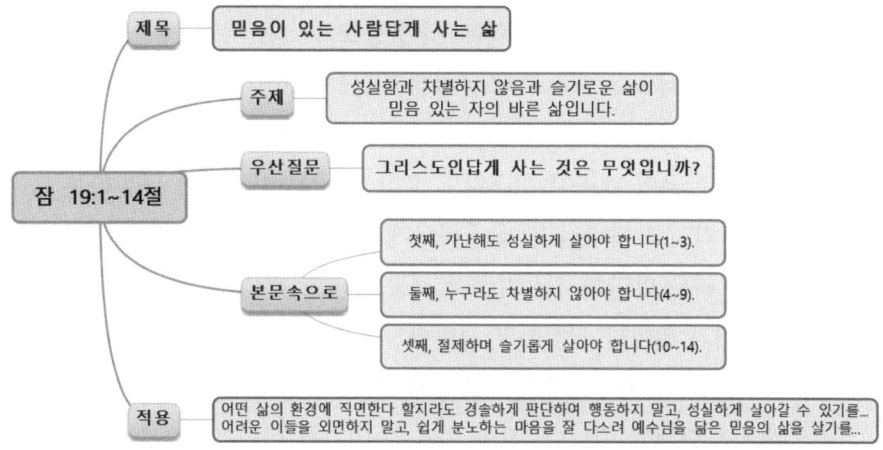

"노하기를 더디 하는 것이 사람의 슬기요 허물을 용서하는 것이 자기의 영광이니라"(잠 19:11).

📖 성실하고 사람을 차별하지 않으며 슬기롭게 사는 것이 믿음 있는 자의 바른 삶입니다.

☑ 그리스도인답게 사는 것은 무엇입니까?

🕊 가난해도 성실하게 살아가기(1-3절)

행복은 하나님께서 주신 것에 만족하며 감사할 때 누릴 수 있습니다. "가난하여도 성실하게 행하는 자"(1절)가 행복을 아는 자입니다. 성실하게 행한다는 것은 하나님 앞에서 마음을 온전하게 하고, 말씀대로 순종하며 살아가는 것입니다. 어떤 상황에서도 자신을 돌아보며 성실한 태도를 잃지 않는 것이 중요합니다. 어리석은 사람은 지식 없는 열심으로 스스로 조급하게 일을 처리하여 발을 헛디딘 책임이 본인에게 있음에도 마음으로 여호와를 원망합니다(2-3절).

우리는 지금의 형편이 어려워도 옳고 그름을 분명하게 구분하는 분별력을 가지고 하나님 앞에서 바르게 행동해야 합니다. 아울러 하나님이 우리를 판단하시는 기준이 재물의 많고 적음에 있는 것이 아니라, 우리가 얼마나 진실하고 겸손한가에 있음을 잊지 말아야 합니다. 그러므로 언제나 도덕적으로 흠이 없도록 정직하고 성실하게 살기 위해 노력해야 합니다. 진짜 믿음은 위기를 만났을 때 드러납니다. 평상시에는 믿음이 좋은 사람처럼 보이던 이도 뜻하지 않은 어려움에 직면하게 되면, 하나님과 주변 사람들을 원망하며 하나님을 떠나는 경우가 있습니다.

우리는 어떤 상황에서도 영적 성실함과 신중함을 놓치지 말고, 하나님의 선하시고 거룩하신 뜻이 무엇인지를 온전히 깨달아 하나님에게서 멀어지지 말아야 합니다. 가난하고 상황이 어려워도 나에게 맡겨진 일을 묵묵히 감당하며 성실하게 살아가야 합니다.

❦ 누구도 차별하지 않고 살아가기(4-9절)

세상 사람들은 가난한 자보다는 자신에게 도움이 되는 부유한 사람을 더 가까이하려 합니다(4절). 그러나 성경은 가난하다고 해서 이웃을 무시하는 것은 곧 하나님께 죄를 짓는 패역한 행위라고 반복해서 경고합니다. 또한 거짓 증거 한 자에 대해서도 엄격히 처벌할 것을 명령합니다(5절). 그러므로 우리는 늘 바른 마음을 가지고 바르게 행해야 합니다. '너그러운 사람'(6절)은 큰 권력과 권세를 가지고 있으면서도 다른 사람들에게 아량을 베푸는 사람을 가리킵니다

다. 이런 사람 옆에는 사람들이 몰려온다는 것입니다. 그러므로 우리는 가난한 자들을 외면하고 배척하는 이기적인 마음을 버리고(7절), 지혜를 얻는 자, 명철을 지키는 자가 되어 인생의 형통함을 경험하며(8절), 많은 사람에게 선한 믿음의 영향력을 나타내야 합니다. 그리고 거짓 증인이 되거나 거짓말을 뱉어 망하지 않도록 해야 합니다(9절).

하나님은 사람을 외모로 취하지 않으십니다. 예수님이 열두 제자를 부르실 때도 재물이 있는 사람, 권력을 쥔 사람, 학식이 있는 사람을 택하지 않으셨습니다. 야고보 사도는 공동체 안에서 외적 조건으로 차별하는 문제에 대해 강력하게 질타했습니다. "영광의 주 곧 우리 주 예수 그리스도에 대한 믿음을 너희가 가졌으니 사람을 차별하여 대하지 말라"(약 2:1). 하나님께서 기뻐하시는 경건은 환난 중의 고아와 과부를 돌보는 것과 가난한 성도들의 필요를 채워 주는 것입니다. 외적인 조건과 상황만 보고 경솔하게 행동하거나, 정확하지 않은 잣대로 다른 사람을 판단해서도 안 됩니다. 그러므로 우리는 어렵고 힘들게 살아가는 이들을 차별하는 것이 아니라 주께서 우리를 긍휼히 여겨 주시는 것처럼 그들을 품어 주고 안아 주며 살아가야 합니다.

❦ 절제하며 슬기롭게 살아가기(10-14절)

공동체에 속한 사람들은 각자 자신의 역할에 따라 주어진 일에 충성해야 합니다. 미련한 자에게 사치가 어울리지 않는 것과 같이 종이 방백을 다스리는 것은 더욱 어울리지 않습니다(10절). "노하기를 더디 하는 것이 사람의 슬기요 허물을 용서하는 것이 자기의 영광이니라"(11절). 다른 사람을 용서하는 것은 궁극적으로 타인을 위한 것이 아니라 자신을 위한 것입니다. 그래서 용서하는 자가 영광을 얻게 됩니다. "왕의 노함은 사자의 부르짖음 같고 그의 은택은 풀 위의 이슬 같으니라"(12절). '풀 위의 이슬'은 비가 거의 오지 않는 지역에서 생명을 유지하는 데 꼭 필요한 것입니다. 이는 곧 왕의 은총이 백성이 생명을 유지하는 길임을 의미하는 것입니다.

"미련한 아들은…다투는 아내는 이어 떨어지는 물방울이니라"(13절). 가정은 모든 구성원이 하나님의 뜻에 합당한 거룩한 삶으로 아름다운 조화를 이루어야 하는 곳입니다. 그러나 지속적으로 떨어지는 물방울은 결국 집을 무너뜨립니다. 집과 재물은 조상에게서 상속받지만, 가정을 화목하게 하는 슬기로운 아내는 하나님의 섭리와 주권 안에 있는 것입니다(14절).

미움은 다툼을 일으키지만 사랑은 모든 허물을 가립니다(10:12). 하나님 아버지는 오래 참으시고 용서하기를 즐겨하시는 분입니다. 우리는 하나님 아버지의 마음을 닮아 마음의 분노를 절제하고 이웃을 용서하는 슬기롭고 지혜 있는 자가 되어야 합니다. 또한 물질의 풍요는 행복의 절대적인 조건이 아님을 깨달아야 합니다. 혹 우리가 돈의 능력은 절대적으로 믿으면서 살아계신 하나님은 그렇게 온전히 믿지 못하고 있는 것은 아닌지 스스로 돌아보아야 합니다. 또한 직면한 상황에 대하여 하나님의 뜻을 헤아리지 못해 은혜를 걷어차는 어리석은 자가 되지 않도록 매사에 절제하고 모든 상황을 슬기롭게 대처하여 사람들과 화목해야 합니다. 무엇보다 하나님이 주신 가정을 천국처럼 만들며 살아가야 합니다.

오늘도 어떤 상황에서도 경솔하게 판단하여 행동하지 않고 성실한 마음으로 살아갈 뿐 아니라, 어려운 이들을 외면하지 않고 쉽게 분노하는 마음을 잘 다스려 예수님을 닮은 사람으로 살아갈 수 있기를….

행복의 시작, 예수 그리스도!
빛이 있으라.

잠언 19장

아침을 여는 묵상 36
(잠 19:15~29)

생명에 이르는 길을 걷는 삶

15 게으름이 사람으로 깊이 잠들게 하나니 태만한 사람은 주릴 것이니라
16 계명을 지키는 자는 자기의 영혼을 지키거니와 자기의 행실을 삼가지 아니하는 자는 죽으리라
17 가난한 자를 불쌍히 여기는 것은 여호와께 꾸어 드리는 것이니 그의 선행을 그에게 갚아 주시리라
18 네가 네 아들에게 희망이 있은즉 그를 징계하되 죽일 마음은 두지 말지니라
19 노하기를 맹렬히 하는 자는 벌을 받을 것이라 네가 그를 건져 주면 다시 그런 일이 생기리라
20 너는 권고를 들으며 훈계를 받으라 그리하면 네가 필경은 지혜롭게 되리라
21 사람의 마음에는 많은 계획이 있어도 오직 여호와의 뜻만이 완전히 서리라
22 사람은 자기의 인자함으로 남에게 사모함을 받느니라 가난한 자는 거짓말하는 자보다 나으니라
23 여호와를 경외하는 것은 사람으로 생명에 이르게 하는 것이라 경외하는 자는 족하게 지내고 재앙을 당하지 아니하느니라
24 게으른 자는 자기의 손을 그릇에 넣고서도 입으로 올리기를 괴로워하느니라
25 거만한 자를 때리라 그리하면 어리석은 자도 지혜를 얻으리라 명철한 자를 견책하라 그리하면 그가 지식을 얻으리라
26 아비를 구박하고 어미를 쫓아내는 자는 부끄러움을 끼치며 능욕을 부르는 자식이니라
27 내 아들아 지식의 말씀에서 떠나게 하는 교훈을 듣지 말지니라
28 망령된 증인은 정의를 업신여기고 악인의 입은 죄악을 삼키느니라
29 심판은 거만한 자를 위하여 예비된 것이요 채찍은 어리석은 자의 등을 위하여 예비된 것이니라

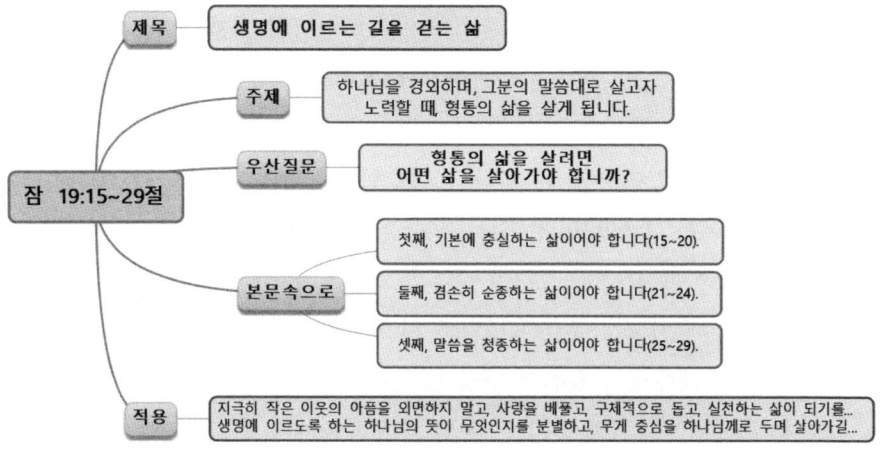

"여호와를 경외하는 것은 사람으로 생명에 이르게 하는 것이라 경외하는 자는 족하게 지내고 재앙을 당하지 아니하느니라"(잠 19:23).

📖 하나님을 경외하고 그분의 말씀대로 살고자 노력할 때 삶이 형통합니다.

☑ 형통의 삶을 살려면 어떻게 살아야 합니까?

🌱 기본에 충실하기(15-20절)

게으른 자는 자신이 원하는 만큼의 풍족한 삶을 누리지 못합니다(15절). 진정한 인생의 풍족함은 재물이나 권력을 의지하는 것이 아니라 하나님의 계명을 지킴으로 얻을 수 있습니다(16절). 행실을 절제하

잠언 19장 **217**

여 의롭게 살아가면 생명의 주관자이신 하나님의 보호를 받게 됩니다. 아울러 가난한 이들에게 긍휼한 마음으로 베푸는 것은 결코 손해가 아닙니다. 은밀한 중에 보시는 하나님이 갚아 주실 것이기 때문입니다(17절). "그리하면 네 하나님 여호와께서 네 손으로 하는 범사에 네게 복을 주시리라"(신 14:29). 우리는 하나님의 충고를 듣고 훈계를 받아들여야 합니다. 그러면 반드시 지혜롭게 됩니다(18-20절).

모든 일에 기본이 중요한 것처럼 신앙생활도 마찬가지입니다. 신앙의 기본이 제대로 갖추어져 있지 않으면 작은 어려움과 문제만 닥쳐와도 흔들리거나 방황합니다. 다른 사람을 업신여기고, 다른 사람의 아픔과 슬픔을 함께 나누지 못합니다. 구제는 하나님을 경외하는 사람으로서 당연히 실천해야 할 규범이요, 기본입니다. 기본을 지키지 못하고 있기 때문에 오늘날 성도뿐 아니라 교회도 생명력을 잃어가고 있습니다. 간디는 그리스도인들이 산상수훈대로만 산다면 힌두교인이나 불교인들이 모두 기독교로 개종할 것이라고 말했습니다. 우리는 무슨 생각을 하든, 무슨 말을 하든, 무슨 일을 하든 하나님을 경외하는 마음으로 신앙의 기본에 충실한 삶을 살아야 합니다.

❧ 겸손히 순종하기(21-24절)

사람의 마음에 많은 계획이 있어도, 성취되는 것은 오직 주님의 뜻뿐입니다(21절, 새번역). 인간의 모든 계획을 완성하시는 분은 오직 하나님이시기에 우리는 모든 행사를 하나님께 맡겨드려야 합니다. 그리고 하나님에 대한 변함없고 진실한 사랑이 있어야 합니다.

"거짓말쟁이가 되느니, 차라리 가난뱅이가 되는 것이 낫다"(22절, 새번역). 가난해도 정직하게 살며 인자를 베푸는 자가 거짓말하며 부자로 사는 자보다 행복한 삶을 누릴 수 있습니다. 하나님을 경외하고 그분의 말씀대로 순종하며 살고자 할 때, 우리의 영육이 구원을 얻습니다(23절). 그러나 게으른 자는 생명의 길이 아닌 멸망의 길로 향합니다(24절).

우리는 우리가 세운 계획이 하나님의 말씀보다 앞서지 않게 해야 합니다. 늘 말씀에 비추어 그 길이 바른길이며 생명으로 나아가는 길인지 살피는 것이 중요합니다. 사탄은 참으로 교묘합니다. 세상에는 우리의 눈길을 끄는 유혹의 상황이 너무나 자주 발생합니다. 그러나 많은 사람이 그 길을 따라 걷는다 해도 따라가지 말아야 합니다. 모든 삶의 계획과 소망을 겸손히 하나님께 맡기는 자세를 가지고 주어진 상황들을 분별하여 살아가는 것이 성공의 지름길이요, 생명에 이르는 길입니다.

❦ 말씀을 청종하기(25-29절)

우리는 신앙의 긴장을 늦추지 말아야 합니다. 언제든지 유혹에 넘어질 수 있기 때문입니다. 그러므로 명철한 자라도 교만해지지 않도록 항상 견책하여 더욱 지식을 얻도록 노력해야 합니다(25절). 지식의 말씀에서 멀어지면 하나님의 뜻을 발견하지 못합니다. 아울러 하나님을 경외하는 마음이 없으니 당연히 육신의 부모에 대해서도 가볍게 여깁니다(26절). 그러므로 우리는 지식의 말씀에서 떠나게 하는 교훈을 듣지 말아야 합니다(27절). 정의를 업신여기는 망령된 증인과 죄악을 삼키는 악인의 입은 하나님이 심판하실 때가 예비되어 있습니다(28-29절).

육신의 부모를 가볍게 여기는 사람 중에 하나님의 말씀을 소중히 여기는 사람은 없습니다. 부모를 업신여기는 태도는 곧 하나님에 대해서도 동일하게 나타납니다. 그러나 그러한 태도는 합당한 대가를 치르게 됩니다. 그러므로 우리는 스스로 자신의 몸을 쳐 복종하게 해야 합니다(고전 9:27). 우리 자신이나 세상이 아니라 오직 하나님의 말씀을 삶의 중심에 두고 그 말씀을 청종하고 순종하여 생명의 길에 이르러야 합니다.

오늘도 지극히 작은 이웃의 아픔을 외면하지 않고 구체적으로 사랑을 베풀고 도울 뿐 아니라, 생명에 이르도록 하는 하나님의 뜻이 무엇인지 분별하고 하나님을 삶의 중심에 모시고 살아갈 수 있기를 ….

행복의 시작, 예수 그리스도!
빛이 있으라.

잠언 20장

아침을 여는 묵상 37
(잠 20:1~15)

하나님 앞에서 사는 삶

1 포도주는 거만하게 하는 것이요 독주는 떠들게 하는 것이라 이에 미혹되는 자마다 지혜가 없느니라
2 왕의 진노는 사자의 부르짖음 같으니 그를 노하게 하는 것은 자기의 생명을 해하는 것이니라
3 다툼을 멀리 하는 것이 사람에게 영광이거늘 미련한 자마다 다툼을 일으키느니라
4 게으른 자는 가을에 밭 갈지 아니하나니 그러므로 거둘 때에는 구걸할지라도 얻지 못하리라
5 사람의 마음에 있는 모략은 깊은 물 같으니라 그럴지라도 명철한 사람은 그것을 길어 내느니라
6 많은 사람이 각기 자기의 인자함을 자랑하나니 충성된 자를 누가 만날 수 있으랴
7 온전하게 행하는 자가 의인이라 그의 후손에게 복이 있느니라
8 심판 자리에 앉은 왕은 그의 눈으로 모든 악을 흩어지게 하느니라
9 내가 내 마음을 정하게 하였다 내 죄를 깨끗하게 하였다 할 자가 누구냐
10 한결같지 않은 저울 추와 한결같지 않은 되는 다 여호와께서 미워하시느니라
11 비록 아이라도 자기의 동작으로 자기 품행이 청결한 여부와 정직한 여부를 나타내느니라
12 듣는 귀와 보는 눈은 다 여호와께서 지으신 것이니라
13 너는 잠자기를 좋아하지 말라 네가 빈궁하게 될까 두려우니라 네 눈을 뜨라 그리하면 양식이 족하리라
14 물건을 사는 자가 좋지 못하다 좋지 못하다 하다가 돌아간 후에는 자랑하느니라
15 세상에 금도 있고 진주도 많거니와 지혜로운 입술이 더욱 귀한 보배니라

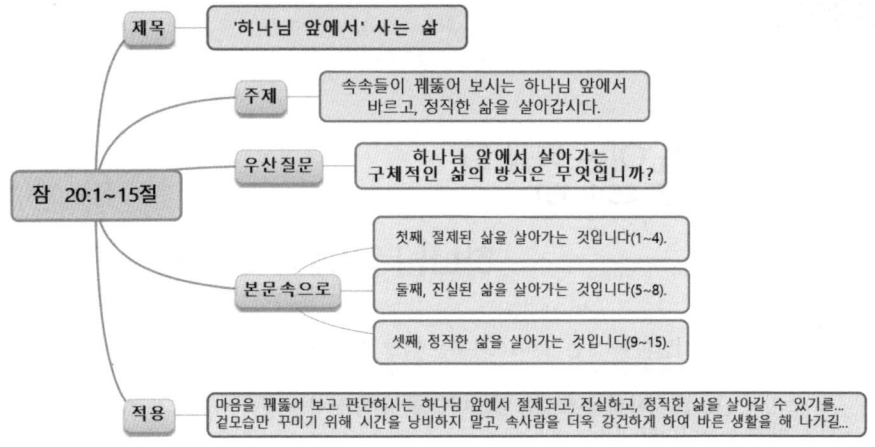

"듣는 귀와 보는 눈은 다 여호와께서 지으신 것이니라"
(잠 20:12).

📖 사람의 마음을 속속들이 꿰뚫어 보시는 하나님 앞에서 바르고 정직하게 살아갑시다.

☑ 하나님 앞에서 살아가는 구체적인 삶의 방식은 무엇입니까?

🌿 절제된 삶(1-4절)

술은 사람의 이성을 마비시켜 지혜 없는 자와 같이 거만해지고, 어리석은 행동을 하게 합니다. 1절의 포도주와 독주에 미혹된 자는 술을 탐닉해 취한 자를 말합니다. 술에 취해 마음과 행동을 제어하지 못하는 사람은 왕의 진노를 사고(2절), 다툼을 불러일으키며(3절)

어리석게 행동하게 된다는 것입니다. 즉, 자기 기분대로만 행동하고 뒤를 생각하지 못하게 됩니다. 지혜 없는 어리석은 사람은 게을러서 농사철에 쟁기질을 하지 않습니다(4절). 이런 사람은 추수 때 결국 아무것도 얻지 못합니다.

세상 사람들은 자기 자신이 만들어 놓은 기준대로 생각하고 결정하며 살아갑니다. 심지어는 마치 술에 취한 사람처럼 막무가내로 인생을 살기도 합니다. 그러나 건강한 인생은 물 흐르듯 순리대로 사는 것입니다. 순리는 바로 하나님의 말씀입니다. 이런 사람은 시간을 낭비하지도 않고, 조급함이 없기에 삶에 여유가 있습니다. 그러나 때로는 이처럼 절제하면서 말씀을 따르며 살아가는 모습이 세상 사람들에게는 어리석고 미련하게 보일 수 있습니다.

우리 그리스도인은 하나님의 말씀대로 살아가는 사람입니다. 그러므로 술에 취한 사람처럼 안하무인으로 함부로 행동하는 것이 아니라, 말씀의 훈계를 따라 절제하면서 주님이 주시는 평안과 삶의 여유와 기쁨을 누릴 수 있어야 합니다. 날마다 하나님 앞에서 절제된 삶을 통해 다른 사람에게 인자를 베푸는 지혜로운 자로 살아가야 합니다.

❧ 진실한 삶(5-8절)

'모략'(5절)은 상대방을 속여 자신의 이익을 취하고자 하는 악한 계획을 가리킵니다. 이러한 모략은 은밀하게 계획하고 실행하기 때문에 깊은 물과 같이 발견하기가 쉽지 않습니다. 그러나 명철한 사람은 그것마저도 알아챕니다(5절). 한편 지혜자는 스스로 인자하고 충성된 사람이라고 인정하고 선포하는 자가 많으나 실제로 그러한 사람을 찾아보기는 어렵다고 말합니다(6절).

많은 사람이 충성과 사랑에 관하여 이야기합니다. 그러나 정작 그들의 마음속에는 부정적이고 거짓된 마음이 가득 차 있습니다. 심판 자리에 앉은 왕은 죄인을 한눈에 알아봅니다(8절). 또한 마음속에 감춰진 악한 의도나 속임수는 시간이 조금만 지나면 드러납니다. 그러므로 우리는 온전하게 행하는 의인의 삶을 살아야 합니다. 그러면 후손까지 복을 받습니다(7절).

하나님께서는 마음이 진실한 사람을 원하십니다. 충성되고 신실하게 살아가는 사람을 원하십니다. 그러므로 겉과 속이 같은 삶을 사는 지혜가 필요합니다. 겉모습만 그럴싸하게 꾸미는 데 마음을 두지 말고, 내면의 정직한 믿음과 진실한 마음이 궁극적으로 행복을 가져다준다는 사실을 잊지 말아야 합니다.

✽ 정직한 삶(9-15절)

지혜자는 이 세상에서 자기의 죄를 깨끗하게 하였다고 장담할 수 있는 자가 누구냐고 반문합니다(9절). 또한 남을 속여 부당한 이득을 취하는 행위를 여호와께서 미워하신다고 말합니다(10절). 결국 정직하고 고상한 인격은 듣기 좋은 말을 함으로 증명되는 것이 아니라, 자신의 말에 부합하는 행동을 통하여 타인에게서 인정받는 것입니다(11절). 사람의 모든 행위를 하나님은 낱낱이 지켜보십니다. 듣는 귀와 보는 눈은 다 여호와께서 지으신 것이기 때문입니다(12절). 세상에는 금도 있고 진주도 많이 있지만, 정말 귀한 보배는 지식을 말하는 '입'입니다(15절). 지혜로운 의인의 구체적인 삶의 방식은 게으르지 않은 것과 물건을 조금이라도 더 싸게 사기 위해 속마음과 다른 거짓말을 하지 않는 것입니다(13-14절).

사람들은 외모를 통해 다른 사람을 평가하지만, 하나님은 중심을 보시는 분입니다. 그러므로 하나님의 도움이 필요할 때만 온전히 행하는 척하지 말고, 어떤 상황에서도 변하지 않는 정직하고 바른 믿음을 가지고 살아가야 합니다. 하나님은 우리 인생의 일거수일투족을 지켜보시는 분이기에, 그분 앞에서 자신의 실수와 허물을 감추는 것은 참으로 어리석은 행동입니다. "귀를 지으신 이가 듣지 아니하시랴 눈을 만드신 이가 보지 아니하시랴"(시 94:9). 하나님께서 우리의 모든 행위를 알고 계시기에 우리는 심령을 감찰하시는 하나님의 말씀에 따라 정직하게 살아가야 합니다.

오늘도 사람의 마음을 꿰뚫어 보고 판단하시는 하나님 앞에서 절제되고 진실하며 정직한 삶을 살아갈 뿐 아니라, 겉모습만 아름답게 꾸미는 데 시간을 낭비하지 않고 속사람을 더욱 강건하게 하여 하나님이 보시기에 올바르게 살아갈 수 있기를….

행복의 시작, 예수 그리스도!
빛이 있으라.

잠언 20장

아침을 여는 묵상 38
(잠 20:16~30)

지혜로운 자로 살아가는 삶

16 타인을 위하여 보증 선 자의 옷을 취하라 외인들을 위하여 보증 선 자는
그의 몸을 볼모 잡을지니라
17 속이고 취한 음식물은 사람에게 맛이 좋은 듯하나 후에는 그의 입에 모래가
가득하게 되리라
18 경영은 의논함으로 성취하나니 지략을 베풀고 전쟁할지니라
19 두루 다니며 한담하는 자는 남의 비밀을 누설하나니 입술을 벌린 자를
사귀지 말지니라
20 자기의 아비나 어미를 저주하는 자는 그의 등불이 흑암 중에 꺼짐을
당하리라
21 처음에 속히 잡은 산업은 마침내 복이 되지 아니하느니라
22 너는 악을 갚겠다 말하지 말고 여호와를 기다리라 그가 너를 구원하시리라
23 한결같지 않은 저울 추는 여호와께서 미워하시는 것이요 속이는 저울은
좋지 못한 것이니라
24 사람의 걸음은 여호와로 말미암나니 사람이 어찌 자기의 길을 알 수 있으랴
25 함부로 이 물건은 거룩하다 하여 서원하고 그 후에 살피면 그것이 그
사람에게 덫이 되느니라
26 지혜로운 왕은 악인들을 키질하며 타작하는 바퀴를 그들 위에 굴리느니라
27 사람의 영혼은 여호와의 등불이라 사람의 깊은 속을 살피느니라
28 왕은 인자와 진리로 스스로 보호하고 그의 왕위도 인자함으로 말미암아
견고하니라
29 젊은 자의 영화는 그의 힘이요 늙은 자의 아름다움은 백발이니라
30 상하게 때리는 것이 악을 없이하나니 매는 사람 속에 깊이 들어가느니라

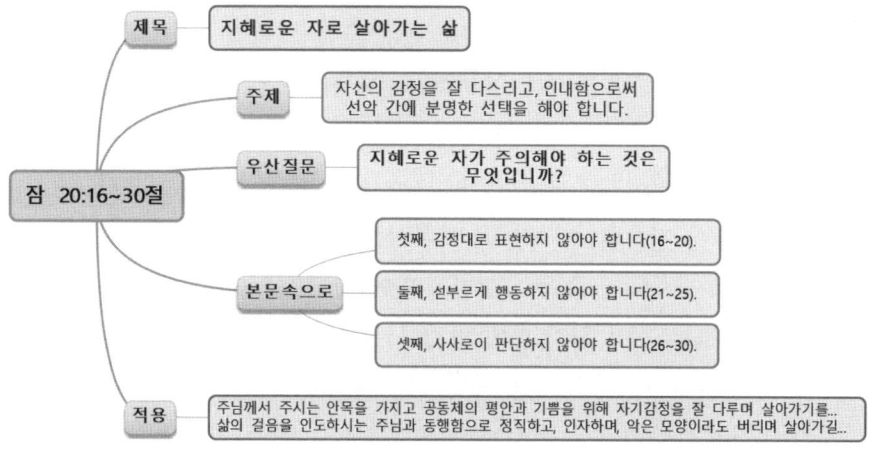

"속이고 취한 음식물은 사람에게 맛이 좋은 듯하나 후에는 그의 입에 모래가 가득하게 되리라"(잠 20:17).

📖 감정을 잘 다스리고 인내함으로 선악 간에 올바른 선택을 합시다.

☑ 지혜로운 자가 주의해야 할 것은 무엇입니까?

🎋 감정대로 표현하는 것(16-20절)

누군가의 보증을 서준다는 것은 그 일에 대해 책임을 진다는 것을 의미합니다. 보증이 위험한 이유는 잘못하면 일순간에 모든 것을 잃을 수 있기 때문입니다. 자신은 물론 가족까지 볼모로 잡혀 망할 수 있기에 보증을 서는 일은 위험합니다(16절). 남을 속여 얻은 것이 당장은 즐거움이 될 수 있지만, 결국엔 그로 인해 고통스러운 상황을 맞게 될 것입니다(17절). 지혜로운 자들의 조언과 충고는 전쟁을 성공적으로 수행하게 하지만, 입술을 벌려 남을 험담하는 자는 결코 생명의 복을 받지 못합니다(18-19절). 아울러 자신에게 생명을 부여한 부모를 저주하는 자는 곧 하나님을 저주하는 것과 다를 바 없는 것으로 간주되어 죽음의 형벌을 받게 될 것입니다(20절).

"죽고 사는 것이 혀의 힘에 달렸나니"(18:21)라는 말씀처럼, 우리는 감정을 억누르지 못해 다른 사람에게 씻을 수 없는 마음의 상처를 주는 것이 아니라, 늘 지혜로운 말의 씨앗을 뿌림으로 복된 열매를 맺어야 합니다. 심은 대로 거두는 것이 추수의 법칙인 것처럼 우리의 마음을 하나님의 말씀과 지혜로 채울 때 믿음의 선한 열매를 맺을 수 있습니다. 아울러 자기 감정대로 어리석고 미련한 자들과 어떤 일들을 도모하는 것은 결국 자기 자신에게 불행한 일을 불러온다는 사실을 명심해야 합니다. 그러므로 우리는 매사를 옳고 그름을 넘어 사랑의 원리로, 영적으로 분별하며 신중하게 살아가야 합니다. 감정을 다스리는 지혜는 하나님을 경외하며 말씀을 청종할 때 비로소 얻게 됩니다. 우리는 모든 언행에서 지혜로운 자로 살아가야 합니다.

🌿 섣부르게 행동하는 것(21-25절)

"처음에 속히 잡은 산업"(21절)은 정당한 노력으로 획득한 재산이 아닌 것을 말합니다. 또한 부모가 살아 계실 때 부모를 협박해 재산을 강제로 빼앗아 이룩한 기업 등을 말하는데, 이는 결과적으로 복되지 않습니다. 이처럼 부당한 방법으로 이익을 취하는 것에 대해 지혜자는 "여호와께서 미워하시는 것이요 속이는 저울은 좋지 못한 것"(23절)이라고 경고합니다. 부당한 대우를 받거나 악한 세력의 공격을 당할 때는 조급하게 스스로 보복하기보다 공의로우신 하나님을 의지하고 그분이 갚아 주실 것을 기다려야 합니다(22절). 사람의 걸음은 여호와께서 인도하시기 때문입니다(24절). 나아가 지혜자는 조급하게 어떤 것을 주님께 바치겠다고 서원하면 "나중에 후회할 수 있다"(25절, 쉬운 성경)고 경고합니다. 섣부른 서원과 행동은 오히려 덫이 될 수 있기 때문입니다.

그러므로 어떤 상황과 환경에 처하더라도 주님의 때를 기다리며 하나님의 지혜와 방법을 구하는 것이 중요합니다. 섣부른 행동으로 조급하게 문제를 해결하려다 보면 문제 해결은커녕 더 큰 문제를 만들 수 있습니다. 일확천금을 얻고자 불의한 방법을 사용하는 것은 인생에 전혀 도움되지 않습니다. 정당한 노력과 수고를 통해 얻은 재물만이 인생에 유익을 줍니다. 또한 우리 자신이 많은 계획을 세울지라도 궁극적으로 그 계획을 이루시는 분은 하나님이심을 고백해야 합니다. 우리 인생의 주관자이신 하나님의 손에 우리의 모든 것이 달려 있습니다. 그러므로 어떤 일을 계획할 때 우리 자신의 뜻보다 전능하신 하나님의 뜻을 먼저 살피고 하나님이 원하시는 대로 행하는 것이 진정으로 인생이 형통케 되는 지름길임을 기억해야 합니다. 우리는 어떤 상황에서도 섣불리 행동하지 않고, 신실하신 하나님의 인도와 도우심을 겸손히 구하는 지혜로운 자가 되어야 합니다.

🌿 사사로이 판단하는 것(26-30절)

지혜로운 왕은 악인을 키질하는 자로 묘사되고 있습니다(26절). 악인들을 정확히 구별해 내어 징계한다는 의미입니다. 주님은 사람의 영혼을 환히 비추시고, 사람의 마음속 깊은 곳까지 살펴보십니다(27절). 그러므로 사람은 하나님 앞에서 아무것도 숨길 수 없고, 모든 것이 하나님 앞에 드러날 수밖에 없음을 깨달아야 합니다. 왕은 자신의 통치를 더욱 견고하게 하기 위해 인자와 진리로 다스려야 합니다(28절). 그러면 공동체가 평안할 수 있습니다. 젊은 자의 자랑은 그의 힘에 있습니다. 그러나 자신의 힘을 믿고 교만하거나 세월을 낭비하지 말아야 합니다. 여호와를 경외하며 살아간다면, 노년에 존경받는 위치에 있을 수 있습니다(29절). 존경받는 노인이라면 젊은이의 잘못에 대해 견책함으로 반성하고 뉘우칠 기회를 제공하거나 악에서 돌이켜 떠날 수 있도록 도와야 합니다(30절).

지혜로운 사람은 하나님의 뜻과 상반되는 어리석은 일을 절대로 행하지 않습니다. 하나님 앞에서는 아무것도 숨길 수 없으며, 모든 것이 하나님 앞에 드러나 있다는 것을 알기 때문입니다. 그러므로 우리는 당면한 문제에 대해 사사로이 판단해 행동하지 말고, 인자와 진리 안에서 지혜롭게 풀어 가야 합니다. 지혜와 통찰력을 가져 악한 일은 단호하게 거절하고, 선한 일은 열심히 추구해야 합니다. 말씀을 통해 들려주시는 징계와 경고를 가볍게 흘려듣지 말고 마음속 깊이 새겨 놓음으로 지혜롭게 사는 것이 필요합니다.

오늘도 주님께서 주시는 마음으로 공동체의 평안과 기쁨을 위해 자신의 감정을 잘 다루며 살아갈 뿐 아니라, 삶의 걸음을 인도하시는 주님과 동행함으로 정직하고 인자하며 악은 어떤 모양이라도 버리며 살아갈 수 있기를….

행복의 시작, 예수 그리스도!
빛이 있으라.

잠언 21장

아침을 여는 묵상 39
(잠 21:1~14)

하나님의 마음을 흡족하게 하는 삶

1 왕의 마음이 여호와의 손에 있음이 마치 봇물과 같아서 그가 임의로 인도하시느니라
2 사람의 행위가 자기 보기에는 모두 정직하여도 여호와는 마음을 감찰하시느니라
3 공의와 정의를 행하는 것은 제사 드리는 것보다 여호와께서 기쁘게 여기시느니라
4 눈이 높은 것과 마음이 교만한 것과 악인이 형통한 것은 다 죄니라
5 부지런한 자의 경영은 풍부함에 이를 것이나 조급한 자는 궁핍함에 이를 따름이니라
6 속이는 말로 재물을 모으는 것은 죽음을 구하는 것이라 곧 불려다니는 안개니라
7 악인의 강포는 자기를 소멸하나니 이는 정의를 행하기 싫어함이니라
8 죄를 크게 범한 자의 길은 심히 구부러지고 깨끗한 자의 길은 곧으니라
9 다투는 여인과 함께 큰 집에서 사는 것보다 움막에서 사는 것이 나으니라
10 악인의 마음은 남의 재앙을 원하나니 그 이웃도 그 앞에서 은혜를 입지 못하느니라
11 거만한 자가 벌을 받으면 어리석은 자도 지혜를 얻겠고 지혜로운 자가 교훈을 받으면 지식이 더하리라
12 의로우신 자는 악인의 집을 감찰하시고 악인을 환난에 던지시느니라
13 귀를 막고 가난한 자가 부르짖는 소리를 듣지 아니하면 자기가 부르짖을 때에도 들을 자가 없으리라
14 은밀한 선물은 노를 쉬게 하고 품 안의 뇌물은 맹렬한 분을 그치게 하느니라

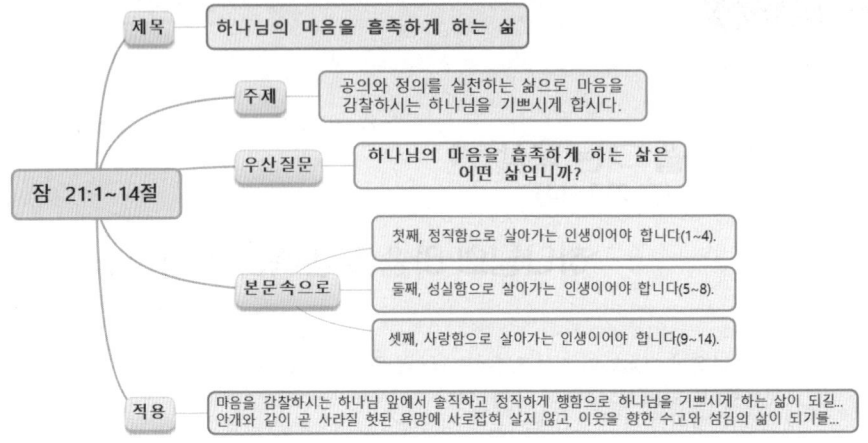

"사람의 행위가 자기 보기에는 모두 정직하여도 여호와는 마음을 감찰하시느니라"(잠 21:2).

📚 공의와 정의를 실천하는 삶으로 마음을 감찰하시는 하나님을 기쁘시게 합시다.

☑ 하나님의 마음을 흡족하게 하는 삶은 어떤 삶입니까?

🌿 정직한 삶(1-4절)

왕의 권위는 이 땅에서 절대적이지만, 그 권위의 근원도 하나님께 있습니다. "왕의 마음이 여호와의 손에 있음이 마치 봇물과 같아서 그가 임의로 인도하시느니라"(1절). 물이 큰 힘을 가지고 있다 할지라도 그 물이 흘러가는 방향이 물길에 의해 결정이 되는 것처럼, 막강한 권력을 지닌 왕이라 할지라도 결국 하나님의 손에 이끌림을 당하는 존재라는 것입니다. 사람의 모든 행위가 자기에게는 옳게 보여도 여호와는 마음을 감찰하시는 분이기 때문입니다(2절). 그러므로 공의와 정의를 행하는 것이 형식적으로 드리는 제사보다 하나님을 기쁘시게 할 수 있습니다(3절).

지혜자는 하나님의 뜻에 어긋난 세 가지 죄를 나열합니다. 곧 눈이 높은 것과 마음이 교만한 것과 악인이 형통한 것입니다(4절). 이러한 행동은 모두 죄라고 말합니다.

사람들은 겉으로 나타나는 행동만 보고 다른 사람을 평가합니다. 그러나 하나님은 사람의 마음을 꿰뚫어 보십니다. 하나님은 우리의 앉고 일어섬을 아시고, 멀리서도 우리의 생각을 아시며, 우리의 모든 말과 행위를 아시는 분입니다(시 139:1-4). 그러므로 우리는 겉으로 드러내는 정직함이 아니라 마음속의 정직함을 위해 노력해야 합니다. 위선적인 예배자가 아니라, 삶의 자리에서 공의와 정의를 행하는 참된 예배자로 살아가야 합니다. 하나님 앞에서는 그 어떤 것도 감출 수 없고 주님을 피할 수 있는 길도 없음을 인정하고 언제나 정직하게 살아갈 때 하나님의 마음을 흡족하게 할 수 있습니다.

성실한 삶(5-8절)

지혜자는 '부지런한 자'와 '조급한 자'를 대조하면서 그들의 운명이 갈리는 상황을 보여 줍니다(5절). '조급한 자'는 성실함과 정직함으로 부를 축적한 것이 아니라 악한 계획으로 불의의 재물을 모은 자를 말합니다. 속이는 말로 재물을 모으는 것은 죽음을 구하는 것이며, 이는 곧 흩어지는 안개와 같습니다(6절). 정의 행하기를 싫어하는 악인 역시 난폭하게 굴다가 멸망하게 됩니다(7절). 그러므로 악인의 형통에 대하여 불평하거나 부러워하지 말아야 하는 이유는 그들에게는 반드시 하나님의 심판이 임하기 때문입니다(시 37:7-9). "죄를 크게 범한 자의 길은 심히 구부러지고 깨끗한 자의 길은 곧으니라"(8절). 하나님 앞에서 성실하게 살아가는 사람은 하나님께 인정받고 귀하게 쓰임 받을 것이라는 뜻입니다.

그리스도인은 직장과 가정을 비롯한 모든 일상생활에서 자신에게 맡겨진 일에 게으르지 않고 최선을 다하여 성실한 사람으로 인정받아야 합니다. 부와 명예를 얻는 것이 인생의 목표가 되어 부당한 방법을 사용해서라도 목적을 이루려고 하는 부끄러운 삶이 되어서는 안 됩니다. 곧 사라져 버리고 마는 안개와 같은 헛된 욕망을 붙잡으려고 인생의 시간을 허비하지 말고, 하나님의 공의와 정의를 행하면서 깨끗하고 바르고 성실하게 살며 의인의 길을 걸어야 합니다. 성실하고 부지런하게 살아가는 자에게 하나님은 결국 풍성한 열매로 응답해 주실 것입니다. 인생이라는 시간의 참 주인 되신 하나님께 모든 것을 맡기고 성실하게 그 시간을 채워 갈 때 우리는 하나님의 마음을 흡족하게 할 수 있습니다.

❦ 사랑하는 삶(9-14절)

진정한 행복은 재물이 아니라 하나님을 믿는 믿음 안에서 서로 신뢰하고 사랑하는 것에 있습니다(9절). 악인의 본성은 다른 사람이 불행해지는 것을 바랍니다. 그래서 늘 죄지을 궁리만 하다 이웃까지 무자비하게 희생시킵니다(10절). 그러나 이에 대하여 하나님의 심판은 예외 없이 진행됩니다. 하나님은 악인의 집을 주목하시고 그 행위에 따라 결국 그를 환난에 던지십니다(11-12절). 하나님은 각 사람의 행위에 따라 심판하시는 분입니다. 즉, "가난한 자의 부르짖음에 귀를 막으면, 자기가 부르짖을 때에 응답을 받지 못할 것입니다"(13절, 쉬운성경). 자기가 행한 그대로 받게 된다는 지혜의 원칙을 기억해야 합니다. "은밀한 선물", "품 안의 뇌물"(14절)은 모두 뇌물을 말합니다. 지혜자는 뇌물의 위력이 얼마나 대단한지를 풍자적으로 묘사합니다. 그러나 불의한 뇌물로 무언가를 쉽게 얻었다면 그것은 하나님 앞에서 악한 행위가 됩니다.

그리스도인은 소외되고 가난한 자들의 부르짖는 소리에 귀 기울이고, 그들에게 실제적인 도움을 줄 수 있어야 합니다. 조건 없이 베푸는 친절과 사랑이 즉각적인 열매로 나타나지 않더라도, 하나님은 반드시 이를 기억하시고 결국에는 사랑의 열매를 우리 삶에서 거두게 하실 것입니다. 그러므로 대가를 바라는 것이 아니라 마음에서 우러나오는 조건 없는 사랑을 실천하는 것이 예수 그리스도의 대속의 은혜를 경험한 자로서 마땅한 삶의 원리입니다. 혹 우리의 무관심 때문에 주변 사람들이 곤경에 처하거나 곤란을 겪지 않도록 그리스도의 사랑 안에서 늘 그들에게 관심을 가져야 합니다. 악하고 불의한 마음을 버리고, 마음에서 진정으로 우러나오는 수고와 섬김과 사랑을 다할 때 하나님의 마음을 흡족하게 할 수 있습니다.

오늘도 마음을 감찰하시는 하나님 앞에서 솔직하고 정직하게 행함으로 하나님을 기쁘시게 할 뿐 아니라, 안개와 같이 곧 사라질 헛된 욕망에 사로잡혀 인생을 낭비하지 않고 이웃을 향한 사랑과 섬김과 수고를 다하며 살아갈 수 있기를….

**행복의 시작, 예수 그리스도!
빛이 있으라.**

잠언 21장

아침을 여는 묵상 40
(잠 21:15~31)

하나님 안에서 이기며 사는 삶

15 정의를 행하는 것이 의인에게는 즐거움이요 죄인에게는 패망이니라
16 명철의 길을 떠난 사람은 사망의 회중에 거하리라
17 연락을 좋아하는 자는 가난하게 되고 술과 기름을 좋아하는 자는 부하게 되지 못하느니라
18 악인은 의인의 속전이 되고 사악한 자는 정직한 자의 대신이 되느니라
19 다투며 성내는 여인과 함께 사는 것보다 광야에서 사는 것이 나으니라
20 지혜 있는 자의 집에는 귀한 보배와 기름이 있으나 미련한 자는 이것을 다 삼켜 버리느니라
21 공의와 인자를 따라 구하는 자는 생명과 공의와 영광을 얻느니라
22 지혜로운 자는 용사의 성에 올라가서 그 성이 의지하는 방벽을 허느니라
23 입과 혀를 지키는 자는 자기의 영혼을 환난에서 보전하느니라
24 무례하고 교만한 자를 이름하여 망령된 자라 하나니 이는 넘치는 교만으로 행함이니라
25 게으른 자의 욕망이 자기를 죽이나니 이는 자기의 손으로 일하기를 싫어함이니라
26 어떤 자는 종일토록 탐하기만 하나 의인은 아끼지 아니하고 베푸느니라
27 악인의 제물은 본래 가증하거든 하물며 악한 뜻으로 드리는 것이랴
28 거짓 증인은 패망하려니와 확실히 들은 사람의 말은 힘이 있느니라
29 악인은 자기의 얼굴을 굳게 하나 정직한 자는 자기의 행위를 삼가느니라
30 지혜로도 못하고, 명철로도 못하고 모략으로도 여호와를 당하지 못하느니라
31 싸울 날을 위하여 마병을 예비하거니와 이김은 여호와께 있느니라

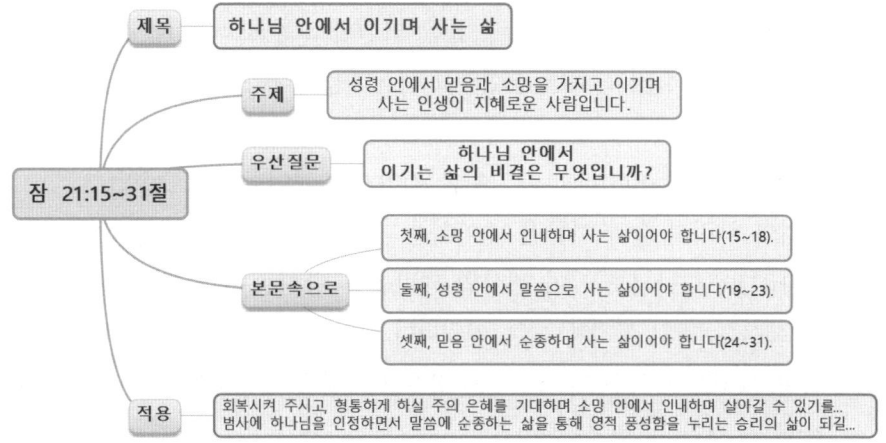

"싸울 날을 위하여 마병을 예비하거니와 이김은 여호와 께 있느니라"(잠 21:31).

📖 성령 안에서 믿음과 소망을 가지고 이기며 사는 것이 지혜로운 인생입니다.

☑ 하나님 안에서 이기는 삶의 비결은 무엇입니까?

🌿 소망 안에서 인내하기(15-18절)

정의를 행하는 것은 의인에게 즐거움이 됩니다(15절). 하나님을 그 앞에 모시고 살며 주의 법을 생명으로 여기는 자들은 영원한 즐거움에 거하게 될 것입니다(시 16:11, 119:77). 반면 명철의 길을 떠난 악인은 사망의 회중에 거하게 될 것입니다(16절). 여기서 '거하다'라는 말

잠언 21장 **237**

은 죽어서 쉬는 것을 뜻합니다. 욥은 극심한 고통을 겪을 때 차라리 평안히 누워서 자고 쉬면 좋겠다고 탄식했습니다(욥 3:13). 악인은 사망의 회중에 거하게 될 것이라는 말은, 이 땅에서 사는 동안 악인의 삶이 얼마나 무의미하고 무가치한 것인지를 보여 주는 표현입니다. 사치와 향락과 술과 기름을 좋아하는 자는 결코 부자가 될 수 없습니다(17절). 하나님보다 이 세상의 쾌락을 사랑하는 자는 풍성한 삶의 복을 누리지 못하게 되는 것입니다. 결국 악인은 의인을 구하기 위해, 그리고 사악한 자(사기꾼)는 정직한 사람을 대신하여 몸값을 치르게 될 것입니다(18절).

우리가 악인의 번영에 대하여 부러워하지 말아야 하는 이유는 결국 그들은 의인들의 대속물이 될 것이기 때문입니다. 하나님은 인생들을 역전해 가십니다. 혹 우리가 악인들의 간교한 모략으로 부당하게 고통을 겪을 수 있습니다. 그러나 그것은 잠시 잠깐이기에 고통 앞에서 절망할 것이 아니라, 반드시 회복시켜 주시고 형통케 하실 하나님을 기대하며 소망 안에서 인내하며 살아가야 합니다. 하나님은 바사의 고레스 왕을 택하여 바벨론을 멸망시킴으로 이스라엘을 바벨론 포로의 삶에서 회복시켜 주셨습니다. 우리도 우리 인생을 새롭게 하셔서 회복의 길로 이끌어 가실 하나님을 신뢰하며 살아가야 합니다. 또한 환난과 고난을 겪더라도 소망 안에서 인내함으로 이기며 살아가야 합니다.

❦ 성령 안에서 말씀으로 살기(19-23절)

'광야'는 사람이 거주할 수 없을 정도로 험악하고 척박한 곳입니다. 그런데 한 집에서 다투며 성내는 여인과 사는 것보다 차라리 광야에서 사는 것이 행복하다고 말합니다(19절). 다투며 성내는 것은 어리석은 자의 전형적인 특징입니다. 지혜가 있는 자는 현재의 즐거움과 만족보다는 미래를 염두에 두고 절약하여 늘 집에 귀한 보배와 기름이 있도록 하는 자입니다(20절). 그는 공의와 인자를 따라 구하는 자로서 생명과 공의와 영광을 얻게 됩니다(21절). 또한 의를 굳게 지키는 자는 생명에 이르고, 악을 따르는 자는 사망에 이릅니다(11:19). 그러므로 지혜로운 사람은 용사들이 지키는 성에 올라가 그들이 든든히 믿는 요새도 무너뜨립니다(22절, 새번역). 그리고 입과 혀를 지킬 수 있는 사람은 역경 속에서도 자기의 목숨을 지킬 수 있습니다(23절, 새번역).

인생을 형통하게 살아가기 위해서는 무엇보다 하나님의 지혜가 필요합니다. 하나님의 지혜는 곧 성령의 음성에 민감한 사람에게 주어집니다. 세상에서 좋은 것을 얻기 위해 마음의 생각과 삶의 행동이 인간적인 계산에만 맞추어져 있으면, 우리는 하나님께서 주시는 진짜 형통한 삶과는 거리가 멀어질 수밖에 없습니다. 그러므로 우리는 오늘 하루의 만족과 기쁨을 위해 시간과 힘을 투자할 것이 아니라, '생명의 길'(시 16:11)로 나아가는 영원한 기쁨과 만족을 구하며 살아가야 합니다. 형통한 삶으로 인도 받기 위해서는 하나님의 말씀에 대한 절대적인 신뢰가 있어야 합니다. 주야로 말씀을 묵상하고, 좌로나 우로나 치우치지 않고 그 말씀을 다 지켜 행할 때(수 1:8), 진정한 형통을 누리게 될 것입니다. 우리는 헛된 욕망과 욕심을 버리고, 성령 안에서 절대적으로 말씀을 신뢰함으로 이기며 살아가야 합니다.

❦ 믿음 안에서 순종하기(24-31절)

교만하고 무례한 자는 망령된 자라고 불립니다. 이는 아주 거만하기 때문입니다(24절). 교만하고 무례한 자들은 결국 공동체에 큰 해악을 끼칩니다. 게으르게 살아가는 자들은 자신의 탐욕과 욕심으로 자신을 죽이게 됩니다(25절). 온종일 탐하기만 하는 악인이 바친 제물은 본래 가증한데, 하물며 악한 동기로 바치는 경우라면 더욱 그렇습니다(26-27절). 세상 모든 지혜와 명철과 모략, 그리고 마병으로는 전능하신 하나님을 당할 수 없기에 그런 자들은 결국 비참한 최후를 맞이하게 될 것입니다(30-31절).

인간의 얕은 지식으로는 하나님의 깊은 뜻과 계획과 지혜를 다 헤아릴 수 없습니다. 하나님을 절대적으로 의지하고, 하나님의 뜻대로 순종하며 살아가는 것이 가장 지혜로운 태도입니다. 우리 인생의 모든 과정이 하나님의 작정과 섭리 가운데 있기 때문입니다. 그러므로 하나님의 말씀을 믿는 믿음 안에서 순종하며 살아가는 것은 우리의 마땅한 의무를 넘어 특권인 것입니다. 하나님이 우리에게 말씀하시는 것은 하나님께서 우리 삶을 풍성하게 하고, 악한 길에서 우리를 지켜 주신다는 것입니다. 그 은혜를 힘입어 우리는 범사에 하나님을 인정하면서 믿음 안에서 순종함으로 이기며 살아가야 합니다.

오늘도 회복시키시고 형통하게 하실 주의 은혜를 기대하며 소망 안에서 인내할 뿐 아니라, 모든 일에 하나님을 인정하고 말씀에 순종하는 삶을 통해 영적 풍성함을 누림으로 승리하며 살아갈 수 있기를….

행복의 시작, 예수 그리스도!
빛이 있으라.

잠언 22장

아침을 여는 묵상 41
(잠 22:1~16)

하나님을 온전히 경외하는 삶

1 많은 재물보다 명예를 택할 것이요 은이나 금보다 은총을 더욱 택할 것이니라
2 가난한 자와 부한 자가 함께 살거니와 그 모두를 지으신 이는 여호와시니라
3 슬기로운 자는 재앙을 보면 숨어 피하여도 어리석은 자는 나가다가 해를 받느니라
4 겸손과 여호와를 경외함의 보상은 재물과 영광과 생명이니라
5 패역한 자의 길에는 가시와 올무가 있거니와 영혼을 지키는 자는 이를 멀리 하느니라
6 마땅히 행할 길을 아이에게 가르치라 그리하면 늙어도 그것을 떠나지 아니하리라
7 부자는 가난한 자를 주관하고 빚진 자는 채주의 종이 되느니라
8 악을 뿌리는 자는 재앙을 거두리니 그 분노의 기세가 쇠하리라
9 선한 눈을 가진 자는 복을 받으리니 이는 양식을 가난한 자에게 줌이니라
10 거만한 자를 쫓아내면 다툼이 쉬고 싸움과 수욕이 그치느니라
11 마음의 정결을 사모하는 자의 입술에는 덕이 있으므로 임금이 그의 친구가 되느니라
12 여호와의 눈은 지식 있는 사람을 지키시나 사악한 사람의 말은 패하게 하시느니라
13 게으른 자는 말하기를 사자가 밖에 있은즉 내가 나가면 거리에서 찢기겠다 하느니라
14 음녀의 입은 깊은 함정이라 여호와의 노를 당한 자는 거기 빠지리라
15 아이의 마음에는 미련한 것이 얽혔으나 징계하는 채찍이 이를 멀리 쫓아내리라
16 이익을 얻으려고 가난한 자를 학대하는 자와 부자에게 주는 자는 가난하여 질 뿐이니라

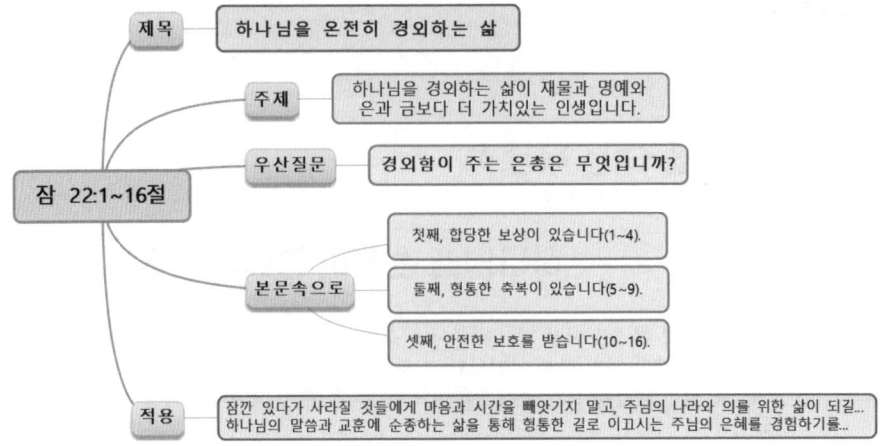

"겸손과 여호와를 경외함의 보상은 재물과 영광과 생명이니라"(잠 22:4).

📖 하나님을 경외하는 삶이 재물과 명예와 은과 금을 얻는 것보다 가치 있는 인생입니다.

☑ 하나님을 경외함으로 얻는 은총은 무엇입니까?

✤ 합당한 보상(1-4절)

재물과 은이나 금은 삶에 풍요로움을 주지만 쉽게 사라질 수 있습니다. 반면 명예나 은총은 영적인 유익이 될 뿐 아니라 영원히 기억되는 것입니다(1절). '명예'는 공의를 행하고 도덕적으로 바르게 살아 하나님과 사람들에게 의롭다고 인정받는 것을 말합니다. 그러므로 명예를 얻은 자는 슬기로운 자라 할 수 있습니다. 이들은 인생의 참된 행복과 하나님 앞에서 선하고 참된 가치가 무엇인지를 보여 줍니다. 우리는 재물보다 하나님의 은혜를 구해야 합니다. 그 모두를 지으신 이는 여호와이시기 때문입니다(2절). 슬기로운 자, 그리고 겸손하며 여호와를 경외하는 자에게는 합당한 보상이 주어지는데, 그것은 재물과 영광과 생명입니다(4절). 그러나 어리석은 자는 자기 앞에 닥친 재앙을 보고도 피하지 못해 결국 해를 당하게 됩니다(3절).

우리는 겸손함으로 하나님을 경외하며 살아갈 때, 하나님께 그에 합당한 보상과 은총을 받게 됩니다. 하나님을 경외하는 것은 악을 미워하는 것이며, 하나님을 향한 신실한 믿음을 갖는 것입니다. 이렇게 하나님을 온전히 경외하며 살아갈 때, 우리는 인생에 닥치는 재앙을 피하게 되고, 재물과 영광과 생명에 이르게 됩니다. 우리는 눈앞에 다가오는 재앙을 보고 숨어 피하지 못하는 어리석은 자가 되지 말아야 합니다. 오히려 하나님을 온전히 경외함으로 상황을 잘 분별하여 하나님의 능력이 역사하는 풍성한 생명의 삶을 누리는 슬기로운 자로 살아가야 합니다.

🌿 형통하는 복(5-9절)

패역한 자는 가시와 올무가 상징하는 고난과 고통의 삶을 살아가게 되겠지만, 자기 영혼을 지키는 자는 그런 것들에서 멀어집니다(5절). 영혼을 지킨다는 것은 궁극적으로 여호와를 경외하는 것을 말합니다. 그러므로 마땅히 아이에게 올바른 길을 가르쳐야 합니다. 그러면 늙어서도 그 길을 떠나지 않을 것입니다(6절). 부자는 가난한 자를 다스리고, 빚진 자는 꾸어 준 자의 종이 됩니다(7절). 또한 가난한 자들에게 악을 행하는 자는 재난을 거두게 되고 재앙의 날에 그 기세가 쇠할 것입니다(8절). 그러나 "선한 눈을 가진 자"(9절), 즉 다른 사람을 동정하는 사람은 복을 받습니다. 가난한 자와 자기 음식을 나누기 때문입니다. 선한 눈을 가진 지혜로운 자가 받는 은총은 악인이 일시적으로 차지하는 부요함이나 형통과는 달리 영원한 것입니다.

우리 자신을 지키고 형통한 인생으로 가는 유일한 길은 주의 말씀을 따라 사는 것입니다. 그러므로 어릴 때부터 자녀에게 하나님을 경외하는 법을 가르쳐야 합니다. 신앙 교육의 진정한 목적은 자녀들이 하나님을 배반하지 않고 신실하게 주의 언약을 지키는 자로 성장하게 하는 것입니다. 하나님의 성품을 좇아 선을 행하며 살아갈 때, 하나님은 그 삶에 형통의 복을 주십니다. 우리는 하나님을 믿는 사람답게 가난하고 힘든 상황에 있는 이웃에게 선을 행하며 살아가야 합니다. 다른 사람을 돕고 그들에게 베푸는 일에 인색하지 말아야 합니다. 그렇게 살아가는 사람에게 돌아오는 보상은 하나님의 형통하게 하시는 복입니다. 우리는 하나님을 온전히 경외하는 사람답게 자신보다 남을 더 낫게 여기고, 이웃을 위해 희생을 감수하며 살아감으로 주님의 영광스러움을 드러내야 합니다. 선한 눈과 양심을 가지고 살아감으로 형통의 복을 경험해야 합니다.

❦ 안전한 보호(10-16절)

일반적으로 공동체 안에서의 분쟁과 다툼은 스스로 잘난 체하며 남을 업신여기는 거만한 자들을 통해 일어납니다(10절). 그러나 마음의 정결함을 사모하며 덕을 끼치는 말을 하는 사람은, 고대 사회의 가장 권세 있는 사람인 임금까지도 자신의 친구로 삼는 영광을 누리게 됩니다(11절). 그리고 여호와의 눈은 지식 있는 자를 지키시지만, 사악한 사람의 말은 패하게 하십니다(12절). 여기서 '지식'은 하나님을 아는 지식을 말합니다. 아울러 '지식 있는 자'는 하나님을 경외하고 그의 법을 지켜 행하는 자를 의미합니다. 나아가 이러한 사람은 여호와의 보호하심을 받게 됩니다. 반면 게으른 자는 밖에 나가는 것이 귀찮아 터무니없는 변명을 늘어놓습니다(13절). "음녀의 입"(14절)은 죄를 짓도록 유혹하는 말로 여호와의 노를 당한 자는 거기에 빠지게 됩니다. 이익을 얻으려고 가난한 자를 학대하는 자는 재물의 주인이신 여호와께 심판을 받아 더욱 가난해질 것입니다(16절). 그러므로 아이에게는 그 마음에 있는 미련함을 바로잡고 그가 영적인 죽음의 길에서 벗어나도록 징계의 채찍을 아끼지 말아야 합니다(15절).

하나님의 말씀이 우리 안에 있으면 입술에서 은혜로운 말이 나옵니다. 그리고 행동에서는 사람들을 생명의 길로 인도하는 지혜가 나타납니다. 그러한 사람을 하나님은 보호하십니다. 그러나 불의한 방법으로 재물을 모으는 것에 대해서는 절대로 용납하지 않으십니다. 무엇보다 우리 자신이 안전하게 보호받기 위해서는 사람을 사귀는 일에도 지혜가 있어야 합니다. 교만하고 패역한 자를 멀리하고, 겸손한 자를 가까이하는 삶이 우리 자신이 안전하게 보호받는 길임을 잊지 말아야 합니다. 하나님을 온전히 경외하는 사람답게 살아갈 때 우리는 공의로우신 하나님 안에서 안전하게 보호받으며 살아갈 수 있습니다.

오늘도 잠깐 있다 사라질 것들에 마음과 시간을 빼앗기지 않고 주님의 나라와 의를 위해 살아갈 뿐 아니라, 하나님의 말씀과 교훈에 순종하는 삶을 통해 형통한 길로 인도하시는 주님의 은혜를 경험하며 살아갈 수 있기를….

**행복의 시작, 예수 그리스도!
빛이 있으라.**

잠언 22장

아침을 여는 묵상 42
(잠 22:17~29)

말씀 청종을 우선순위로 삼는 삶

17 너는 귀를 기울여 지혜 있는 자의 말씀을 들으며 내 지식에 마음을 둘지어다
18 이것을 네 속에 보존하며 네 입술 위에 함께 있게 함이 아름다우니라
19 내가 네게 여호와를 의뢰하게 하려 하여 이것을 오늘 특별히 네게 알게 하였노니
20 내가 모략과 지식의 아름다운 것을 너를 위해 기록하여
21 네가 진리의 확실한 말씀을 깨닫게 하며 또 너를 보내는 자에게 진리의 말씀으로 회답하게 하려 함이 아니냐
22 약한 자를 그가 약하다고 탈취하지 말며 곤고한 자를 성문에서 압제하지 말라
23 대저 여호와께서 신원하여 주시고 또 그를 노략하는 자의 생명을 빼앗으시리라
24 노를 품는 자와 사귀지 말며 울분한 자와 동행하지 말지니
25 그의 행위를 본받아 네 영혼을 올무에 빠뜨릴까 두려움이니라
26 너는 사람과 더불어 손을 잡지 말며 남의 빚에 보증을 서지 말라
27 만일 갚을 것이 네게 없으면 네 누운 침상도 빼앗길 것이라 네가 어찌 그리하겠느냐
28 네 선조가 세운 옛 지계석을 옮기지 말지니라
29 네가 자기의 일에 능숙한 사람을 보았느냐 이러한 사람은 왕 앞에 설 것이요 천한 자 앞에 서지 아니하리라

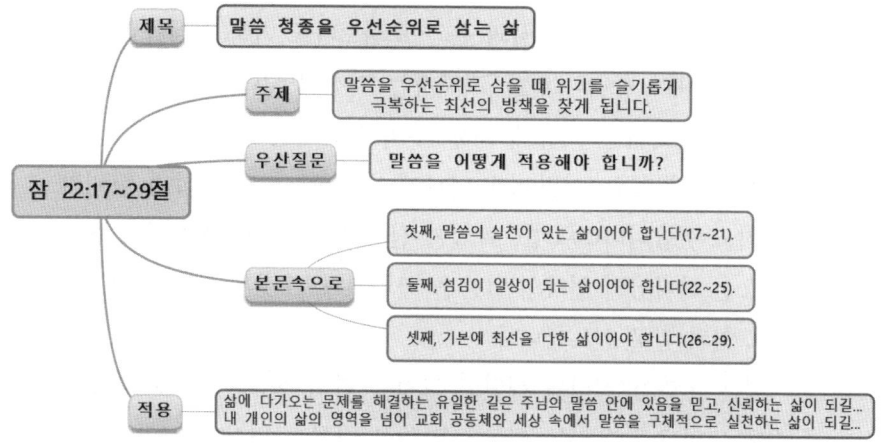

"너는 귀를 기울여 지혜 있는 자의 말씀을 들으며 내 지식에 마음을 둘지어다"(잠 22:17).

📖 말씀을 우선순위로 삼을 때, 위기를 슬기롭게 극복하는 최선의 방책을 찾게 됩니다.

☑ 말씀을 어떻게 적용해야 합니까?

🕊 말씀을 실천하기(17-21절)

귀를 기울여 지혜자의 말을 듣고, 마음에 간직하고, 입술로 말하면 우리에게 즐거움이 됩니다(17-18절). 인생의 참된 즐거움과 보람은 지혜를 소유하는 것과 온몸과 마음을 다하여 지혜의 말씀을 실천하는 데 있습니다. 여호와를 의뢰하며 살아가는 것이 가장 안전한 삶을 보장받을 수 있기에 금과 은과 보화보다도 더욱 지혜를 사모하고 힘써 구해야 합니다(19절). 지혜자는 자신이 모략과 지식의 아름다운 것을 기록하는 이유에 대해, 우리가 확실한 진리의 말씀을 깨닫고 우리에게 묻는 사람에게 바르게 대답할 수 있게 하려 함이라고 말하고 있습니다(20-21절). 확실한 진리의 말씀이란 진실하고 변함이 없으신 하나님의 언약의 말씀을 가리키며, 그것은 사람의 영혼을 살리고 의의 길로 인도합니다.

지혜는 우리가 진리를 깨닫고 그것을 따라 살 수 있도록 인도해 줍니다. 그러므로 우리는 깨달은 말씀을 다른 사람에게 전달함으로 그들 역시 진리 안에서 살아갈 수 있도록 해야 합니다. 그것이 하나님이 보시기에 아름다운 삶입니다. 또한 하나님의 말씀이 지식적으로 머리에만 머무르게 해서는 안 됩니다. 듣고 깨달은 말씀을 삶의 현장에서 구체적으로 적용하고 실천해야 합니다. 나아가 하나님의 능력과 지혜의 말씀이 교회 안에만 머무르도록 하는 것이 아니라 세상으로 들어가 세상을 변화시킬 수 있도록 함께 힘을 모아야 합니다. 악한 세상에서 살아가면서 말씀을 실천하는 것이 쉬운 일은 아니지만, 성령님의 일하심과 도우심을 믿고 신뢰함으로 불가능한 현실을 가능한 현실로 바꾸는 영적인 능력을 발휘해야 합니다. 이처럼 우리는 하나님의 말씀을 듣는 삶을 우선순위로 삼아 말씀의 실천이 있는 삶으로 나아가야 합니다.

🍃 섬김을 실천하기(22-25절)

사회적 약자들은 하나님의 특별한 관심과 돌보심의 대상입니다. 지혜자는 가난하다고 해서 그 가난한 사람에게서 함부로 빼앗지 말고(새번역), 약한 자를 성문에서 압제하지 말 것을 교훈하고 있습니다(22절, 쉬운성경). 하나님께서는 자기 백성 중 가난한 자들을 신원하시며, 궁핍한 자들을 학대한 자들을 벌하실 것입니다(23절). 하나님은 연약한 자들의 호소를 듣고, 그 억울함을 반드시 신원하여 주십니다. 하나님이 아벨의 피가 부르짖는 소리를 듣고 가인을 직접 저주하신 사건(창 4:10-11)이 이것을 증명합니다. 나아가 노를 품는 자나 성을 잘 내는 사람과 사귀지 말아야 합니다(24절). 그 행위를 본받아 올무에 빠질 수 있기 때문입니다(25절).

"가난한 자를 불공평하게 판결하여 가난한 내 백성의 권리를 박탈하며 과부에게 토색하고 고아의 것을 약탈하는 자는 화 있을진저"(사 10:2). 성경의 여러 곳에서 하나님은 연약한 자를 돌보지 않고, 그들에게 공정한 재판을 하지 않는 악한 행위에 대해 매우 무서운 심판을 경고하십니다. 그러므로 우리는 자신의 욕심과 이기심만을 내세워 부당한 방법으로 다른 사람을 속여 재산을 불리는 악한 생활에서 벗어나야 합니다. 하나님의 자녀답게 언제나 하나님의 뜻을 일상에서 찾고, 상대방을 배려하는 마음을 가져야 합니다. 예수 그리스도께서 본을 보여 주셨듯이 그리스도인의 삶은 마땅히 섬기는 삶이어야 합니다. 섬김은 결국 우리 자신을 변화시키고, 다른 이들에게는 감동을 줍니다. 우리는 무엇보다도 섬김이 가장 작은 것으로 가장 큰 것을 얻게 한다는 사실을 기억하며, 말씀을 듣는 삶을 우선순위로 삼아 섬김을 일상 가운데서 행해야 합니다.

기본에 최선을 다하기(26-29절)

지혜로운 사람은 타인의 보증을 서는 일에 매우 신중합니다. 만약 자신에게 갚을 돈이 없으면 누운 침상까지도 빼앗길 수 있기 때문입니다(26-27절). 여기서 침상을 빼앗긴다는 것은 기초 생활권을 침

해당하는 것을 말하는데, 보증을 섰다가 갚을 것이 없으면 이같이 비참한 일이 벌어진다는 것입니다. 더 나아가 토지의 경계를 나타내는 표식인 '옛 지계석'을 옮기지 말라고 명령합니다(28절). 지계석을 옮길 경우 삶의 터전을 빼앗기는 사람이 생기고, 또한 형제 사이에 종속 관계가 형성될 수도 있기 때문입니다. 그러므로 우리는 자기 일에 충실한 사람이 되어야 합니다. 그런 사람은 하찮은 사람이 아니라 왕을 섬기는 사람이 될 것입니다(29절).

우리는 어떤 일을 하든지 항상 기도하면서 하나님의 지혜를 구하되, 스스로도 주도면밀하게 계획을 세우고 절대로 후회하지 않을 선택을 해야 합니다. 경솔함과 성급함이 때로는 삶을 더욱 곤란에 이르게 할 수 있습니다. 사안의 심각성을 인식하여 섣부르게 행동하지 않도록 해야 합니다. 그러기 위해서는 신앙의 기본기를 잘 다져야 합니다. 집을 짓는 일에서 터를 다지고 주추를 놓는 기본이 중요하듯, 우리의 삶도 기본에 충실하고 최선을 다해야 든든한 집을 지을 수 있습니다. 신앙도 마찬가지입니다. 잘못된 판단과 선택으로 힘들게 쌓은 부를 한 순간에 잃어버려 물질적인 고통과 정신적인 아픔을 겪지 않도록 영적 기본기를 잘 다듬어 가야 합니다. 말씀을 듣는 삶을 우선순위로 삼아 신앙의 기본기에 충실하도록 최선을 다하며 살아가야 합니다.

오늘도 삶에서 다가오는 여러 가지 문제를 해결하는 길은 오직 주님의 말씀에 있음을 믿고 하나님을 신뢰할 뿐 아니라, 개인의 삶의 영역을 넘어 교회 공동체와 세상에서 말씀을 구체적으로 실천하는 방법을 찾아 최선을 다하며 살아갈 수 있기를….

행복의 시작, 예수 그리스도!
빛이 있으라.

잠언 23장

아침을 여는 묵상 43
(잠 23:1~14)

육체의 욕심을 제어하는 삶

1 네가 관원과 함께 앉아 음식을 먹게 되거든 삼가 네 앞에 있는 자가 누구인지를 생각하며
2 네가 만일 음식을 탐하는 자이거든 네 목에 칼을 둘 것이니라
3 그의 맛있는 음식을 탐하지 말라 그것은 속이는 음식이니라
4 부자 되기에 애쓰지 말고 네 사사로운 지혜를 버릴지어다
5 네가 어찌 허무한 것에 주목하겠느냐 정녕히 재물은 스스로 날개를 내어 하늘을 나는 독수리처럼 날아가리라
6 악한 눈이 있는 자의 음식을 먹지 말며 그의 맛있는 음식을 탐하지 말지어다
7 대저 그 마음의 생각이 어떠하면 그 위인도 그러한즉 그가 네게 먹고 마시라 할지라도 그의 마음은 너와 함께 하지 아니함이라
8 네가 조금 먹은 것도 토하겠고 네 아름다운 말도 헛된 데로 돌아가리라
9 미련한 자의 귀에 말하지 말지니 이는 그가 네 지혜로운 말을 업신여길 것임이니라
10 옛 지계석을 옮기지 말며 고아들의 밭을 침범하지 말지어다
11 대저 그들의 구속자는 강하시니 그가 너를 대적하여 그들의 원한을 풀어 주시리라
12 훈계에 착심하며 지식의 말씀에 귀를 기울이라
13 아이를 훈계하지 아니하려고 하지 말라 채찍으로 그를 때릴지라도 그가 죽지 아니하리라
14 네가 그를 채찍으로 때리면 그의 영혼을 스올에서 구원하리라

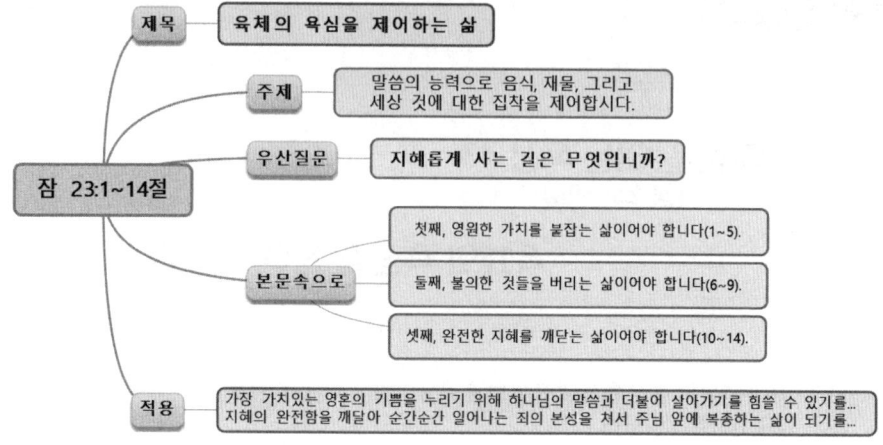

"네가 어찌 허무한 것에 주목하겠느냐 정녕히 재물은 스스로 날개를 내어 하늘을 나는 독수리처럼 날아가리라" (잠 23:5).

📖 말씀의 능력으로 음식이나 재물 등 세상 것에 대한 집착을 제어합시다.

☑ 육체의 욕심을 제어하는 지혜로운 삶은 어떤 삶입니까?

🕊 영원한 가치를 붙잡는 삶(1-5절)

"네가 관원과 함께 앉아 음식을 먹게 되거든 삼가 네 앞에 있는 자가 누구인지를 생각하며"(1절). 관원과 함께하는 식사는 순수한 식사가 아니라 복잡하고 심각한 문제가 될 수도 있기 때문입니다. 그러므로 이때는 분별력 있는 신중한 행동이 요구됩니다. 음식을 대접하는 주인에게 불의한 의도가 숨어 있을 수 있습니다(3절). 음식에 눈이 어두워 자신도 모르는 사이에 어리석은 일을 범할 수 있기에 지혜자는 목에 칼을 두어 이를 절제하라고 말하고 있습니다(2절). 재물 그 자체는 나쁜 것이 아니지만 부자가 되는 것이 인생의 목표가 되어서는 안 됩니다(4절). 재물은 스스로 날개를 내어 하늘을 나는 독수리처럼 날아가 버리기 때문입니다(5절).

우리는 보이는 현상에 마음을 빼앗기지 말고, 언제나 신중함과 슬기로움으로 직면한 현실에 지혜롭게 대처해야 합니다. 무엇보다 헛된 수고를 버리고 하나님 경외하기를 힘쓰는 삶을 통해 생명으로 인도함을 받아야 합니다. 우리가 손으로 잡을 수 있는 세상의 모든 것은 언제든 놓아야 할 때가 반드시 옵니다. 그러므로 그것이 인생의 목표가 되어서는 안 됩니다. 세상에서 가장 맛있는 음식을 먹는 것보다, 화려한 집에서 사는 것보다 더 소중하고 가치 있는 것은 하나님 안에서 누리는 영혼의 기쁨임을 잊지 말아야 합니다. 우리는 궁극적으로 의지해야 할 대상은 예수 그리스도이심을 깨닫고 그 영원한 가치를 붙잡아 육체의 욕심을 제어하며 살아가야 합니다.

✖ 불의한 것을 버리는 삶(6-9절)

"너는 인색한 사람의 상에서 먹지 말고, 그가 즐기는 맛난 음식을 탐내지 말아라"(6절, 새번역). 악인과 함께 음식을 먹는 것은 곧 악인의 사악한 일에 동참하는 것이기에 탐내지 말아야 합니다. "그 마음의 생각이 어떠하면"(7절)은 '계산하다'라는 뜻으로, 사람을 대할 때 항상 자신에게 유익이 되는지의 여부를 따져 상대를 이용하려는 이기적인 속성을 가리킵니다. 그러므로 우리는 상대방의 마음을 알 수 있는 이해력과 분별력을 가져야 합니다. 또한 악한 자와의 식탁 교제가 초래하는 결과는 조금 먹은 것도 토하고, 아름다운 말도 헛된 데로 돌아가는 것입니다(8절). 나아가 미련한 자의 귀에 말하지 말아야 하는데, 이는 그가 지혜로운 말을 업신여길 것이기 때문입니다(9절).

악한 자들의 유혹과 세상의 위험에서 우리 자신을 지킬 수 있는 방법은 하나님의 인도하심에 민감하게 반응하고, 하나님의 뜻에 순종하며 살아가는 것입니다. 하나님의 말씀을 언제나 가까이하고 그 말씀을 묵상하며 살아갈 때, 하나님의 지혜와 영적인 분별력을 갖게 되어 불의한 삶으로 나아가지 않게 됩니다. 그러므로 말씀이 삶과 판단의 기준이 되도록 하여 불의한 것을 우리 안에서 내버릴 수 있어야 합니다. 하나님의 말씀을 무시하고 자신의 고집대로 살아가면 결국 후회와 탄식만 남는다는 것을 기억하여 불의한 모든 것을 버리는 삶을 통해 육체의 욕심을 제어하며 살아가야 합니다.

완전한 지혜를 깨닫는 삶(10-14절)

"옛 지계석을 옮기지 말며 고아들의 밭을 침범하지 말지어다"(10절). 타인의 약함을 이용해 그를 핍박하고 자신의 이익을 취하는 행동에 대하여 하나님은 징계하십니다. 하나님은 그들의 보호자이시며, 강한 손으로 택한 백성을 인도하시는 분이기에 그들의 원한을 풀어 주십니다(11절). 또한 사람의 무지함을 일깨워 주고 참된 생명과 축복을 보장하는 지혜의 중요성을 깨달아야 합니다. 자녀를 과잉보호 하면 오히려 그 인생을 망치게 됩니다. 그러므로 자녀가 잘못을 저질렀을 때는 뉘우치고 바른길로 나아갈 수 있도록 훈계와 징계를 게을리해서는 안 됩니다(12-13절). "그에게 매질을 하는 것이,

오히려 그의 목숨을 스올에서 구하는 일이다"(14절, 새번역).

우리는 지혜롭고 선하게 살아갈 수 있는 은혜를 달라고 하나님께 기도해야 합니다. 인생에서 가장 지혜로운 것은 선하고 신실하신 하나님과 늘 동행하는 것입니다. 주와 동행하며 살아갈 때 참된 지혜를 얻게 됩니다. 나아가 지혜를 깨달을 때, 사회적 약자들에게 관심을 갖게 되고, 깊은 영성으로 세상을 압도하며 살아갈 수 있습니다. 더욱 간절히 기도해야 할 것은, 유혹과 시험으로 가득한 세상을 살아가는 사랑하는 자녀들이 하나님의 신실한 자녀로 살아가도록 참된 지혜를 깨닫는 것입니다. 그러므로 우리는 우리 자신과 사랑하는 자녀들이 말씀 앞으로 나아가 하나님의 지혜를 구하고, 말씀을 경청함으로 육체의 욕심을 제어할 수 있도록 기도해야 합니다.

오늘도 가장 가치 있는 영혼의 기쁨을 누리기 위해 하나님의 말씀과 더불어 살아가기를 힘쓸 뿐 아니라, 완전한 지혜로 순간순간 일어나는 죄의 본성을 이겨 주님 앞에 복종하며 살아갈 수 있기를….

행복의 시작, 예수 그리스도!
빛이 있으라.

잠언 23장

아침을 여는 묵상 44
(잠 23:15~35)

형통한 인생으로 나아가는 삶

15 내 아들아 만일 네 마음이 지혜로우면 나 곧 내 마음이 즐겁겠고
16 만일 네 입술이 정직을 말하면 내 속이 유쾌하리라
17 네 마음으로 죄인의 형통을 부러워하지 말고 항상 여호와를 경외하라
18 정녕히 네 장래가 있겠고 네 소망이 끊어지지 아니하리라
19 내 아들아 너는 듣고 지혜를 얻어 네 마음을 바른 길로 인도할지니라
20 술을 즐겨 하는 자들과 고기를 탐하는 자들과도 더불어 사귀지 말라
21 술 취하고 음식을 탐하는 자는 가난하여질 것이요 잠 자기를 즐겨 하는 자는 해어진 옷을 입을 것임이니라
22 너를 낳은 아비에게 청종하고 네 늙은 어미를 경히 여기지 말지니라
23 진리를 사되 팔지는 말며 지혜와 훈계와 명철도 그리할지니라
24 의인의 아비는 크게 즐거울 것이요 지혜로운 자식을 낳은 자는 그로 말미암아 즐거울 것이니라
25 네 부모를 즐겁게 하며 너를 낳은 어미를 기쁘게 하라
26 내 아들아 네 마음을 내게 주며 네 눈으로 내 길을 즐거워할지어다
27 대저 음녀는 깊은 구덩이요 이방 여인은 좁은 함정이라
28 참으로 그는 강도 같이 매복하며 사람들 중에 사악한 자가 많아지게 하느니라
29 재앙이 뉘게 있느뇨 근심이 뉘게 있느뇨 분쟁이 뉘게 있느뇨 원망이 뉘게 있느뇨 까닭 없는 상처가 뉘게 있느뇨 붉은 눈이 뉘게 있느뇨
30 술에 잠긴 자에게 있고 혼합한 술을 구하러 다니는 자에게 있느니라
31 포도주는 붉고 잔에서 번쩍이며 순하게 내려가나니 너는 그것을 보지도 말지어다
32 그것이 마침내 뱀 같이 물 것이요 독사 같이 쏠 것이며
33 또 네 눈에는 괴이한 것이 보일 것이요 네 마음은 구부러진 말을 할 것이며
34 너는 바다 가운데에 누운 자 같을 것이요 돛대 위에 누운 자 같을 것이며
35 네가 스스로 말하기를 사람이 나를 때려도 나는 아프지 아니하고 나를 상하게 하여도 내게 감각이 없도다 내가 언제나 깰까 다시 술을 찾겠다 하리라

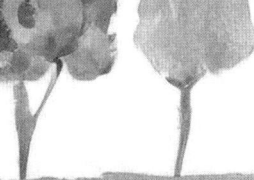

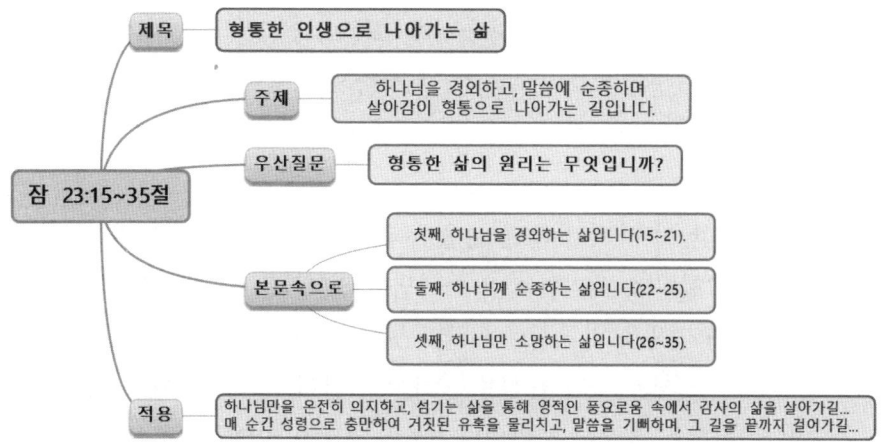

"네 마음으로 죄인의 형통을 부러워하지 말고 항상 여호와를 경외하라"(잠 23:17).

📖 하나님을 경외하고 말씀에 순종하며 살아감이 형통으로 나아가는 길입니다.

☑ 형통한 삶의 원리는 무엇입니까?

🔖 하나님을 경외하는 삶(15-21절)

자녀들이 지혜를 얻고 입을 열어 올바른 것을 말하며 살아갈 때 부모에게는 큰 기쁨이자 유익이 됩니다(15-16절). 이어 지혜자는 죄인의 형통을 부러워하지 말라고 명령합니다(17절). 죄란 하나님의 율법이라는 과녁을 맞히지 못하고 빗나가는 행위를 말합니다. 이는 곧 하나님의 주권에 대한 큰 도전입니다. 죄인의 결말은 패망이기에 우리는 그들의 형통을 부러워하지 말고 항상 여호와를 경외해야 합니다. 그러면 앞길이 환하게 열리고 소망이 끊어지지 않을 것입니다(18절).

'소망'이란 이 땅에서 복된 삶을 누리다 명예로운 죽음을 맞이하는 것을 말합니다. 이러한 복은 하나님을 경외하는 자에게 주어집니다. 아울러 인생을 바른길로 이끌지 못한 두 부류의 사람이 소개됩니다(19절). 첫째는 술과 음식을 탐하는 사람이고(20절), 둘째는 잠자기를 좋아하는 게으른 사람입니다(21절). 이들이 맞게 될 공통된 운명은 가난하게 살아간다는 것입니다.

"악을 행하는 자들 때문에 불평하지 말며 불의를 행하는 자들을 시기하지 말지어다"(시 37:1). 악인의 번영은 일시적이기에 안전하지 못합니다. 오직 주님과 함께하는 자만이 삶에서 안전함을 누릴 수 있습니다. 그러므로 우리는 허망한 것에 자신의 마음을 내어주지 않도록 하나님을 경외하는 삶에 공백을 만들지 말아야 합니다. 하나님을 경외하며 그분의 선하신 뜻에 합당하게 살아가고 있는 것 자체가 우리에게 가장 큰 복임을 잊지 말아야 합니다. 우리는 우리 삶의 한 부분만이 아니라 모든 영역에서 살아 계신 하나님의 절대적인 주권을 인정하며 그분만을 전적으로 의지할 때, 좋은 것으로 채워 주시는 은혜 아래 살아갈 수 있습니다. 하나님을 경외하며 살아가는 것이 형통으로 나아가는 삶입니다.

❦ 하나님께 순종하는 삶(22-25절)

"너를 낳은 아비에게 청종하고 네 늙은 어미를 경히 여기지 말지니라"(22절). 성경의 일관된 가르침은 자녀는 마땅히 부모를 공경해야 한다는 것입니다. '진리를 사고 판다'(23절)는 것은 영혼을 구원하는 진리를 세상의 헛된 재물이나 욕망과 바꾼다는 것입니다. 그러므로 진리를 사는 것은 반드시 해야 할 옳은 일이지만, 파는 것은 파멸의 길로 나아가는 것입니다. '의인'(24절)은 '지혜와 훈계와 명철'(23절)을 얻기 위해 애쓰고, 또 그것을 따라 살아가는 사람입니다. 그래서 의인을 자식으로 둔 아비는 크게 즐거울 것이라고 말합니다. 그 의인이 '지혜로운 자식'으로 표현되고 있는데, 이는 하나님의 말씀에 순종하는 사람입니다.

부모 공경은 단순히 육신의 부모의 말을 경청하고 순종하는 것을 넘어 하나님을 믿고 공경하는 것을 말합니다. 눈에 보이는 부모의 말도 듣지 않고 순종하지 않으면서, 눈에 보이지 않는 하나님의 뜻에 순종하며 살아간다는 것은 불가능하다는 것입니다. 그러므로 하나님의 자녀로서 하나님을 전심으로 사랑하고, 그분 앞에 순종하며 살아가는 것처럼 육신의 부모를 향해서도 그러해야 한다는 것입니다. 세상 사람들 중에도 부모를 극진히 섬기는 사람들이 있습니다. 하물며 하나님을 믿는 자녀라면 더욱 하나님을 사랑하는 마음으로 주께 하듯 육신의 부모를 공경해야 합니다. 또한 우리는 부모에게 최선을 다할 수 있는 시간이 얼마 남지 않았음을 인식해야 합니다. 부모 공경하기를 뒤로 미루다 부모가 불현듯 떠나고 나면 후회만 남을 것입니다. 이처럼 부모에게 순종하는 것이 곧 하나님께 순종하는 것이요, 또 하나님께 순종하며 사는 것이 형통한 인생으로 나아가는 삶입니다.

하나님만 소망하는 삶(26-35절)

"네 마음을 내게 주며 네 눈으로 내 길을 즐거워할지어다"(26절). 마음이 하나님을 향하지 않고 다른 곳에 있으면 하나님과의 관계가 분리됩니다. 반면 하나님과의 관계가 형성되면 지혜가 주는 복 안으로 들어가게 됩니다. 음녀의 유혹에 빠지는 것은 헤어 나올 수 없는 깊은 늪에 빠지는 것처럼 치명적인 결과를 가져옵니다(26-28절). 그런 사람은 도살장으로 끌려가는 소와 같이 멸망의 끝을 향해 가는 사람입니다. '재앙', '근심', '분쟁', '원망', '까닭 없는 상처', '붉은 눈'(29절)은 모두 술로 인하여 초래되는 좋지 않은 상황을 보여 줍니다. 이러한 술 취함은 개인뿐 아니라 공동체에도 악영향을 끼치는 요소라는 것입니다. 술에 취해 방탕하게 살면 당장은 쾌락을 얻을 수 있겠지만, 결국엔 독사에 물리는 것처럼 인생이 마비되고 죽음에 이를 수 있음을 간과해서는 안 됩니다(30-35절). "포도주는 붉고 잔에서 번쩍이며 순하게 내려가나니 너는 그것을 보지도 말지어다"(31절). 그러므로 지혜로운 자라면 술을 가까이하지 말아야 합니다.

사탄은 우는 사자와 같이 우리를 삼키려 달려들지만, 그 모습은 사납고 무서운 것이 아니라 너무나도 매혹적입니다. 그러므로 사탄의 유혹과 싸워 이기겠다는 생각보다는 피할 수 있는 지혜를 구하는 것이 현명한 선택입니다. 술은 마시면 마실수록 현실이 주는 고통을 잊고 삶이 행복해질 것이라고 착각하게 만듭니다. 그러다 정신이 흐려지게 하고, 또 다른 유혹에 빠지게 합니다. 결국 죄로 이끄는 악한 역할을 하게 된다는 것입니다.

그러므로 우리는 술이 갖는 중독성을 깊이 인식하여 술 자체를 아예 입에 대지 않는 것이 바르게 살아가는 방법임을 잊지 말아야 합니다. 술은 궁극적으로 문제를 해결해 주지 못합니다. 영혼이 사는 길은 오직 하나님만을 소망하며 살아가는 것입니다. 성령 충만을 통하여 영적 분별력을 가지고 말씀대로 실천하며 사는 것이 지혜입니다. 그러므로 우리는 참된 소망이 주님께만 있음을 믿고 살아가야 합니다.

오늘도 하나님만을 온전히 의지하고 섬기는 삶을 통해 영적인 풍요로움 속에서 감사하며 살아갈 뿐 아니라, 매 순간 성령으로 충만하여 거짓된 유혹을 물리치고 말씀을 기뻐하며 주께서 허락하신 이 길을 걸어갈 수 있기를….

행복의 시작, 예수 그리스도!
빛이 있으라.

잠언 24장

아침을 여는 묵상 45
(잠 24:1~22)

송이 꿀 같은 지혜를 얻는 삶

1 너는 악인의 형통함을 부러워하지 말며 그와 함께 있으려고 하지도 말지어다
2 그들의 마음은 강포를 품고 그들의 입술은 재앙을 말함이니라
3 집은 지혜로 말미암아 건축되고 명철로 말미암아 견고하게 되며
4 또 방들은 지식으로 말미암아 각종 귀하고 아름다운 보배로 채우게 되느니라
5 지혜 있는 자는 강하고 지식 있는 자는 힘을 더하나니
6 너는 전략으로 싸우라 승리는 지략이 많음에 있느니라
7 지혜는 너무 높아서 미련한 자가 미치지 못할 것이므로 그는 성문에서 입을 열지 못하느니라
8 악행하기를 꾀하는 자를 일컬어 사악한 자라 하느니라
9 미련한 자의 생각은 죄요 거만한 자는 사람에게 미움을 받느니라
10 네가 만일 환난 날에 낙담하면 네 힘이 미약함을 보임이니라
11 너는 사망으로 끌려가는 자를 건져 주며 살륙을 당하게 된 자를 구원하지 아니하려고 하지 말라
12 네가 말하기를 나는 그것을 알지 못하였노라 할지라도 마음을 저울질 하시는 이가 어찌 통찰하지 못하시겠으며 네 영혼을 지키시는 이가 어찌 알지 못하시겠느냐 그가 각 사람의 행위대로 보응하시리라
13 내 아들아 꿀을 먹으라 이것이 좋으니라 송이꿀을 먹으라 이것이 네 입에 다니라
14 지혜가 네 영혼에게 이와 같은 줄을 알라 이것을 얻으면 정녕히 네 장래가 있겠고 네 소망이 끊어지지 아니하리라
15 악한 자여 의인의 집을 엿보지 말며 그가 쉬는 처소를 헐지 말지니라
16 대저 의인은 일곱 번 넘어질지라도 다시 일어나려니와 악인은 재앙으로 말미암아 엎드러지느니라
17 네 원수가 넘어질 때에 즐거워하지 말며 그가 엎드러질 때에 마음에 기뻐하지 말라
18 여호와께서 이것을 보시고 기뻐하지 아니하사 그의 진노를 그에게서 옮기실까 두려우니라
19 너는 행악자들로 말미암아 분을 품지 말며 악인의 형통함을 부러워하지 말라
20 대저 행악자는 장래가 없겠고 악인의 등불은 꺼지리라
21 내 아들아 여호와와 왕을 경외하고 반역자와 더불어 사귀지 말라
22 대저 그들의 재앙은 속히 임하리니 그 둘의 멸망을 누가 알랴

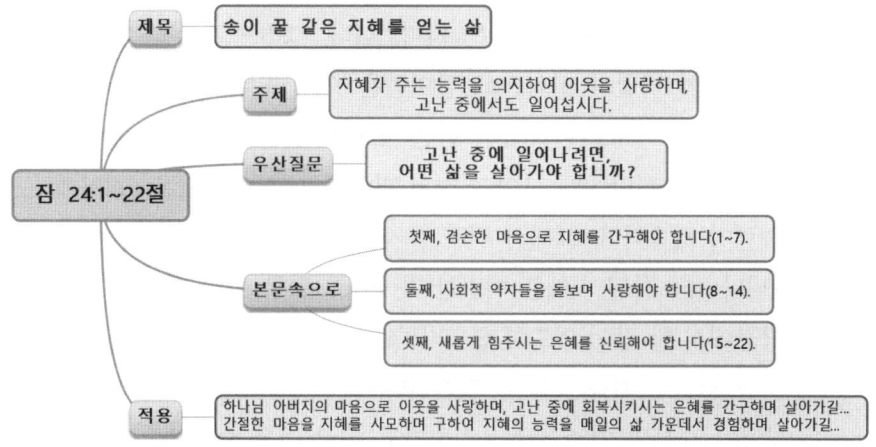

"대저 의인은 일곱 번 넘어질지라도 다시 일어나려니와 악인은 재앙으로 말미암아 엎드러지느니라"(잠 24:16).

📖 지혜가 주는 능력을 의지하여 이웃을 사랑하며 고난 중에도 일어섭시다.

☑ 고난 중에도 일어나려면 어떻게 살아가야 합니까?

🌿 겸손한 마음으로 지혜를 간구하기(1-7절)

지혜자는 마음으로 폭력만 꾀하고 입술로는 문제 일으킬 궁리만 하는 악인들을 부러워하지 말고, 그들의 친구가 될 생각도 하지 말라고 경고합니다(1~2절). 악인은 하나님의 진노의 심판을 받아 멸망할 수밖에 없는 자들입니다. 그렇기에 그들을 부러워한다는 것은 결국 그들과 같은 길을 가겠다는 의미입니다. 그러므로 우리는 우리 안에 지혜와 명철과 지식으로 말미암은 '아름다운 보배'를 채워야 합니다(3-4절). 지혜로운 사람이 힘센 자보다 낫고, 지식 있는 사람이 무사보다 낫습니다(5절). 나아가 참된 지혜를 소유한 사람은 그 자체로 능력이 있습니다. 그래서 전략과 지략을 가진 자는 전쟁에서 승리합니다(6절). 참된 지혜는 미련한 자에게는 너무 높이 있어서 성문 앞 광장에서 할 말이 없도록 합니다(7절). 지혜의 가치를 모르는 미련한 자는 결코 지혜를 얻을 수 없습니다.

지혜는 세상의 기준으로 노력한다고 해서 얻을 수 있는 것이 아닙니다. 지혜의 근원이신 하나님을 간절히 찾고 찾을 때 주어지는 것입니다. 그리고 이 지혜를 소유할 때 비로소 인생이 형통한 삶으로 나아갈 수 있습니다. 또한 하나님의 말씀을 날마다 묵상함으로 지혜를 얻어 하나님의 뜻을 분별할 수 있을 때, 하나님이 기뻐하시는 뜻에 순종하며 살아갈 수 있습니다. 지혜와 지식을 소유하며 살아가는 것이 승리하는 복된 삶의 비결입니다. 그러므로 우리는 날마다 겸손한 마음으로 하나님의 지혜를 구해야 합니다. "우리가 이 보배를 질그릇에 가졌으니 이는 심히 큰 능력은 하나님께 있고 우리에게 있지 아니함을 알게 하려 함이라"(고후 4:7). 우리는 질그릇처럼 약한 존재지만 보배이신 예수 그리스도를 모심으로 언제나 하나님께 쓰임 받고 있음에 감사하며, 지혜가 주는 실제적인 유익을 날마다 누리며 살아가야 합니다.

❦ 사회적 약자들을 돌보며 사랑하기(8-14절)

남을 해칠 음모를 꾸미는 사악한 자와 미련한 자는 죄지을 생각만 하고, 거만한 자는 사람들에게 혐오의 대상이 됩니다(8-9절). 미련한 사람은 환난을 당해도 그것을 이겨 내기 위한 어떤 노력도 하지 않을 뿐 아니라 쉽게 자포자기함으로 상황이 더욱 악화되게 만듭니다(10절). 우리는 삶의 모든 상황을 용기 있게 헤쳐 나가기 위해 지혜를 구해야 합니다. 무엇보다 '왕 같은 제사장'으로 부름을 받은 우리 그리스도인의 사명은 사망으로 끌려가는 자를 건져 주며, 살육을 당하게 된 자를 구원하기 위해 최선의 노력을 다하는 것입니다(11절). 이 일에 자신은 알 바 아니라며 비겁하게 물러서지 말아야 합니다. 하나님이 모든 것을 알고 계시고, 각 사람이 행한 대로 갚으실 것이기 때문입니다(12절). 우리는 꿀과 송이 꿀처럼 몸에 좋고 달콤한 하나님의 지혜의 말씀을 사모해야 합니다(13절). 결국 지혜를 찾으면 인생의 앞길이 열리고 소망이 끊어지지 않을 것입니다(14절).

하나님 아버지는 고통받는 우리 인간들과 함께 아파하셨습니다. 예수님도 고난받는 자가 우리의 이웃이라고 말씀하셨습니다. 오늘날 한국 교회와 그리스도인들은 고난과 절망과 아픔으로 애통해하고 있는 우리의 이웃에게 눈을 돌려 관심과 사랑을 베풀어야 합니다. 이는 곧 우리가 평생 지고 가야 할 십자가입니다.

이제 우리는 '누가 내 이웃인가'라는 좁은 틀 안에서 고민하지 말고, '나는 과연 고통 가운데 절망과 슬픔을 겪고 있는 사람들의 이웃이 되고 있는가'를 심도 있게 고민해야 합니다. "가난한 자를 보살피는 자에게 복이 있음이여 재앙의 날에 여호와께서 그를 건지시리로다"(시 41:1). 우리는 가난하고 소외되고 고통받는 이웃들을 마음에 품고 그들 편에 서서 그 아픔을 힘껏 보듬어 주어야 합니다. 그러기 위해서는 먼저 우리가 하나님의 지혜의 말씀을 금 곧 많은 순금보다 더 사모하는 것이 필요합니다. '꿀과 송이 꿀보다 더 달콤한'(시 19:10) 지혜의 말씀이 우리 삶을 지배하도록 해야 합니다. 그래서 그 말씀을 따라 사회적 약자들이 겪는 아픔과 고통을 우리 자신의 것으로 여기면서 그들의 진정한 이웃이 되어 주어야 합니다.

🕊 새로운 힘을 주시는 은혜를 신뢰하기(15-22절)

악한 자들은 의인의 집을 망가뜨리기 위해 끊임없이 기회를 노리고 있습니다(15절). 그러나 의인은 넘어지더라도 다시 일어납니다. "대저 의인은 일곱 번 넘어질지라도 다시 일어나려니와 악인은 재앙으로 말미암아 엎드러지느니라"(16절). 성경에서 '7'은 완전수입니다. 즉, 일곱 번 넘어지는 것은 완전한 멸망을 의미합니다. 악인들의 계획은 외형적으로는 성공을 거둔 것처럼 보이지만, 궁극적으로 의인은 흥하고, 악인은 망하게 됩니다. 하나님은 "네 원수가 넘어질 때에 즐거워하지 말며 그가 엎드러질 때에 마음에 기뻐하지 말라"(17절)라고 명령하십니다. 그리고 장래의 소망이 없고, 등불도 곧 꺼질 악인에 대하여 불평하지도, 부러워하지도 말라고 하십니다(18-19절). 그러므로 우리는 여호와와 왕을 경외하고, 반역자와 더불어 사귀지 말아야 합니다(21절). 그들에게 임할 재앙을 막을 수 있는 사람이 없기 때문입니다(22절).

예수님을 믿지 않는데도 형통하고 인생에 아무런 문제도 없는 사람들을 볼 때면 가끔 하나님이 불공평하시다는 생각이 들기도 합니다. 그러나 결국 깨닫게 되는 것은 믿음 생활을 성실하게 잘해도 넘어지고 실패할 수 있다는 것입니다. 성경에서 동방의 의인이라고 소개된 욥도 인간으로서 너무나 감당하기 어려운 고난을 당했습니다. 요셉, 모세, 베드로, 다윗 역시 믿음의 실패와 말로 다 할 수 없는 고난의 시기를 경험했습니다. 그런데 성경은 결국 이들이 다시 회복되고 일어섰다고 말씀하고 있습니다.

우리도 살다 보면 예상하지 못한 어려움을 만날 때가 있습니다.

요즘 왜 이러나 싶을 정도로 문제가 계속해서 발생할 때도 있습니다. 그럼에도 하나님은 수도 없이 넘어지고 쓰러져 아파하는 우리가 다시 일어설 수 있도록 늘 힘을 주시고 붙들어 주십니다. 우리가 아무리 망가졌더라도 하나님의 손은 강하십니다. 그 강한 손으로 우리를 기가 막히게 회복시키십니다. 그러므로 우리는 어려움 가운데서도 새롭게 힘주셔서 일어설 수 있도록 도우시는 하나님을 신뢰하며 살아가야 합니다.

오늘도 하나님의 지혜를 가진 자답게 아버지의 마음으로 이웃을 사랑하고 고난 중에 회복시키시는 은혜를 간구하며 살아갈 뿐 아니라, 간절한 마음으로 지혜를 사모하며 구하여 그 능력을 경험하며 살아갈 수 있기를….

행복의 시작, 예수 그리스도!
빛이 있으라.

잠언 24장

아침을 여는 묵상 46
(잠 24:23~34)

지혜의 말씀과 교훈을 실천하는 삶

23 이것도 지혜로운 자들의 말씀이라 재판할 때에 낯을 보아 주는 것이 옳지 못하니라
24 악인에게 네가 옳다 하는 자는 백성에게 저주를 받을 것이요 국민에게 미움을 받으려니와
25 오직 그를 견책하는 자는 기쁨을 얻을 것이요 또 좋은 복을 받으리라
26 적당한 말로 대답함은 입맞춤과 같으니라
27 네 일을 밖에서 다스리며 너를 위하여 밭에서 준비하고 그 후에 네 집을 세울지니라
28 너는 까닭 없이 네 이웃을 쳐서 증인이 되지 말며 네 입술로 속이지 말지니라
29 너는 그가 내게 행함 같이 나도 그에게 행하여 그가 행한 대로 그 사람에게 갚겠다 말하지 말지니라
30 내가 게으른 자의 밭과 지혜 없는 자의 포도원을 지나며 본즉
31 가시덤불이 그 전부에 퍼졌으며 그 지면이 거친 풀로 덮였고 돌담이 무너져 있기로
32 내가 보고 생각이 깊었고 내가 보고 훈계를 받았노라
33 네가 좀더 자자, 좀더 졸자, 손을 모으고 좀더 누워 있자 하니
34 네 빈궁이 강도 같이 오며 네 곤핍이 군사 같이 이르리라

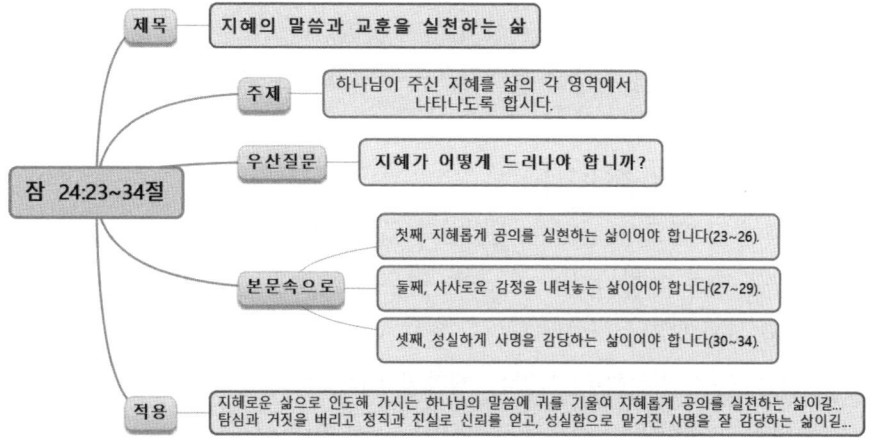

"네가 좀더 자자, 좀더 졸자, 손을 모으고 좀더 누워 있자 하니 네 빈궁이 강도같이 오며 네 곤핍이 군사같이 이르리라"(잠 24:33-34).

📖 하나님이 주신 지혜가 삶의 모든 영역에서 나타나도록 합시다.

☑ 지혜가 어떻게 드러나야 합니까?

🌿 공의를 실현함으로(23-26절)

재판은 공정한 기준이 적용되어야 합니다. "재판할 때에 낯을 보아 주는 것"(23절)은 한쪽으로 치우쳐 불공정한 판결을 내리는 것을 뜻합니다. 이러한 행동은 공의를 요구하시는 하나님의 뜻을 거역하는 패역한 행동입니다. 재판장이 옳지 못한 판단을 할 때, 그는 모든 공동체 구성원의 원망을 듣게 될 뿐 아니라 지도자로서의 권위까지 추락하게 됩니다(24절). 그러나 악인을 꾸짖는 사람은 기쁨을 얻고, 좋은 복도 받을 것입니다(25절).

"적당한 말로 대답함은 입맞춤과 같으니라"(26절). 적절한 대답은 사람을 기쁘게 합니다(15:23). 또한 경우에 알맞은 말은 은쟁반에 담긴 금 사과와 같습니다(25:11).

하나님을 경외하는 사람은 재판할 때 주변 상황이나 압박에 무관하게 공정함과 공평함으로 판결해 그로 인하여 억울하게 고통받는 사람이 없도록 해야 합니다. 넓은 의미에서 재판은 그리스도인이 일상의 삶에서 정직하고 신실하게 살아가는 것이라 할 수 있습니다. 그리스도인은 하나님 앞에서 이 땅을 공의와 정의가 넘치는 하나님이 원하시는 나라로 만들어 가야 할 책임이 있습니다. 그러므로 우리는 거만하고 어리석은 자들을 꾸짖을 수 있는 용기를 가져야 합니다. 용기 있는 삶은 하나님과 사람들의 인정과 위로부터 오는 복의 통로가 되는 것입니다. 우리는 어디서나 올바르게 판단하여 하나님의 공의를 실현함으로 하나님을 기쁘시게 하는 신실한 증인으로 살아가야 합니다.

우리는 종종 성도 간에 일어난 갈등에 대해 듣게 됩니다. 이때 한쪽 사람의 말만 듣고 섣부르게 판단을 내려 버리면 분명 상처받는 사람이 생깁니다. 그러므로 자신의 판단을 성도들 앞에서 함부로 이야기하면 안 됩니다. 듣는 것에서 끝내는 것이 좋습니다. 이때 우리가 할 일은 기도입니다. 이처럼 우리는 올곧은 믿음 안에서 지혜롭게 공의를 실천하며 살아가야 합니다.

🕊 사사로운 감정을 내려놓음으로(27-29절)

"네 일을 밖에서 다스리며 너를 위하여 밭에서 준비하고 그 후에 네 집을 세울지니라"(27절). 이는 인생에서 우선순위가 무엇인지를 보여 줍니다. 집을 세우기 위해 먼저 해야 하는 것은 물질적인 필요를 채우는 것입니다. 한마디로 자기 자신이 온전히 서 있지 못하면 건전한 가정을 세울 수 없다는 의미입니다. '까닭 없이'(28절) 곧 '근거 없이' 정확한 상황도 모르면서 필요 이상으로 남의 일에 끼어들어 증인 역할을 하는 것은 오히려 분쟁을 더 크게 만들 수 있습니다. 또한 지혜자는 개인적 차원의 보복 행위에 대해서도 경계해야 한다고 교훈하고 있습니다(29절). 사적인 감정에서 나오는 보복은 끝없는 피의 복수를 불러일으킬 수 있기에 하나님 나라의 원리와는 맞지 않습니다.

그리스도인은 어떠한 상황에서도 진실한 모습을 보여야 합니다. 개인의 이익을 위해 거짓을 말하고, 불의한 자들과 한편이 되어 세상의 욕망을 이룰지라도 그것은 그 인생에 진정한 행복을 줄 수 없습니다. 하나님은 거짓을 가증스럽게 여기시고, 개인의 이익을 위해 거짓말하는 자를 혐오하신다는 것을 깨달아야 합니다. 그러므로 우리가 우리 자신의 능력에 따라 열심히 일하고, 거짓에 동참하지 않으며, 진리만을 추구하며 살아갈 때, 결국 사람들의 신뢰와 사랑을 얻을 수 있습니다. 그리스도인은 사사로운 감정과 이익을 내려놓고 정직과 진실함으로 하나님과 이웃에게 신뢰를 얻으며 살아가야 합니다.

성실하게 사명을 감당함으로(30-34절)

우리는 삶의 태도를 보면 그 사람이 게으른 사람인지, 아니면 부지런하고 성실한 사람인지 알 수 있습니다. 지혜자는 게으른 자의 밭과 지혜 없는 자의 포도원을 지나가 보니, 가시덤불이 사방을 덮고 있으며, 잡초가 무성하고, 돌담은 여기저기 무너져 있었다고 말합니다(30-31절). 지혜 없는 자는 일할 마음이 전혀 없는 사람인 것입니다. 그러면서 깨우친 것을 고백합니다. "네가 좀더 자자, 좀더 졸자, 손을 모으고 좀더 누워 있자 하니 네 빈궁이 강도같이 오며 네 곤핍이 군사같이 이르리라"(33-34절). 게으름의 결국은 빈궁과 곤핍입니다.

지혜자는 '게으른 자'를 지혜 없는 자 곧 미련한 자로 여기고 있습니다. 게으른 생활 자체가 하나님의 지혜를 받아들이지 않은 삶의 모습이기에 하나님은 그런 사람들을 인정하시지 않습니다. 예수님도 게으름을 악과 관련하여 말씀하셨습니다. "악하고 게으른 종"(마 25:26)은 주인이 맡겨 놓은 달란트를 잘 관리하지 않고, 맡겨진 일에 성심을 다하지 않아 꾸지람을 듣습니다. 성실하고 부지런한 사람이 풍성한 열매를 얻습니다. 또한 심는 대로 거두는 것이 자연의 법칙이자 하나님 나라의 법칙입니다. 우리는 부지런히 하늘의 것을 땅에 심어야 합니다.

우리는 현재 삶의 안락함과 편안함에 안주하는 것이 아니라, 미래에 주어질 축복의 열매들을 바라보며 계속해서 성실하게 사명을 감당해 나가야 합니다. 육체적으로나 영적으로나 모든 게으름을 버리고 열심히 주님을 사랑하고, 주님이 주신 사명을 잘 감당함으로 복음의 열매를 맺으며 살아가야 합니다.

오늘도 지혜로운 삶으로 인도해 가시는 하나님의 말씀에 귀 기울여 하나님의 공의를 삶의 자리에서 실천할 뿐 아니라, 탐심과 거짓을 버리고 정직과 진실함으로 하나님과 이웃들에게서 신뢰를 얻고, 성실함으로 맡겨진 사명을 잘 감당하며 살아갈 수 있기를….

행복의 시작, 예수 그리스도!
빛이 있으라.

잠언 25장

아침을 여는 묵상 47
(잠 25:1~14)

타인의 마음을 시원하게 하는 삶

1 이것도 솔로몬의 잠언이요 유다 왕 히스기야의 신하들이 편집한 것이니라
2 일을 숨기는 것은 하나님의 영화요 일을 살피는 것은 왕의 영화니라
3 하늘의 높음과 땅의 깊음 같이 왕의 마음은 헤아릴 수 없느니라
4 은에서 찌꺼기를 제하라 그리하면 장색의 쓸 만한 그릇이 나올 것이요
5 왕 앞에서 악한 자를 제하라 그리하면 그의 왕위가 의로 말미암아 견고히 서리라
6 왕 앞에서 스스로 높은 체하지 말며 대인들의 자리에 서지 말라
7 이는 사람이 네게 이리로 올라오라고 말하는 것이 네 눈에 보이는 귀인 앞에서 저리로 내려가라고 말하는 것보다 나음이니라
8 너는 서둘러 나가서 다투지 말라 마침내 네가 이웃에게서 욕을 보게 될 때에 네가 어찌할 줄을 알지 못할까 두려우니라
9 너는 이웃과 다투거든 변론만 하고 남의 은밀한 일은 누설하지 말라
10 듣는 자가 너를 꾸짖을 터이요 또 네게 대한 악평이 네게서 떠나지 아니할까 두려우니라
11 경우에 합당한 말은 아로새긴 은 쟁반에 금 사과니라
12 슬기로운 자의 책망은 청종하는 귀에 금 고리와 정금 장식이니라
13 충성된 사자는 그를 보낸 이에게 마치 추수하는 날에 얼음 냉수 같아서 능히 그 주인의 마음을 시원하게 하느니라
14 선물한다고 거짓 자랑하는 자는 비 없는 구름과 바람 같으니라

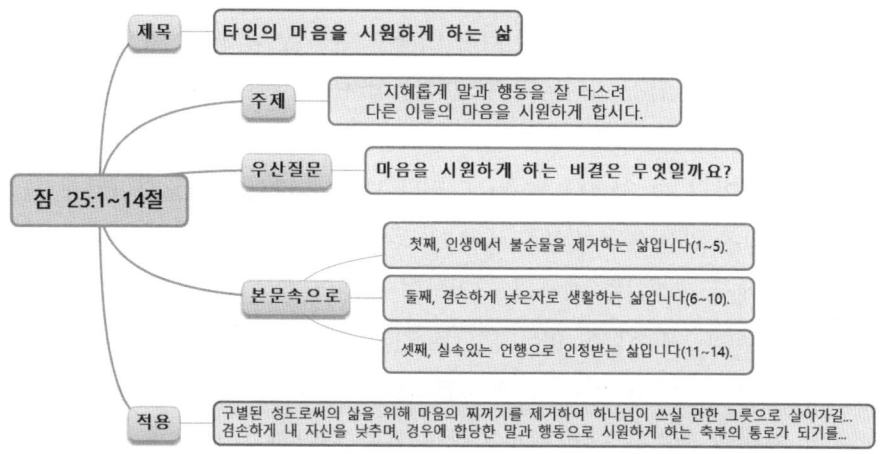

"충성된 사자는 그를 보낸 이에게 마치 추수하는 날에 얼음냉수 같아서 능히 그 주인의 마음을 시원하게 하느니라"(잠 25:13).

📖 말과 행동을 지혜롭게 다스려 다른 이들의 마음을 시원하게 합시다.

☑ 다른 이들의 마음을 시원하게 하는 비결은 무엇일까요?

🌱 인생에서 불순물 제거하기(1-5절)

유다의 히스기야 왕은 아사, 요시야와 더불어 이스라엘에서 좋은 왕으로 평가받은 왕입니다. 본문 25장은 히스기야 왕의 신하들이 편집한 솔로몬의 잠언입니다(1절). 하나님께서 일을 숨기신다는 것(2절)

은 하나님이 인간의 모든 지식과 이해의 범주를 넘어서는 분이심을 보여 줍니다. 이는 하나님의 주권적인 섭리를 인간이 다 알 수 없다는 것입니다. 하나님의 일을 살펴 공의롭게 통치해야 하는 왕의 마음 또한 헤아릴 수 없습니다(3절). 그러나 백성을 다스리도록 하나님께 세움 받은 왕은 일을 살핌으로써 그 직무를 다해야 합니다(2절).

"은에서 찌꺼기를 제하라 그리하면 장색의 쓸 만한 그릇이 나올 것이요"(4절). 불순물이 없는 은으로 값진 그릇을 만들 수 있는 것처럼, 왕은 불순물과 같은 악한 자를 제해야 합니다. 여기서 '악한 자'는 자신의 권력을 남용하여 가난한 자를 억압하고, 나아가 왕에게 충성을 다하지 않는 자입니다. 그러므로 은의 찌꺼기를 제거하듯 악인도 제거해야 합니다. 그러면 그 왕위가 의로 말미암아 견고히 서게 됩니다(5절).

왕 같은 제사장으로 부름 받은 우리는 악한 자들을 멀리하고, 우리 안에 있는 죄악의 찌꺼기를 제거하여 하나님의 뜻에서 벗어나지 않는 삶을 책임감 있게 살아가야 합니다. 아무리 뛰어난 장인이 멋진 그릇을 만들었더라도 그 안에 작은 불순물이라도 섞여 있으면, 그 그릇의 가치는 떨어질 수밖에 없습니다. 아무리 화려한 신앙의 이력을 가지고 있다 해도 그 신앙에 죄악의 찌꺼기가 섞여 있다면, 하나님께 온전히 쓰임 받지 못합니다. 반면 우리가 불의하고 불성실한 삶의 찌꺼기를 제거하여 바르게 살아간다면, 다른 사람들에게 큰 기쁨이 될 수 있습니다.

❦ 겸손하게 낮은 자로 생활하기(6-10절)

"왕 앞에서 스스로 높은 체하지 말며…이리로 올라오라고 말하는 것이…저리로 내려가라고 말하는 것보다 나음이니라"(6-7절). 교만하여 자신에게 맞지 않는 높은 자리에 올라가면 수치를 당하며 내려오게 된다는 것입니다. 또한 이웃과의 갈등 상황에서 성급하게 소송하지 말아야 합니다. 이웃의 전후 사정을 통해 오히려 수치를 당할 수 있기 때문입니다(8절). 혹 이웃과 다투더라도 변론만 할 뿐 그의 비밀을 퍼뜨리지 말아야 합니다(9절). 그것을 듣는 자가 오히려 우리를 망신시킬 것이요, 결국 나쁜 평판이 우리를 계속 따라다닐 것이기 때문입니다(10절).

우리는 자신의 자리가 어디인지를 정확하게 판단해야 부끄러움을 당하지 않게 됩니다. 나아가 우리 자신이 마땅히 누려도 될 만한 그 자리보다 더 낮은 곳으로 가는 것이 진정으로 높아지는 것임을 잊지 말아야 합니다. 또한 겸손하고 성실하게 맡겨진 사명에 충성을 다할 때, 우리는 하나님과 사람들에게서 칭찬과 인정을 받게 될 것입니다. 하나님은 겸손한 자를 붙드시고 악인은 땅에 엎드러지게 하시는 분이기 때문입니다(시 147:6). 또한 교만한 자를 낮추시고, 겸손한 자를 높이시는 분이기 때문입니다. 하나님 아버지는 종의 모습으로 죽기까지 복종하셨던 예수님에게 모든 이름 위에 뛰어난 이름을 주셨습니다.

그러므로 우리가 겸손하게 자신을 낮춘다면, 다른 사람들이 오히려 우리를 높여 줄 것입니다. 궁극적으로는 하나님이 높여 주실 것입니다. 특히 목사를 비롯한 교회 중직자들이 권위를 내세우고 대접만 받는 것이 아니라 더 낮은 자세로 성도들을 잘 섬길 수 있어야 합니다. 그럴 때 교회 공동체 전체가 행복해지고 그 마음이 시원해집니다.

🕊 실속 있는 말과 행동 하기(11-14절)

지혜로운 사람은 "경우에 합당한 말"(11절)을 합니다. 이러한 말은 은쟁반에 놓인 금 사과와 같습니다. 아울러 지혜로운 사람의 책망은 그것을 듣는 사람의 귀에 금귀고리와 순금 장식과 같습니다(12절). 이는 지혜자의 충고에 순종하는 것이 매우 가치 있는 일임을 말하는 것입니다. 종이 주인의 필요를 알고 그 일을 충성스럽게 잘 감당하는 것은 얼음냉수와 같이 주인의 마음을 시원하게 합니다(13절). 반대로 선물한다고 말만 하는 사람은 비 없는 구름과 바람 같습니다(14절).

경우에 합당한 말은 어떤 귀금속 공예품보다 더 값지고 귀합니다. 우리는 교훈을 잘 듣고, 좋은 소식을 전하며, 실속 없는 말을 잘 분별할 수 있어야 합니다. 세상 사람들에게 인정받으며 살아가는 것은 결코 쉽지 않습니다. 더구나 허황한 말만 좇느라 하나님의 말씀과 가르침을 소홀히 한다면 세상에서 더욱 곤란한 상황에 처할 수 있음을 잊지 말아야 합니다. 그러므로 우리는 하나님의 뜻을 세상에 잘 전할 수 있는 실속 있는 언행으로 사람들에게서 인정받을 뿐 아니라 그들의 마음을 시원하게 하는 지혜로운 자로 살아가야 합니다.

오늘도 구별된 성도로서 마음의 찌꺼기를 제거하여 하나님이 쓰실 만한 그릇으로 살아갈 뿐 아니라, 겸손하게 자신을 낮추며 경우에 합당한 말과 행동으로 다른 이들의 마음을 시원하게 하는 축복의 통로로 살아갈 수 있기를….

행복의 시작, 예수 그리스도!
빛이 있으라.

잠언 25장

아침을 여는 묵상 48
(잠 25:15~28)

기쁨과 화목의 통로로 살아가는 삶

15 오래 참으면 관원도 설득할 수 있나니 부드러운 혀는 뼈를 꺾느니라
16 너는 꿀을 보거든 족하리만큼 먹으라 과식함으로 토할까 두려우니라
17 너는 이웃집에 자주 다니지 말라 그가 너를 싫어하며 미워할까 두려우니라
18 자기의 이웃을 쳐서 거짓 증거하는 사람은 방망이요 칼이요 뾰족한 화살이니라
19 환난 날에 진실하지 못한 자를 의뢰하는 것은 부러진 이와 위골된 발 같으니라
20 마음이 상한 자에게 노래하는 것은 추운 날에 옷을 벗음 같고 소다 위에 식초를 부음 같으니라
21 네 원수가 배고파하거든 음식을 먹이고 목말라하거든 물을 마시게 하라
22 그리 하는 것은 핀 숯을 그의 머리에 놓는 것과 일반이요 여호와께서 네게 갚아 주시리라
23 북풍이 비를 일으킴 같이 참소하는 혀는 사람의 얼굴에 분을 일으키느니라
24 다투는 여인과 함께 큰 집에서 사는 것보다 움막에서 혼자 사는 것이 나으니라
25 먼 땅에서 오는 좋은 기별은 목마른 사람에게 냉수와 같으니라
26 의인이 악인 앞에 굴복하는 것은 우물이 흐려짐과 샘이 더러워짐과 같으니라
27 꿀을 많이 먹는 것이 좋지 못하고 자기의 영예를 구하는 것이 헛되니라
28 자기의 마음을 제어하지 아니하는 자는 성읍이 무너지고 성벽이 없는 것과 같으니라

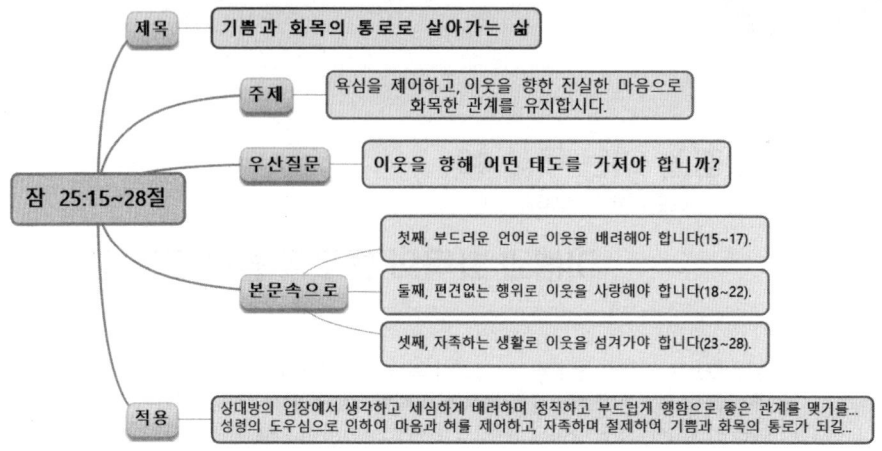

"네 원수가 배고파하거든 음식을 먹이고 목말라하거든 물을 마시게 하라"(잠 25:21).

📖 욕심을 제어하고 이웃을 향한 진실한 마음으로 화목한 관계를 유지합시다.

☑ 이웃을 향해 어떤 태도를 가져야 화목할 수 있습니까?

🌿 부드러운 언어로 이웃을 배려하기(15-17절)

'오래 참는 자'는 '부드러운 혀'를 가진 사람입니다(15절). '부드러운 혀'를 가진 사람이란 친절하고 관대한 말을 하는 사람을 말합니다. 이런 사람은 관원도 설득할 수 있고, 힘을 상징하는 뼈도 녹일 수 있습니다(15절). 이는 때로는 사람의 말이 세상의 어떤 권력보다 더 큰 힘을 지니고 있음을 보여 줍니다. 우리는 아무리 좋은 것이라도 지나치게 욕심내지 말고 절제해야 합니다(16절). 그리고 아무리 가까운 사람이라도 적당한 예의와 상대방을 생각하는 마음을 가져야 합니다(17절).

따뜻한 말 한마디와 은혜로운 말 한마디면 충분히 이웃과 화목하게 지낼 수 있습니다. 생각 없는 말 한마디, 잠깐의 순간을 참지 못해 내뱉은 말 한마디가 문제를 더 키우거나 화해보다는 갈등의 골이 더 깊어지게 하는 것입니다. 도저히 풀리지 않을 것 같았던 인생의 문제가 오래 참고 지혜롭게 말할 때 생각보다 쉽게 해결되는 경우가 있습니다. 그러므로 차라리 말을 많이 하기보다는 잘 들어 주는 사람이 되어야 합니다.

"분노를 오래 참으면 지배자도 설득되고, 부드러운 혀는 뼈도 녹일 수 있다"(15절, 새번역). 우리는 그리스도인으로서 이웃에게 상처를 주는 삶이 아닌, 이웃의 아픔과 상처를 치유해 줄 수 있는 절제되고 경건한 믿음의 삶을 살아야 합니다. 자신의 욕심을 앞세우는 것이 아니라, 말씀의 훈계를 잘 듣고 시의적절한 언어생활로 이웃을 배려하는 삶을 통해 기쁨과 화목의 통로가 되어야 합니다.

❦ 편견 없는 행동으로 이웃을 사랑하기(18-22절)

이웃에 대한 거짓 증거는 이웃을 매우 고통스럽게 하며 죽음에까지 이르게 하는 패역한 죄악입니다(18절). 즉, 이웃을 해치려는 의도로 거짓 증거 하는 자는 그 혀가 곧 살인 무기가 되는 끔찍한 결과를 초래합니다. 환난 날에 진실하지 못한 자를 의뢰하는 자는 자신에게 고통이 되고, 마음이 상한 자 앞에서 노래하는 것은 그에게 씻을 수 없는 상처를 남깁니다(19-20절). 원수에 대하여 증오심을 가지고 스스로 복수하는 것이 아니라 오히려 "네 원수가 배고파하거든 음식을 먹이고 목말라하거든 물을 마시게 하라"(21절)라는 말씀에 순종할 때, 여호와께서 이에 대해 상으로 갚아 주실 것입니다(22절). 한편 그 원수는 자신의 머리에 숯불을 둔 것같이 부끄러움을 당하게 될 것입니다.

우리 주변에는 여러 가지 상처와 아픔을 안고 살아가는 이웃이 많습니다. 더군다나 원수까지 사랑하라는 것이 성경의 진리인데, 하물며 가까운 이웃이나 교회 공동체 안에서 함께 신앙생활 하는 교우의 상처를 감싸 주지 못한다면 하나님을 믿는 성도라 할 수 없습니다. 아무리 원수라 할지라도 그의 필요를 채워 주면 하나님께서 상으로 갚아 주실 것이라고 말씀하십니다. 상대를 배려한다고 해서 우리가 손해를 보는 것은 아닙니다. 또한 원수에게 욕을 퍼붓는다고 해서 모든 문제가 깔끔하게 해결되지 않습니다. 도리어 사랑을 베푸는 것이 그들을 더 부끄럽게 할 것입니다. 그러므로 우리는 악에게 지지 말고 선으로 악을 이기며 살아가야 합니다(롬 12:21). 우리 안에 있는 편견을 없애고, 주님이 보여 주신 사랑과 섬김의 본을 따라 하나님을 믿는 사람답게 나보다 남을 더 낫게 여기고 이웃 사랑을 실천으로 옮기는 삶을 통해 기쁨과 화목의 통로가 되어야 합니다.

❦ 자족하는 생활로 이웃을 섬기기(23-28절)

"참소하는 혀"(23절)는 다른 사람을 거짓된 말로 몰래 비방하고 중상모략하는 것을 의미합니다. 이는 모함을 당한 사람의 심한 분노를 불러일으키는 어리석은 행동입니다. 넓고 화려한 집에 살아도 서로에 대한 신뢰가 없고 다툼이 있는 가정은 행복할 수 없습니다(24절). 먼 나라에서 오는 좋은 소식은 목마른 사람에게 주어지는 냉수와 같습니다(25절). 우리는 욕망을 이루기 위해 악인에게 굴복하기보다는 자족하는 마음을 가져야 합니다(26절). 또한 매사에 마음을 다스리지 못해 감정이 앞서지 않도록 주의해야 합니다. 절제하지 못하는 사람은 마치 성벽이 없는 위태로운 나라처럼 안전을 보장받을 수 없습니다(28절).

우리는 다툼을 일으키는 자가 아닌 기쁨의 좋은 소식을 가져다주는 사람이 되어야 합니다. 상대방을 참소하는 혀가 아닌 상대방을 격려하고 칭찬하는 데 인색하지 않은 믿음의 삶을 살아야 합니다. 더구나 말과 행동을 제어하지 못해 현재의 영적 풍요로움마저 무너뜨리는 어리석은 자가 되지 말아야 합니다. 행복은 물질의 풍요로움에 있지 않습니다. 그러므로 세상의 욕심을 채우기 위해 비겁해지거나 비굴해지지 말아야 합니다. 우리는 그리스도인으로서 우리의 내면을 잘 제어하고 자족하며 살아감으로 기쁨과 화목의 통로가 되어야 합니다.

오늘도 상대방의 입장에서 생각하고 세심하게 배려하며 정직하고 부드럽게 행함으로 모든 사람과 좋은 관계를 맺으며 살아갈 뿐 아니라, 성령의 도우심으로 마음과 혀를 제어하고 자족하며 절제하여 기쁨과 화목의 통로로 살아갈 수 있기를….

행복의 시작, 예수 그리스도!
빛이 있으라.

잠언 26장

아침을 여는 묵상 49
(잠 26:1~16)

미련하게 살지 않는 삶

1 미련한 자에게는 영예가 적당하지 아니하니 마치 여름에 눈 오는 것과 추수 때에 비 오는 것 같으니라
2 까닭 없는 저주는 참새가 떠도는 것과 제비가 날아가는 것 같이 이루어지지 아니하느니라
3 말에게는 채찍이요 나귀에게는 재갈이요 미련한 자의 등에는 막대기니라
4 미련한 자의 어리석은 것을 따라 대답하지 말라 두렵건대 너도 그와 같을까 하노라
5 미련한 자에게는 그의 어리석음을 따라 대답하라 두렵건대 그가 스스로 지혜롭게 여길까 하노라
6 미련한 자 편에 기별하는 것은 자기의 발을 베어 버림과 해를 받음과 같으니라
7 저는 자의 다리는 힘 없이 달렸나니 미련한 자의 입의 잠언도 그러하니라
8 미련한 자에게 영예를 주는 것은 돌을 물매에 매는 것과 같으니라
9 미련한 자의 입의 잠언은 술 취한 자가 손에 든 가시나무 같으니라
10 장인이 온갖 것을 만들지라도 미련한 자를 고용하는 것은 지나가는 행인을 고용함과 같으니라
11 개가 그 토한 것을 도로 먹는 것 같이 미련한 자는 그 미련한 것을 거듭 행하느니라
12 네가 스스로 지혜롭게 여기는 자를 보느냐 그보다 미련한 자에게 오히려 희망이 있느니라
13 게으른 자는 길에 사자가 있다 거리에 사자가 있다 하느니라
14 문짝이 돌쩌귀를 따라서 도는 것 같이 게으른 자는 침상에서 도느니라
15 게으른 자는 그 손을 그릇에 넣고도 입으로 올리기를 괴로워하느니라
16 게으른 자는 사리에 맞게 대답하는 사람 일곱보다 자기를 지혜롭게 여기느니라

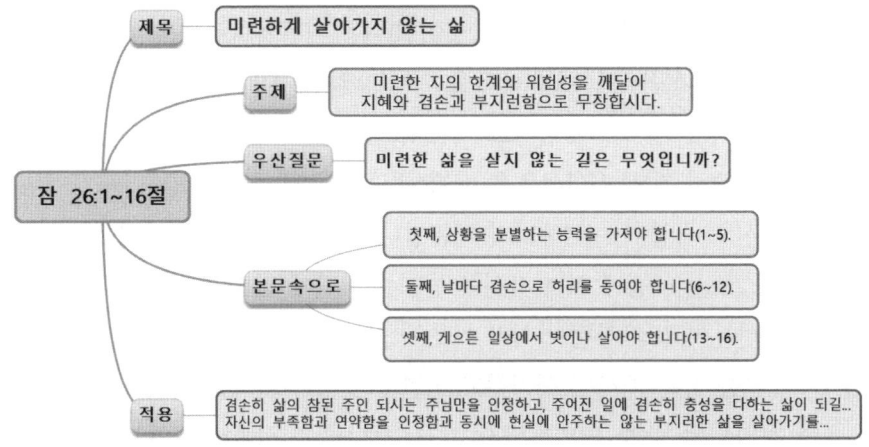

"미련한 자의 어리석은 것을 따라 대답하지 말라 두렵건대 너도 그와 같을까 하노라"(잠 26:4).

📖 미련한 자의 한계와 위험성을 깨달아 지혜와 겸손과 부지런함으로 무장합시다.

☑ 미련한 삶을 살지 않는 길은 무엇입니까?

🌿 상황을 분별하는 능력 갖추기(1-5절)

여름에 눈이 오고, 추수 때 비가 오는 것이 합당하지 않는 것처럼 미련한 자에게 영예는 합당치 않습니다(1절). 미련한 자의 까닭 없는 저주는 이루어지지 않습니다(2절). 미련한 자에게 합당한 것은 체벌입니다(3절). 짐승들은 채찍이나 재갈과 같은 도구들이 없으면 제멋대로 날뛰기 때문에 위험한 상황이 벌어집니다. 마찬가지로 미련한 자를 제어하지 않으면 공동체에 해악을 끼치는 일이 발생하기 때문에 막대기를 가지고 제어해야 한다고 가르치고 있습니다. 아울러 지혜로운 자는 미련한 자의 어리석음을 따라 대답하지 말라고 말합니다. 그러면 자신도 똑같이 미련해지기 때문입니다(4-5절). 어리석은 자의 특징은 스스로 지혜롭게 여겨 자신을 높이는 교만에 있습니다. 교만은 패망의 선봉이고, 자신뿐 아니라 이웃에게도 악한 영향력을 끼칩니다.

미련한 자는 매사에 어리석고 미련한 것을 선택하는 자입니다. 또한 하나님의 말씀을 의지하지 않고, 하나님을 신뢰하지 않는 사람입니다. 그렇기에 미련한 자가 공동체의 지도자가 되면 위험을 초래할 수 있습니다. 우리도 미련한 지도자가 되지 않도록 말씀을 통하여 스스로 통제하는 노력이 필요합니다. 아울러 미련한 자와의 쓸데없는 논쟁은 가급적 피해야 합니다. 그러나 하나님의 영광과 진리를 위해, 그리고 성도들의 유익을 위해서는 세상의 어리석은 말에 대항하여 담대히 말해야 할 때도 있습니다. 우리는 말해야 할 때와 말하지 말아야 할 때를 잘 분별하는 지혜를 가져 미련한 자와 같이 되지 말아야 합니다.

❦ 날마다 겸손으로 허리 동이기(6-12절)

미련한 자에게 어떤 일을 맡기는 것은 그 자체로 많은 위험이 따릅니다. 그는 중요한 내용을 잘 전달하지 못하며 그 어떤 영향력도 끼치지 못합니다(6-7절). 미련한 자를 품꾼으로 부리는 자는 마치 활을 마구 쏘는 궁수와 같습니다(10절). 즉, 통제되지 않는 폭력이 나타날 수 있습니다. 그러므로 그것은 영혼을 파멸의 길로 이끄는 매우 위험한 일입니다(8-9절).

이스라엘에서는 어떤 대상을 경멸할 때 '개'라는 표현을 많이 사용했습니다. 골리앗은 자기와 싸우기 위해 나선 어린 다윗을 향하여 "네가 나를 개로 여기고 막대기를 가지고 내게 나아왔느냐"(삼상 17:43)라고 조롱했습니다. 압살롬을 피해 피난길에 오른 다윗에게 저주를 퍼부은 시므이를 향하여 다윗의 신하 아비새는 "이 죽은 개가 어찌 내 주 왕을 저주하리이까"(삼하 16:9)라고 말했습니다. 그런데 미련한 자는 개가 그 토한 것을 도로 먹는 것과 같이 미련한 짓을 거듭 반복한다는 것입니다(11절). 차라리 겸손하여 스스로 미련하다고 고백하는 자가 자신을 지혜롭게 여기는 자보다 더 희망이 있다고 말할 수 있습니다(12절).

미련한 자는 어떤 일도 제대로 이루지 못하고, 늘 주위 사람들에게 근심을 끼치고 피해를 줍니다. 더 큰 문제는 그 자신은 어리석은 일을 반복해서 행하면서도 정작 자신의 어리석음을 깨닫지 못한다는 것입니다. 하나님에게서 오는 지혜를 무시하기에 이들에게서 희망이라고는 찾아볼 수 없습니다.

그러므로 우리는 미련한 일꾼이 되지 말고, 하나님과 이웃들 그리고 교회 공동체에 유익을 주는 신실한 일꾼이 될 뿐 아니라, 세상에서 덕을 세우며 지혜롭게 살아가야 합니다. 겸손함으로 하나님만 절대적으로 신뢰하며, 오직 하나님에게서 오는 지혜를 구하는 것이 필요합니다. 특히 목회자들은 자신의 영적 미련함이 하나님의 말씀을 제대로 전달하지 못하고 성도들에게 그 어떤 영향력도 끼치지 못해, 결국 맡겨진 양들을 파멸의 길로 몰아넣는 결과를 만들어 낼 수 있다는 사실을 명심해야 합니다. 우리는 오직 하나님만 의지하고 그분께 순종하며, 또 겸손으로 허리를 동임으로 미련한 자가 되지 않도록 주의해야 합니다.

🦋 게으른 일상에서 벗어나기(13-16절)

게으른 자는 길과 거리에 사자가 있기에 일하러 가지 않겠다고 말합니다(13절). 그러고는 침상에서 뒹굽니다(14절). 그릇에 손을 넣고도 입으로 올리기를 괴로워하는 우스꽝스러운 모습을 보이기도 합니다(15절). 급기야는 자신이 누구보다 지혜롭기에 다른 사람의 충고는 필요 없다고 말합니다(16절). 한마디로 어떤 조언도 듣기 싫다는 것입니다.

게으름은 하나님을 불신하게 하는 결과를 초래합니다. 우리는 하나님이 허락해 주신 소중한 삶의 시간 동안 최선을 다해 살아가야 합니다. 아울러 미련함과 불신앙이 삶에 자리 잡지 않도록 게으른 생활을 하루빨리 청산해야 합니다. 육체적 게으름은 정신적 안일함을 넘어 영적 교만으로까지 이어질 수 있는 위험한 것입니다. 하나님이 지금도 우리를 위해 일하고 계시다는 것을 확신한다면, 우리는 결코 게으를 수 없습니다. 그러므로 현재 편안한 삶에 안주하지 않고 주어진 일에 최선을 다하여 미련하게 살지 않도록 노력해야 합니다.

오늘도 삶의 참된 주인 되시는 주님을 인정하고 주어진 일에 겸손히 충성을 다할 뿐 아니라, 우리 자신의 부족함과 연약함을 인정하며 현재의 삶에 안주하지 않고 부지런히 살아가는 지혜로운 자가 되기를….

행복의 시작, 예수 그리스도!
빛이 있으라.

잠언 26장

아침을 여는 묵상 50
(잠 26:17~28)

바른 언행으로 공동체를 세우는 삶

17 길로 지나가다가 자기와 상관 없는 다툼을 간섭하는 자는 개의 귀를 잡는 자와 같으니라
18 횃불을 던지며 화살을 쏘아서 사람을 죽이는 미친 사람이 있나니
19 자기의 이웃을 속이고 말하기를 내가 희롱하였노라 하는 자도 그러하니라
20 나무가 다하면 불이 꺼지고 말쟁이가 없어지면 다툼이 쉬느니라
21 숯불 위에 숯을 더하는 것과 타는 불에 나무를 더하는 것 같이 다툼을 좋아하는 자는 시비를 일으키느니라
22 남의 말 하기를 좋아하는 자의 말은 별식과 같아서 뱃속 깊은 데로 내려가느니라
23 온유한 입술에 악한 마음은 낮은 은을 입힌 토기니라
24 원수는 입술로는 꾸미고 속으로는 속임을 품나니
25 그 말이 좋을지라도 믿지 말 것은 그 마음에 일곱 가지 가증한 것이 있음이니라
26 속임으로 그 미움을 감출지라도 그의 악이 회중 앞에 드러나리라
27 함정을 파는 자는 그것에 빠질 것이요 돌을 굴리는 자는 도리어 그것에 치이리라
28 거짓말 하는 자는 자기가 해한 자를 미워하고 아첨하는 입은 패망을 일으키느니라

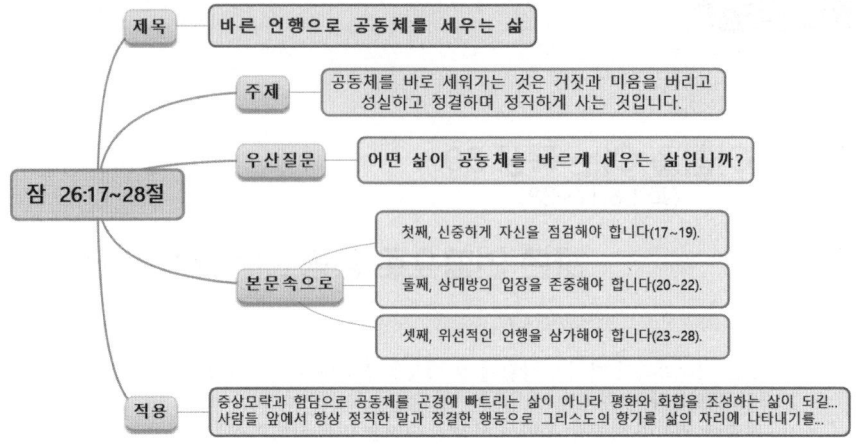

"온유한 입술에 악한 마음은 낮은 은을 입힌 토기니라…
속임으로 그 미움을 감출지라도 그의 악이 회중 앞에 드
러나리라"(잠 26:23, 26).

📖 공동체를 바로 세워 가는 방법은 거짓과 미움을 버리고
성실하고 정결하며 정직하게 사는 것입니다.

☑ 어떤 삶이 공동체를 바르게 세우는 삶입니까?

🌿 신중하게 자신을 점검하기(17-19절)

다툼의 원인과 배경을 전혀 알지 못하는 상태에서 다툼에 간섭하는 것은 마치 사나운 개의 귀를 잡는 것과 같아서 결국 큰 화를 당하게 됩니다(17절). 이는 횃불을 던지고 화살을 쏘아서 사람을 죽이

는 미친 사람과 같다고 할 수 있습니다(18절). 이런 사람은 이웃을 속이고 변명하는 것을 좋아합니다. 그러고도 "그저 장난삼아 했을 뿐이야!"(19절, 쉬운성경)라고 변명하면서 자신을 합리화합니다.

성급하고 자기중심적인 사고방식을 가지고 살면 어떤 문제가 생겼을 때 그것을 해결하기보다는 더 큰 해를 초래할 수 있습니다. 무엇보다 이런 사람은 자신이 행한 잘못에 대해 용서를 구하기보다 그럴싸하게 합리화하거나 변명하며 넘어가려고 합니다. 이는 결국 작은 죄책감조차 느끼지 못하는 무책임한 사람이라 할 수 있습니다. 우리는 이러한 사람이 공동체를 파괴하고 분열을 일으킬 수 있음을 간과해서는 안 됩니다. 그러므로 우리는 신중하게 우리 자신을 점검하고 또 점검하여 바른 언행으로 공동체를 화평케 하는 일에 쓰임받아야 합니다.

❦ 상대방의 입장을 존중하기(20-22절)

나무가 없으면 불이 꺼지듯, 험담꾼이 없으면 다툼도 그칩니다(20절). 나무에 불이 붙었다는 것은 다른 사람을 험담하며 다툼을 일으키는 것을 말합니다. 숯불에 숯을 더하고, 불에 나무를 더하는 것처럼 싸움꾼은 싸움에 부채질을 합니다(21절). 헐뜯기를 잘하는 사람의 말은 맛있는 음식과 같아서 뱃속 깊은 데로 내려갑니다(22절, 새번역). 이웃에 대한 험담은 누구나 달게 듣는데, 그 험담은 사람의 마음 깊은 곳에 자리 잡아 그 마음을 지배한다는 의미입니다.

우리는 걸러지지 않는 언행으로 공동체에 분쟁을 일으키는 어리석은 자가 되지 않도록 스스로 입에 재갈을 물리고 자신이 말한 것에 책임질 수 있어야 합니다. 말과 행동이 다른 사람은 상대방을 중상모략하고 험담하고 이간질하여 공동체를 깨뜨리는 사람입니다.

그러므로 이러한 사람들과 사귀지 말고, 이들의 말과 행동도 믿지 말아야 합니다.

바른 믿음의 삶은 다툼과 불화를 조장하는 것이 아니라 평화를 조성합니다. 공동체의 화합을 위해 힘씁니다. 우리는 자신이 화합과 평화를 만들어 내는 사람인지, 아니면 중상모략하고 험담하고 이간질하는 것을 즐겨 공동체를 혼란에 빠뜨리는 사람인지 스스로 판단해 보아야 합니다. 특히 사소한 농담이라도 상대방의 입장에서 그 말이 상처가 되지 않도록 주의해야 합니다. 다른 사람을 깎아내리는 것이 아니라 그의 입장을 끝까지 존중하고 이해해 주는 언행을 통해 공동체를 화평케 하는 일에 쓰임 받아야 합니다.

🕊 위선적인 언행을 삼가기(23-28절)

악한 마음을 품고서 말만 그럴듯하게 하는 사람은 마치 질그릇에 은을 살짝 입힌 것과 같은 사람입니다(23절). '그 마음에 악의를 품고 있는 자'(24절)는 하나님과 사람 앞에 곧 정체가 드러나고 맙니다. 듣기 좋은 말을 할지라도 그를 믿지 말아야 하는 이유는, 그의 마음속에는 역겨운 것이 일곱 가지나 들어 있기 때문입니다(25절). 성경에서 '7'은 '온전', '완전'을 뜻하며, 이는 곧 그 마음에 악이 가득함을 의미합니다. 곧 미움을 품은 자가 아무리 자기 속마음을 감춘다 해도, 그 악함은 언젠가 사람들 앞에 그대로 드러나기 마련입니다(26절). 결국 거짓말하고 아첨하는 사람은 자신이 판 함정에 빠지게 되고, 파멸을 피할 수 없습니다(27-28절).

악한 의도로 행하는 것은 언젠가 반드시 그 사실이 밝혀집니다. 그리고 부메랑처럼 다시 자신에게 되돌아옵니다. 악은 결국 스스로 망하게 되어 있습니다. 따라서 우리는 겉으로 보이는 말과 행동으로 다른 사람을 속이려는 죄악 된 생각과 마음을 버리고, 정직과 정결함이 우리의 삶을 지배하도록 노력해야 합니다. 무엇보다 마음속의 미움을 잘 다스리며 거짓된 언행을 청산하여 하나님을 온전히 경외하는 자답게 살아가야 합니다. 더 나아가 하나님과 사람 앞에서 항상 정직하게 말하고 정결하게 행동하기 위해 부단히 노력함으로 공동체를 화평케 하는 일에 쓰임 받아야 합니다.

공동체를 바로 세워 가는 방법은 거짓과 미움을 버리고 성실하고 정결하며 정직하게 사는 것입니다. 신중하게 자신을 점검하고 상대방의 입장을 존중하며 위선적인 언행을 삼가야 합니다.

오늘도 하나님 앞에서 거짓과 미움을 버리고 성실하고 정결하며 정직하게 살아갈 뿐 아니라, 매사에 자신을 신중하게 점검하고 상대방의 입장을 존중하며 위선적인 언행을 삼감으로 지혜롭게 살아갈 수 있기를….

행복의 시작, 예수 그리스도!
빛이 있으라.

잠언 27장

아침을 여는 묵상 51
(잠 27:1~13)

진실하고 바른 관계를 이루는 삶

1 너는 내일 일을 자랑하지 말라 하루 동안에 무슨 일이 일어날는지 네가 알 수 없음이니라
2 타인이 너를 칭찬하게 하고 네 입으로는 하지 말며 외인이 너를 칭찬하게 하고 네 입술로는 하지 말지니라
3 돌은 무겁고 모래도 가볍지 아니하거니와 미련한 자의 분노는 이 둘보다 무거우니라
4 분은 잔인하고 노는 창수 같거니와 투기 앞에야 누가 서리요
5 면책은 숨은 사랑보다 나으니라
6 친구의 아픈 책망은 충직으로 말미암는 것이나 원수의 잦은 입맞춤은 거짓에서 난 것이니라
7 배부른 자는 꿀이라도 싫어하고 주린 자에게는 쓴 것이라도 다니라
8 고향을 떠나 유리하는 사람은 보금자리를 떠나 떠도는 새와 같으니라
9 기름과 향이 사람의 마음을 즐겁게 하나니 친구의 충성된 권고가 이와 같이 아름다우니라
10 네 친구와 네 아비의 친구를 버리지 말며 네 환난 날에 형제의 집에 들어가지 말지어다 가까운 이웃이 먼 형제보다 나으니라
11 내 아들아 지혜를 얻고 내 마음을 기쁘게 하라 그리하면 나를 비방하는 자에게 내가 대답할 수 있으리라
12 슬기로운 자는 재앙을 보면 숨어 피하여도 어리석은 자들은 나가다가 해를 받느니라
13 타인을 위하여 보증 선 자의 옷을 취하라 외인들을 위하여 보증 선 자는 그의 몸을 볼모 잡을지니라

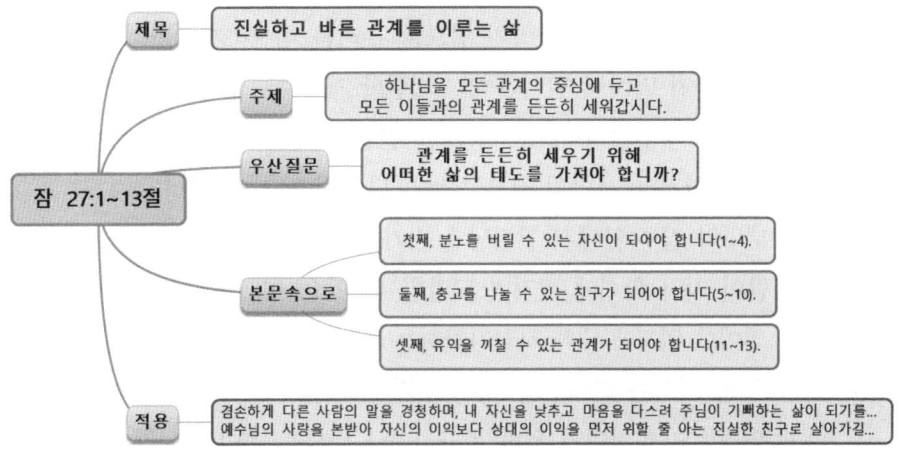

"기름과 향이 사람의 마음을 즐겁게 하나니 친구의 충성된 권고가 이와 같이 아름다우니라"(잠 27:9)

📖 하나님을 중심에 두고 모든 사람과의 관계를 든든히 세워 갑시다.

☑ 관계를 든든히 세워 가려면 어떤 삶의 태도를 가져야 합니까?

🌿 분노 버리기(1-4절)

사람은 누구나 자랑할 것을 찾습니다. 또한 오늘보다 나은 내일을 이루고 싶어 합니다. 그러나 지혜자는 내일 일을 자랑하지 말라고 말합니다. 오늘 하루 사이에 무슨 일이 생길지 아무도 모르기 때문입니다(1절). 그러므로 헛된 자랑에 빠지지 말고 오늘 주어진 일에 충성해야 합니다. 또한 타인의 입으로 우리를 칭찬하게 하고, 우리 입술로는 하지 말아야 합니다(2절). 미련한 자의 분노는 마치 돌이나 모래보다 더 무겁습니다(3절). "분노는 잔인하고 진노는 범람하는 물과 같다고 하지만, 사람의 질투를 누가 당하여 낼 수 있으랴?"(4절, 새번역) 분노와 질투 앞에서 살아남을 자가 없습니다.

사람이 자기 확신에 빠지면 교만할 수 있습니다. 우리는 자신이 이룬 일이나 업적에 대해 자화자찬하는 것이 아니라 우리 인생의 진정한 주인 되시는 하나님을 더욱 신뢰하며 살아가야 합니다. 사람에게 인정받고 칭찬받기 위해 봉사하거나 일하는 것이 아니라 하나님이 인정하시는 겸손한 삶을 살아가야 합니다. 겸손한 삶이 바탕이 될 때, 자신 안의 분노를 제어할 수 있습니다. 하나님을 알고 우리 자신을 제대로 알게 되면 타인에게 분노와 질투의 마음을 품지 않을 수 있습니다. 그러므로 우리는 언제나 십자가만 자랑하고, 하나님을 경외함으로 스스로를 높이는 자기 자랑과 다른 사람을 향한 분노와 질투를 잘 다스려야 합니다.

❦ 충고 수용하기(5-10절)

마음속에 숨겨 둔 사랑보다 드러내 놓고 꾸짖는 충고가 더 낫습니다(5절). 진실한 친구의 책망은 진심에서 우러나오는 것이지만, 원수의 입맞춤은 거짓에서 나오는 것입니다(6절). 배부른 사람은 꿀도 싫지만, 배고픈 자는 쓴 것도 달게 먹습니다(7절). 또한 고향을 잃고 떠도는 사람은 둥지를 잃고 떠도는 새와 같습니다(8절). 향유와 향로가 마음을 즐겁게 하는 것처럼 친구의 다정한 충고가 그와 같습니다(9절). 이와 같은 진심 어린 책망과 조언을 해주는 친구가 먼 친척보다 낫습니다(10절).

참된 친구라면 겉으로만 위로하거나 듣기 좋은 말만 하는 것이 아니라, 당장은 귀에 거슬리는 말이라도 친구를 향한 진심 어린 충고와 조언을 아끼지 않아야 합니다. 진정한 마음에서 나오는 사랑의 충고와 권고는 비록 상대의 마음에 상처가 될 수 있지만, 자신을 돌아보는 기회가 될 수도 있기에 결과적으로는 유익합니다. 우리는 사랑하는 사람에게 진심 어린 마음으로 책망할 수 있는 용기와 아울러 상대의 진심 어린 책망을 달게 받아들일 수 있는 넓은 마음을 가져야 합니다. 다윗을 위해 진심이 담긴 충고를 마다하지 않은 나단 선지자와 같은 친구가 있어야 하고, 또 그런 친구가 되어 주어야 합니다. 그러므로 우리는 그리스도의 사랑을 본받아 자신의 이익보다 상대의 이익을 먼저 위할 줄 아는 진실한 친구로 살아가야 합니다.

🕊 진실한 관계 맺기(11-13절)

지혜로운 자녀는 아비의 마음을 즐겁게 할 뿐 아니라, 비방하는 원수들에게 그 비방이 무고한 것임을 증명함으로써 아비와 스승을 영광스럽게 합니다(11절). 무엇보다 지혜로운 자는 위험을 보면 숨어 피하지만, 미련한 자는 그대로 가다가 화를 당합니다(12절). 보증을 서는 일이나 다른 대인 관계에서 신중한 태도를 취하는 것이 낭패와 수치를 모면하는 지혜로운 태도입니다(13절).

우리는 섣부른 행동이 우리 삶에 치명적인 결과를 가져올 수 있음을 기억해야 합니다. 그러므로 악을 분별하고 악에 적절하게 대응할 수 있는 지혜가 필요합니다. 우리는 믿음의 공동체 안에서 진실한 관계를 맺음으로 서로에게 유익을 끼치는 건강하고 올바른 관계를 형성할 때, 거룩한 믿음의 사람으로 성장해 갈 수 있습니다. 그러므로 우리는 매사에 신중하면서도 배려심 있는 삶을 통해 진실하고 바른 관계를 이루는 참된 그리스도인으로 살아가야 합니다.

오늘도 겸손하게 다른 사람의 말을 경청하며 자신을 낮추고 마음을 다스려 주님이 기뻐하시는 삶을 살 뿐 아니라, 그리스도의 사랑을 본받아 자신의 이익보다 상대의 이익을 먼저 위할 줄 아는 진실한 친구로 살아갈 수 있기를….

행복의 시작, 예수 그리스도!
빛이 있으라.

잠언 27장

아침을 여는 묵상 52
(잠 27:14~27)

공동체의 영적 성장을 도모하는 삶

14 이른 아침에 큰 소리로 자기 이웃을 축복하면 도리어 저주 같이 여기게 되리라
15 다투는 여자는 비 오는 날에 이어 떨어지는 물방울이라
16 그를 제어하기가 바람을 제어하는 것 같고 오른손으로 기름을 움키는 것 같으니라
17 철이 철을 날카롭게 하는 것 같이 사람이 그의 친구의 얼굴을 빛나게 하느니라
18 무화과나무를 지키는 자는 그 과실을 먹고 자기 주인에게 시중드는 자는 영화를 얻느니라
19 물에 비치면 얼굴이 서로 같은 것 같이 사람의 마음도 서로 비치느니라
20 스올과 아바돈은 만족함이 없고 사람의 눈도 만족함이 없느니라
21 도가니로 은을, 풀무로 금을, 칭찬으로 사람을 단련하느니라
22 미련한 자를 곡물과 함께 절구에 넣고 공이로 찧을지라도 그의 미련은 벗겨지지 아니하느니라
23 네 양 떼의 형편을 부지런히 살피며 네 소 떼에게 마음을 두라
24 대저 재물은 영원히 있지 못하나니 면류관이 어찌 대대에 있으랴
25 풀을 벤 후에는 새로 움이 돋나니 산에서 꼴을 거둘 것이니라
26 어린 양의 털은 네 옷이 되며 염소는 밭을 사는 값이 되며
27 염소의 젖은 넉넉하여 너와 네 집의 음식이 되며 네 여종의 먹을 것이 되느니라

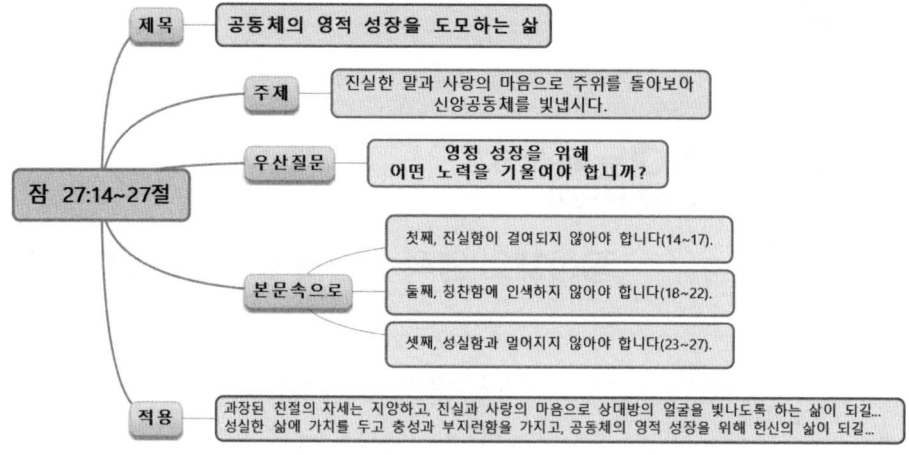

"철이 철을 날카롭게 하는 것같이 사람이 그의 친구의 얼굴을 빛나게 하느니라"(잠 27:17).

📖 진실한 말과 사랑의 마음으로 주위를 돌아보아 신앙공동체를 빛냅시다.

☑ 영적 성장을 위해 어떤 노력을 기울여야 합니까?

🕊 진실함이 결여되지 않도록 주의하기(14-17절)

이른 아침, 곧 잠도 깨기 전에 큰 소리로 이웃을 축복하는 것은 어리석은 짓입니다(14절). 이러한 인사는 오히려 상대에게 기쁨보다는 불쾌함을 줍니다. 아무리 좋은 말도 때와 장소를 가려야 합니다. 다투기를 좋아하는 여자는 비 오는 날 지붕에서 끊임없이 떨어지는 비와 같고, 그런 여자를 다스리려는 것은 손바닥으로 태풍을 막으려는 것이나 손으로 기름을 움켜잡으려는 것과 같습니다(15-16절). 지혜자는 이러한 사람을 제어하는 것은 불가능하다고 교훈합니다. 철이 철을 날카롭게 하는 것처럼 사람은 그 친구의 얼굴을 빛나게 해야 합니다(17절). 철 연장이 무뎌졌는데도 날을 갈지 않으면 힘이 더 들지만, 날카롭게 만들면 일이 수월해지고 능률이 오릅니다(전 10:10). 이는 참된 우정은 서로 좋은 영향을 주고받게 됨을 강조하는 것입니다.

진실함이 결여된 과장된 행동은 우리에게 아무 도움도 되지 않습니다. 그러므로 가식적인 행동이 아닌 상대방의 입장에서 그 마음을 먼저 생각하고 배려하는 것이 필요합니다. 가정이나 교회에 다툼이 많으면 머물고 싶지 않습니다. 집 천장 등에서 비가 새면 집 안에 있지 못하는 것과 같습니다. 그러므로 특히 교회에서는 진지한 사귐과 대화를 통해 더욱 발전적인 관계, 서로 좋은 영향을 주고받는 관계, 건강한 공동체를 만들어 가기 위해 힘써야 합니다. 진실한 말과 사랑의 마음으로 서로를 돌아보아 영적인 유익을 끼치면서 함께 성장해 나가는 공동체를 만들도록 헌신해야 합니다.

칭찬에 인색하지 않도록 주의하기(18-22절)

무화과나무를 지키는 파수꾼이 그 수고에 따라 과실을 먹음과 같이, 충성스럽게 자기 주인을 섬기는 자는 그에 합당한 영화를 얻게 됩니다(18절). 사람의 얼굴이 물에 비치듯이 사람의 마음도 서로 비칩니다(19절). 즉, 물에 비추면 자기 얼굴이 보이는 것처럼 다른 사람 속에 비추어진 자신의 모습을 볼 수 있어야 합니다.

스올과 아바돈이 죽은 자들을 삼켜도 만족함이 없는 것처럼 사람의 눈도 만족함이 없습니다(20절). 인간은 그 무엇으로도 육신과 영혼의 만족을 누리지 못합니다. 오직 하나님 안에 거하는 자만이 영혼의 진정한 만족을 누릴 수 있습니다(시 17:15, 63:5, 103:5). 미련한 자의 미련은 절구에 넣고 공이로 찧을지라도 벗겨지지 않습니다(22절). 그러므로 용광로로 금과 은을 단련하듯, 진심이 담긴 칭찬으로 어리석은 자를 그 삶에서 벗어나도록 해야 합니다(21절). 칭찬은 사람을 단련시키는 도구가 됩니다.

성실하고 근면하면 반드시 그에 합당한 열매를 거두게 됩니다. 무엇보다 하나님은 지혜로움과 성실함에 대하여 복으로 보상하여 주십니다. 인간의 욕망은 끝이 없기에 만족함이 없습니다. 그것을 좇다가는 결국 진정한 안식을 누리지 못할 뿐 아니라 파멸의 길로 빠지게 됩니다. 그러므로 스스로 절제할 수 있어야 합니다. 도가니로 은을, 풀무로 금을 단련할 수 있는 것처럼 칭찬은 상대방에게 힘과 용기를 불어넣어 줄 수 있습니다. 오늘날 치열한 생존경쟁 속에서 힘겹게 살아가는 우리 모두에게 격려와 칭찬은 반드시 필요합니다. 그러므로 우리는 바른 신앙생활을 가로막는 헛된 욕심을 버리고, 칭찬에 인색하지 않은 모습으로 공동체의 영적 성장에 헌신해야 합니다.

❦ 성실함과 멀어지지 않도록 주의하기(23-27절)

우리는 자신에게 맡겨진 양 떼와 소 떼의 형편을 잘 살피고 돌보아야 합니다(23절). 이와 같은 재물은 잘 관리하지 않으면 금방 사라지기 때문입니다(24절). 반면 풀은 벤 뒤에 다시 돋아나 산에서 얼마든지 꼴을 얻을 수 있습니다(25절). 어린 양의 털은 옷이 되고, 염소로는 밭을 살 수 있으며, 염소의 젖은 온 가족의 식량이 되기에 이 모든 것을 위해 부지런히 일해야 함을 강조하고 있습니다(26-27절).

성실한 사람, 곧 맡겨진 일에 최선을 다하는 사람을 하나님이 기뻐하신다는 것은 누구나 알고 있는 사실입니다. 그럼에도 이 사실을 미처 알지 못하는 것처럼 살아가는 사람이 많으니 참으로 아이러니합니다. 특히 참된 목자로서 목회자들의 사명은 자신에게 맡겨진 영혼들에게 최고의 영의 양식을 먹이고, 거짓 목자들에게 유혹되지 않도록 잘 보호하는 것임을 잊지 말아야 합니다. 성령 충만함으로 사랑하는 성도들을 위해 아낌없이 헌신하여 영적으로 건강하게 살아갈 수 있도록 해야 합니다. 이처럼 성실하고 부지런하게 사역을 감당하면 결국 풍성한 열매를 거두게 됩니다.

우리는 하나님이 주신 오늘이라는 시간 동안 하나님을 온전히 경외하는 마음으로 맡겨진 일에 성실하게 최선을 다해야 합니다. 공동체의 영적 성장을 위해 성실함과 부지런함으로 섬기고 수고의 땀을 흘리는 것에 기쁨과 감사를 고백하며 살아가야 합니다.

오늘도 과장되고 가식적인 친절의 태도를 버리고 진실함과 사랑의 마음으로 상대방의 얼굴을 빛나도록 하는 삶을 살아갈 뿐 아니라, 성실한 삶에 가치를 두고 충성됨과 부지런함으로 공동체의 영적 성장을 위해 수고를 다하는 헌신의 삶을 살아갈 수 있기를….

행복의 시작, 예수 그리스도!
빛이 있으라.

잠언 28장

아침을 여는 묵상 53
(잠 28:1~18)

하나님의 의를 행하는 삶

1 악인은 쫓아오는 자가 없어도 도망하나 의인은 사자 같이 담대하니라
2 나라는 죄가 있으면 주관자가 많아져도 명철과 지식 있는 사람으로 말미암아 장구하게 되느니라
3 가난한 자를 학대하는 가난한 자는 곡식을 남기지 아니하는 폭우 같으니라
4 율법을 버린 자는 악인을 칭찬하나 율법을 지키는 자는 악인을 대적하느니라
5 악인은 정의를 깨닫지 못하나 여호와를 찾는 자는 모든 것을 깨닫느니라
6 가난하여도 성실하게 행하는 자는 부유하면서 굽게 행하는 자보다 나으니라
7 율법을 지키는 자는 지혜로운 아들이요 음식을 탐하는 자와 사귀는 자는 아비를 욕되게 하는 자니라
8 중한 변리로 자기 재산을 늘리는 것은 가난한 사람을 불쌍히 여기는 자를 위해 그 재산을 저축하는 것이니라
9 사람이 귀를 돌려 율법을 듣지 아니하면 그의 기도도 가증하니라
10 정직한 자를 악한 길로 유인하는 자는 스스로 자기 함정에 빠져도 성실한 자는 복을 받느니라
11 부자는 자기를 지혜롭게 여기나 가난해도 명철한 자는 자기를 살펴 아느니라
12 의인이 득의하면 큰 영화가 있고 악인이 일어나면 사람이 숨느니라
13 자기의 죄를 숨기는 자는 형통하지 못하나 죄를 자복하고 버리는 자는 불쌍히 여김을 받으리라
14 항상 경외하는 자는 복되거니와 마음을 완악하게 하는 자는 재앙에 빠지리라
15 가난한 백성을 압제하는 악한 관원은 부르짖는 사자와 주린 곰 같으니라
16 무지한 치리자는 포학을 크게 행하거니와 탐욕을 미워하는 자는 장수하리라
17 사람의 피를 흘린 자는 함정으로 달려갈 것이니 그를 막지 말지니라
18 성실하게 행하는 자는 구원을 받을 것이나 굽은 길로 행하는 자는 곧 넘어지리라

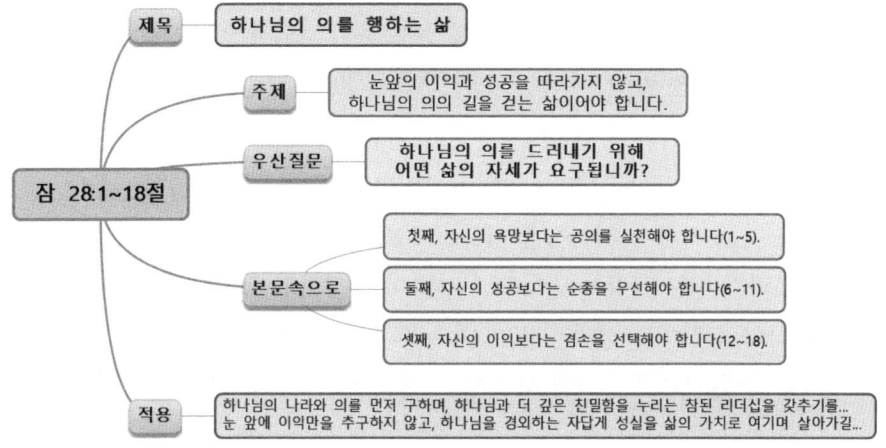

"율법을 버린 자는 악인을 칭찬하나 율법을 지키는 자는 악인을 대적하느니라"(잠 28:4).

📖 눈앞의 이익과 성공을 따라가지 말고, 하나님의 의의 길을 따라 삽시다.

☑ 하나님의 의를 드러내려면 어떤 삶의 자세가 필요합니까?

🔖 자신의 욕망을 채우기보다 공의를 실천하기(1-5절)

악인이 추격하는 자가 없어도 도망하는 것은 그들의 양심에 거리끼는 것과 두려움이 있기 때문입니다(1절). 사람에게 피하는 것은 거짓된 안전을 얻게 하지만, 하나님께 피하는 자는 영원한 안전을 보장받습니다. 나라가 부패하면 지도자가 자주 바뀌면서 나라가 제대로 세워지지 못하지만, 명철과 지식이 있는 지도자 곧 지혜로운 지도자가 세워지면 그 나라는 오래갑니다(2절). 가난한 자를 압제하는 권력자는 곡식을 남김없이 쓸어가는 폭우와 같습니다(3절). 그러므로 우리는 법을 무시하는 악인이 아니라 온전히 법을 지키는, 하나님을 찾는 사람이 되어야 합니다(4-5절).

우리가 어떤 상황을 만나도 사자같이 용감하고 담대할 수 있는 것은 하나님에 대한 신뢰가 있기 때문입니다. 더 나아가 우리는 불경건하고 불의한 자의 자리에 서지 말고, 용기 있고 담대하게 하나님을 경외하고 신뢰함으로 옳고 그름을 분별하며 살아가야 합니다. 무엇보다 이 땅에 하나님의 정의가, 바른 정치가, 살맛 나는 사회가 이루어지도록 힘써 기도해야 합니다. 우리 자신의 욕망을 채우는 것이 아니라 공의를 실천함으로 하나님의 의를 드러내며 살아가야 합니다.

✒ 자신의 성공보다 순종을 우선순위에 두기(6-11절)

"굽게 행하는 자"(6절)는 하나님의 길과 세상의 길 사이에서 머뭇거리는 자를 말합니다. 겉보기에는 하나님을 따르는 것 같지만, 마음은 세상의 재물과 성공을 따라가는 것입니다. 그러므로 가난하여도 성실하게 살아가는 것이 부유하면서 굽게 행하는 것보다 낫습니다.

율법을 지키는 자는 지혜로운 아들이지만, 탐욕스러운 자는 아버지를 부끄럽게 합니다(7절). 고리대금으로 재산을 축적하는 자는 결국 공의로우신 하나님의 심판을 받아 그 재산이 가난한 자들을 불쌍히 여기는 의인의 것이 됩니다(8절). 정직한 자를 악으로 유인하는 자는 스스로 그 함정에 빠지게 되지만, 성실한 자는 좋은 것을 상속받습니다(10절). 어리석은 부자는 스스로 교만의 길로 빠지지만, 가난해도 명철한 자는 하나님 앞에서 늘 겸허한 태도를 지니게 됩니다(11절).

가난의 연속인 삶이라 할지라도 악을 버리고 성실하고 정직하게 행하며 의롭게 살아간다면 하나님께서 보시기에 가치 있는 삶입니다. "사람이 귀를 돌려 율법을 듣지 아니하면 그의 기도도 가증하니라"(9절). 여기서 귀를 돌려 율법을 듣지 않는다는 것은 말씀대로 살지 않는 것을 의미합니다. 그렇기에 그런 사람은 기도도 가증스럽다고 말하는 것입니다. 말씀대로 살지 않는 경건은 헛것이고, 삶이 없는 경건은 가식이며, 그러한 기도는 위선입니다. 그래서 스스로 지혜롭다고 여기는 사람은 어리석은 사람입니다(26:12).

성도들 중에 간혹 개인의 욕망 성취와 세상적인 성공만을 바라며 신앙생활을 하는 사람이 있습니다. 그러나 우리는 세상의 성공을 통해 얻는 기쁨보다 하나님께 순종하는 기쁨을 누리며 살아가야 합니다. 세상적으로는 비록 가난하게 보일지라도 하나님 앞에서 자신을 살피며 하나님을 경외함으로 살아간다면, 그 사람이야말로 진정으로 부유한 사람입니다. 우리는 세상적인 성공보다 순종의 삶을 우선순위에 둠으로 하나님의 의를 드러내며 살아가야 합니다.

🌿 자신의 이익보다 겸손을 선택하기(12-18절)

의인이 득의하여 대적을 완전히 정복하고 이기면 공동체에 큰 기쁨이 되지만, 악인이 득세하면 사람들은 고통을 피해 숨어 버립니다(12절). 악인은 자신의 죄를 숨기고 그 마음을 완악하게 하여 재앙에 빠지지만, 자신의 죄를 고백하는 의인의 삶은 불쌍히 여김을 받습니다(13절). 또한 항상 여호와를 경외하는 사람은 복을 얻게 됩니다(14절). 가난한 백성을 압제하는 악한 지도자는 포악한 사자와 굶주린 곰과 같고, 죽음으로 달려가도 아무도 그를 돕는 자가 없지만, 탐욕을 미워하는 자는 장수의 복을 받습니다(15-17절). 성실하게 행하는 자는 구원을 받을 것이나 굽은 길로 행하는 자는 곧 넘어지게 될 것입니다(18절).

의인은 죄를 짓지 않는 자가 아니라, 자신의 죄를 끊임없이 회개하는 자입니다. 우리는 죄를 숨기려 하지 말고 하나님 앞에서 우리의 약함을 인정해야 합니다. 살아 있는 믿음에는 행함이 따릅니다. 믿음이 있다고 하면서도 하나님 앞에서 자신의 죄 문제를 해결하지 못하고, 이웃의 아픔에 대해 눈감아 버리고, 우리 자신의 이익만을 위해 살아간다면 하나님의 징계를 면하지 못할 것입니다. 반면 하나님을 경외하는 자, 탐욕을 미워하는 자, 성실하게 행하는 자, 충성된 자를 하나님은 찾고 계시며, 또 그런 자를 기뻐하시고 복 주십니다.

그러므로 우리는 항상 우리 자신의 이익보다 겸손을 선택해야 합니다. 아울러 두려움으로 말씀을 듣고 묵상할 뿐 아니라 그 말씀대로 행하려고 힘써 노력해야 합니다. 그것이 하나님의 의를 행하는 삶입니다.

오늘도 하나님의 나라와 의를 먼저 구하며 하나님과 깊은 교제를 나누는 참된 자녀로 살아갈 뿐 아니라, 눈앞의 이익만을 추구하지 않고 하나님을 경외하는 사람답게 성실을 삶의 가치로 여기며 살아갈 수 있기를….

행복의 시작, 예수 그리스도!
빛이 있으라.

잠언 28장

아침을 여는 묵상 54
(잠 28:19~28)

하나님 나라의 풍성함을 누리는 삶

19 자기의 토지를 경작하는 자는 먹을 것이 많으려니와 방탕을 따르는 자는 궁핍함이 많으리라
20 충성된 자는 복이 많아도 속히 부하고자 하는 자는 형벌을 면하지 못하리라
21 사람의 낯을 보아 주는 것이 좋지 못하고 한 조각 떡으로 말미암아 사람이 범법하는 것도 그러하니라
22 악한 눈이 있는 자는 재물을 얻기에만 급하고 빈궁이 자기에게로 임할 줄은 알지 못하느니라
23 사람을 경책하는 자는 혀로 아첨하는 자보다 나중에 더욱 사랑을 받느니라
24 부모의 물건을 도둑질하고서도 죄가 아니라 하는 자는 멸망 받게 하는 자의 동류니라
25 욕심이 많은 자는 다툼을 일으키나 여호와를 의지하는 자는 풍족하게 되느니라
26 자기의 마음을 믿는 자는 미련한 자요 지혜롭게 행하는 자는 구원을 얻을 자니라
27 가난한 자를 구제하는 자는 궁핍하지 아니하려니와 못 본 체하는 자에게는 저주가 크리라
28 악인이 일어나면 사람이 숨고 그가 멸망하면 의인이 많아지느니라

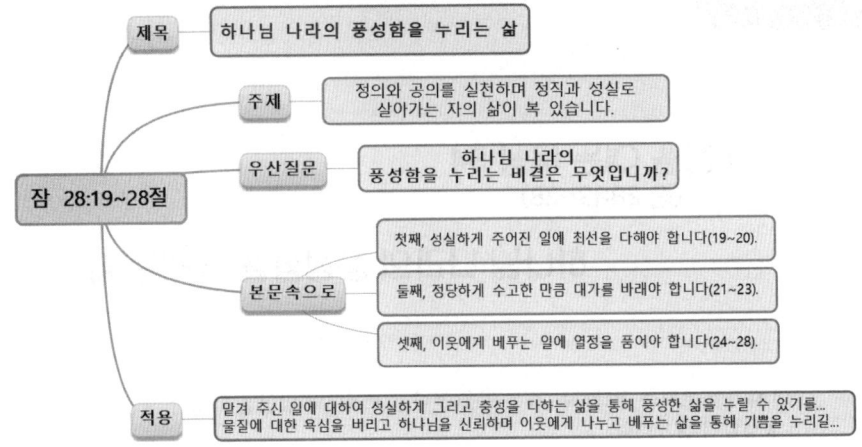

"자기의 토지를 경작하는 자는 먹을 것이 많으려니와 방탕을 따르는 자는 궁핍함이 많으리라"(잠 28:19).

📖 정의와 공의를 실천하며 정직과 성실로 살아가는 자의 삶이 복 있습니다.

☑ 하나님 나라의 풍성함을 누리는 비결은 무엇입니까?

🌱 주어진 일에 최선을 다하기(19-20절)

밭을 가는 사람은 먹을 것이 넉넉하지만, 헛된 것을 꿈꾸는 사람은 가난하게 될 뿐입니다(19절). 성실한 사람은 크게 복을 받지만, 일확천금을 노리는 자는 벌을 면하지 못하게 됩니다(20절). 성실하게 자기 삶의 터전을 가꾸는 사람은 그 대가를 받게 되지만, 공허하고 무가치한 세상의 쾌락을 추구하는 사람은 궁핍한 상태에 처하게 됩니다. 신실하신 하나님께서는 역시 신실하게 행하는 자들을 기뻐하십니다. 즉, 주어진 삶을 정직하고 근면하게 살아가는 자에게 복이 임하게 됩니다.

우리는 허황된 것을 꿈꾸기보다 지금 우리에게 주어진 작은 일들에 최선을 다하는 것이 축복된 삶의 지름길임을 잊지 말아야 합니다. 성실과 정직함을 가지고 열심히 일할 때, 물질의 풍요로움뿐 아니라 영적인 풍요로움도 누릴 수 있습니다. 개인적으로 농촌에서의 생활이 두 달이 지나고 있습니다. 이른 새벽부터 논으로 밭으로 나가는 성도들을 볼 때마다 그동안 참으로 나태하게 살아왔음을 스스로 깨닫게 됩니다. 헛된 욕심을 버리고 오늘 해야 할 일에 성실하게 최선을 다하는 것이 하나님 나라의 풍성함을 누리는 삶입니다.

❦ 수고한 만큼의 정당한 대가만 바라기(21-23절)

사람의 얼굴을 보고 재판하여 공정함을 잃는 것은 옳지 않습니다. 사람은 빵 한 조각 때문에 죄를 지을 수도 있기 때문입니다(21절). "악한 눈이 있는 자"(22절)는 물질을 얻기 위해 수단과 방법을 가리지 않고 악을 행하는 자를 가리킵니다. 그러한 자는 언제 궁핍이 자기에게 들이닥칠지 알지 못합니다. 또한 책망하는 사람이 아첨하는 사람보다 나중에 고맙다는 말을 듣게 됩니다(23절).

우리는 불의하고 부정한 방법으로 물질적인 만족을 채우려고 해서는 안 됩니다. 하나님의 자녀로서 하나님과 사람 앞에서 언제나 바르고 정직한 삶의 모습을 보여야 합니다. 우리는 떡 한 조각과 같이 하찮은 것일지라도 죄악의 수렁에 빠지게 할 수 있음을 잊지 말아야 합니다. 탐욕을 버리고 정당하게 수고한 만큼의 대가만 바라는 것이 지혜이며, 또한 그것이 재물을 지킬 수 있는 바른길입니다. 그러므로 지금 당장은 불편하더라도 우리의 잘못을 지적해 주고 충고해 주는 말을 귀담아듣고 마음 깊이 새겨야 합니다.

'아첨'(23절)의 말은 당장은 상대방에게 듣기 좋을 수 있으나 그로 하여금 죄악 가운데 계속 머물게 하기에 결국에는 비난과 원망을 받을 수밖에 없습니다. 우리는 세상에서 성공하는 삶이 아닌 하나님 앞에서 성실한 삶을 꿈꾸어야 합니다. 부정한 삶이 아닌 정결한 삶을 꿈꾸어야 합니다. 그러므로 정당하게 수고한 만큼의 대가만 바라는 것이 하나님 나라의 풍성함을 누리는 삶입니다.

🌿 베푸는 일에 열정을 품기(24-28절)

부모의 물건을 훔치고도 죄가 아니라고 하는 자는 강도나 다름없습니다(24절). 그런 사람은 탐욕에 눈이 멀어 죄책감을 전혀 느끼지 못하는 악한 자입니다. 탐심을 가진 자는 다툼을 일으키지만, 여호와를 의지하고 신뢰하는 자는 풍성함을 누리게 됩니다(25절). 자기 마음을 믿는 자는 미련한 자요, 지혜롭게 사는 사람은 구원을 얻을 것입니다(26절). 가난한 자에게 베푸는 사람은 부족함이 없지만, 가난한 자를 못 본 체하는 자는 큰 저주를 받게 됩니다(27절). 악인이 일어나면 사람들은 숨어 버리지만, 악인이 패망하면 의인들이 번창하게 됩니다(28절).

마음에 교만이 가득 차 있으면 우리는 어떤 경우에도 만족하지 못합니다. 언제나 불만으로 가득 차 있어서 다른 사람을 시기하는 마음으로 보게 되고, 결국 공동체에 악영향을 끼치게 됩니다. 그러므로 우리는 교만을 버리고 하나님만 의지하고 신뢰함을 통해 얻을 수 있는 풍족함을 맛보며 살아가야 합니다. 또한 가난한 이들과 우리 소유를 나누며 살아갈 때 하나님에게서 오는 더 큰 풍성함을 누리게 됩니다.

행복은 물질의 많고 적음에 있지 않습니다. 하나님을 경외하고, 하나님이 주신 것에 만족하며 나누고 베푸는 삶에 있습니다. 그러므로 우리는 열심히 일해서 물질을 모으려는 것이 우리 자신의 유익에 초점이 맞추어져 있는지, 아니면 다른 어려운 이들과 나누는 삶에 맞추어져 있는지 살펴보아야 합니다. 우리 삶의 풍요로움에만 인생의 목적을 두는 것이 아니라, 어려운 이웃들에게 도움을 베푸는 일에 열정을 품고 살아가는 것이 하나님 나라의 풍성함을 누리는 삶입니다.

오늘도 하나님께서 맡겨주신 일을 성실하게 감당함으로 풍성한 삶을 누릴 뿐 아니라, 물질에 대한 욕심을 버리고 하나님을 신뢰하며 이웃에게 나누고 베푸는 삶을 통해 참된 기쁨을 누리며 살아갈 수 있기를….

행복의 시작, 예수 그리스도!
빛이 있으라.

잠언 29장

아침을 여는 묵상 55
(잠 29:1~14)

바른 지도자의 자격을 갖추는 삶

1 자주 책망을 받으면서도 목이 곧은 사람은 갑자기 패망을 당하고 피하지 못하리라
2 의인이 많아지면 백성이 즐거워하고 악인이 권세를 잡으면 백성이 탄식하느니라
3 지혜를 사모하는 자는 아비를 즐겁게 하여도 창기와 사귀는 자는 재물을 잃느니라
4 왕은 정의로 나라를 견고하게 하나 뇌물을 억지로 내게 하는 자는 나라를 멸망시키느니라
5 이웃에게 아첨하는 것은 그의 발 앞에 그물을 치는 것이니라
6 악인이 범죄하는 것은 스스로 올무가 되게 하는 것이나 의인은 노래하고 기뻐하느니라
7 의인은 가난한 자의 사정을 알아 주나 악인은 알아 줄 지식이 없느니라
8 거만한 자는 성읍을 요란하게 하여도 슬기로운 자는 노를 그치게 하느니라
9 지혜로운 자와 미련한 자가 다투면 지혜로운 자가 노하든지 웃든지 그 다툼은 그침이 없느니라
10 피 흘리기를 좋아하는 자는 온전한 자를 미워하고 정직한 자의 생명을 찾느니라
11 어리석은 자는 자기의 노를 다 드러내어도 지혜로운 자는 그것을 억제하느니라
12 관원이 거짓말을 들으면 그의 하인들은 다 악하게 되느니라
13 가난한 자와 포학한 자가 섞여 살거니와 여호와께서는 그 모두의 눈에 빛을 주시느니라
14 왕이 가난한 자를 성실히 신원하면 그의 왕위가 영원히 견고하리라

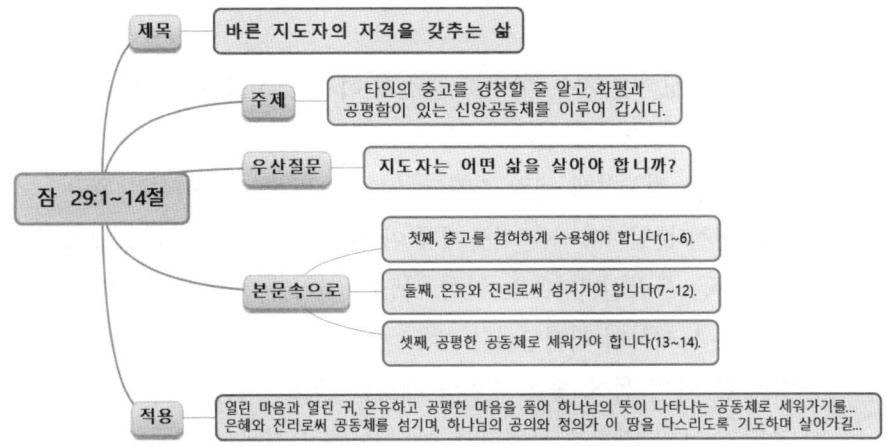

"자주 책망을 받으면서도 목이 곧은 사람은 갑자기 패망을 당하고 피하지 못하리라"(잠 29:1).

📖 타인의 충고를 경청함으로 화평과 공평함이 있는 신앙공동체를 이루어 갑시다.

☑ 지도자는 어떻게 살아야 합니까?

🌿 충고를 겸허하게 수용하기(1-6절)

지혜자는 반복되는 훈계나 책망에도 잘못을 고치지 않고 자기 고집대로만 행하는 양심이 마비된 사람을 "목이 곧은 사람"(1절)이라고 말합니다. 이런 사람은 졸지에 망하여 회복되지 못합니다. 악인이 권세를 잡으면 백성들이 탄식하지만, 의인(지혜로운 자)이 권력을 잡으면 백성이 기뻐합니다(2절).

지혜를 사모하는 자는 아비를 즐겁게 하지만, 허랑방탕하게 살아가면 재산을 탕진하게 됩니다(3절, 참조. 눅 15:13-14). 정의로 통치하는 왕은 나라를 견고하게 세워 가지만, 뇌물을 탐하는 어리석은 왕은 나라를 망칠 뿐입니다(4절). 이웃에게 아첨하는 사람은 그의 발 앞에 그물을 치는 사람입니다(5절). 악한 사람은 자기가 친 올무에 걸리지만, 의인은 노래하며 기뻐합니다(6절).

입에 쓴 약이 몸에 좋은 것처럼 때로는 쓴소리처럼 들리는 따끔한 충고가 우리 영혼을 살립니다. 책망을 듣고 잘못된 길에서 돌아서는 사람이 지혜로운 사람입니다. 공동체를 이끌어가는 지도자의 자리에 있는 사람이라면 더욱 자신을 위한 진심 어린 충고나 죄를 깨닫게 하는 말씀을 겸손하게 인정하고 받아들여야 합니다. 자신의 욕심과 욕망을 부채질하는 달콤한 거짓말과 아첨하는 말에 마음을 빼앗기지 말고, 그것을 잘 분별할 수 있는 지혜의 영을 가져야 합니다. 또한 옳은 충고나 바른말에는 귀와 마음을 닫아 버리고, 욕심을 자극하는 감언이설에는 쉽게 넘어가는 실수를 범하지 않도록 항상 깨어 있는 것이 필요합니다. 쓰디쓴 조언과 충고를 겸허하게 수용하는 것이 바른 지도자의 자격을 갖추는 삶입니다.

❦ 온유함과 진리로 섬기기(7-12절)

가난한 사람의 인격을 존중하는 사람이 의인입니다. 악인은 가난한 사람의 사정쯤은 못 본 체합니다(7절). 거만한 사람은 도시를 시끄럽게 하지만, 지혜로운 사람은 분노를 가라앉히는 역할을 합니다(8절). 미련한 사람은 재판 중에도 합리적인 해결 방안을 마련하려는 지혜로운 자에 대하여 까닭 없이 화를 내거나 비웃기 때문에 그 재판은 결론이 나지 않습니다(9절). 또한 미련하고 어리석은 사람은 정직한 자를 미워하여 그의 생명을 노립니다(10절). 어리석은 자는 자기 분노를 드러내지만, 지혜로운 자는 자기감정을 절제할 줄 압니다(11절). 그러므로 통치자가 거짓말에 귀를 기울이면, 그의 신하들은 모두 타락합니다(12절).

지혜로운 지도자는 자기감정을 다스릴 줄 아는 사람이며, 또 공동체에 속한 사람들 중에서 특별히 가난하고 약한 자들을 배려할 줄 아는 사람입니다. 어떤 사람은 공동체의 지도자라는 자리를 이용해 자신의 개인적 욕망과 야망을 이루려 합니다. 그래서 자신의 뜻에 반하는 사람을 가차 없이 내치는 참담한 일까지 범하기도 합니다. 공동체의 평안함과 안정이 얼마나 중요한지를 깨닫지 못하고 오직 자기 자신의 이익만 생각하기에 다툼과 소요를 일으켜 많은 사람을 고통스럽게 합니다. 그러나 지도자는 겸손과 온유함과 진리로 자신이 속해 있는 공동체를 화평의 공동체로 만들며, 바른 마음으로 공동체를 섬기는 신실한 지도자가 되어야 합니다. 온유함과 진리로 공동체를 섬기는 것이 바른 지도자의 자격을 갖추는 삶입니다.

❦ 공평한 공동체를 세워 가기(13-14절)

"가난한 자와 포학한 자가 섞여 살거니와 여호와께서는 그 모두의 눈에 빛을 주시느니라"(13절). '여호와께서 모두의 눈에 빛을 주신다'라는 말은 하나님께서 모든 사람에게 생명을 주셔서 삶을 영위하게 하신다는 의미입니다. 즉, 공의로우신 하나님은 가난한 자든 포학한 자든 그 모두에게 생명을 주셔서 각자 하나님께 부여받은 삶을 영위하도록 하신다는 것입니다. 나라를 다스리는 왕이 가난한 자나 부유한 자를 가리지 않고 공정하게 판단하면 백성들의 존경을 받아 그의 왕위가 길이길이 견고하게 됩니다(14절).

세상에는 악인과 의인을 비롯한 각양의 사람들이 함께 어우러져 살아가고 있습니다. 교회 공동체도 마찬가지입니다. 그러므로 이러한 공동체를 바르게 세워 가기 위해서는 하나님을 온전히 경외하고, 하나님의 편에서 모든 것을 결정하는 경건한 지도자가 세워져야 합니다. 그리고 그는 공동체 안에서 약하고 소외된 자들의 형편을 잘 살피고 헤아려 줄 수 있는 공평한 지도자의 역할을 잘 감당해야 합니다. 하나님의 은혜가 가난하고 약한 자들에게도 똑같이 흘러갈 수 있도록 은혜의 통로로서의 역할을 잘 감당해야 하는 것입니다.

우리 모든 교회 공동체가 열린 귀를 가지고 공평한 마음으로 약자를 돕는 손길이 되어야 합니다. 하나님을 경외하고 바른 믿음의 정신을 갖고 나아갈 때, 하나님은 우리 모든 교회 공동체를 화평과 정의로 지켜 주실 것입니다. 이처럼 공정하고 공평한 공동체로 세워 가기 위해 노력하는 것이 바른 지도자의 자격을 갖추는 삶입니다.

오늘도 열린 귀와 온유하고 공평한 마음을 가지고 우리가 속한 공동체를 하나님의 뜻과 의가 나타나는 공동체로 세워 갈 뿐 아니라, 은혜와 진리로 공동체를 섬기고 하나님의 공의와 정의가 이 땅을 다스리도록 힘써 기도하며 신실한 믿음으로 살아갈 수 있기를….

**행복의 시작, 예수 그리스도!
빛이 있으라.**

잠언 29장

아침을 여는 묵상 56
(잠 29:15~27)

성숙한 신앙의 인격을 갖추는 삶

15 채찍과 꾸지람이 지혜를 주거늘 임의로 행하게 버려 둔 자식은 어미를 욕되게 하느니라
16 악인이 많아지면 죄도 많아지나니 의인은 그들의 망함을 보리라
17 네 자식을 징계하라 그리하면 그가 너를 평안하게 하겠고 또 네 마음에 기쁨을 주리라
18 묵시가 없으면 백성이 방자히 행하거니와 율법을 지키는 자는 복이 있느니라
19 종은 말로만 하면 고치지 아니하나니 이는 그가 알고도 따르지 아니함이니라
20 네가 말이 조급한 사람을 보느냐 그보다 미련한 자에게 오히려 희망이 있느니라
21 종을 어렸을 때부터 곱게 양육하면 그가 나중에는 자식인 체하리라
22 노하는 자는 다툼을 일으키고 성내는 자는 범죄함이 많으니라
23 사람이 교만하면 낮아지게 되겠고 마음이 겸손하면 영예를 얻으리라
24 도둑과 짝하는 자는 자기의 영혼을 미워하는 자라 그는 저주를 들어도 진술하지 아니하느니라
25 사람을 두려워하면 올무에 걸리게 되거니와 여호와를 의지하는 자는 안전하리라
26 주권자에게 은혜를 구하는 자가 많으나 사람의 일의 작정은 여호와께로 말미암느니라
27 불의한 자는 의인에게 미움을 받고 바르게 행하는 자는 악인에게 미움을 받느니라

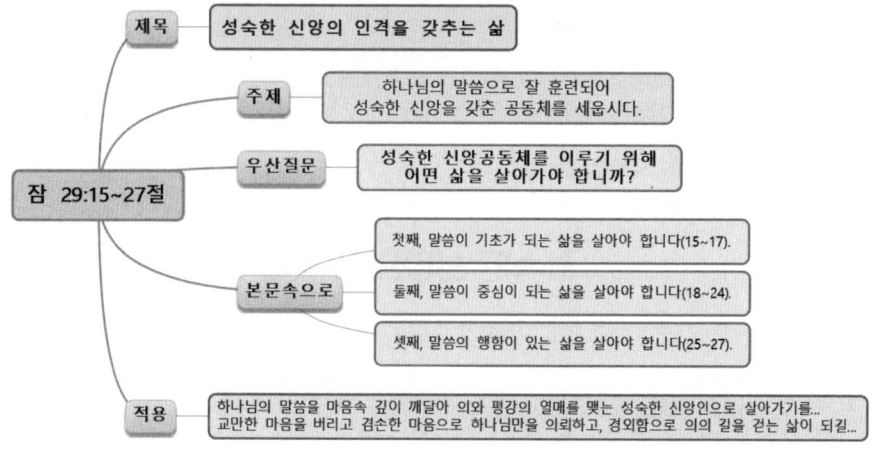

"주권자에게 은혜를 구하는 자가 많으나 사람의 일의 작정은 여호와께로 말미암느니라"(잠 29:26).

📖 하나님의 말씀으로 잘 훈련되어 성숙한 신앙을 가진 공동체를 세웁시다.

☑ 성숙한 신앙공동체를 이루려면 어떻게 살아야 합니까?

🌿 말씀을 기초로 삼기(15-17절)

채찍과 꾸지람은 자녀가 지혜를 얻게 해주지만, 멋대로 내버려둔 자식은 어미를 욕되게 합니다(15절). 그러므로 자식을 훈계로 다스려 지혜롭게 양육하면, 그가 부모에게 평안과 기쁨의 면류관을 안겨 줄 것입니다(17절). 악인이 많아지면 거짓과 음모가 난무해 죄가 많아집니다. 죄가 많아지면 공의가 사라지고 불의와 거짓으로 인하여 의인들이 고통받는 결과가 나타납니다. 그러나 살아 계신 하나님은 결국 악인이 멸망하는 것을 의인이 지켜보도록 하실 것입니다(16절). "악인의 팔은 부러지나 의인은 여호와께서 붙드시는도다…그들의 기업은 영원하리로다"(시 37:17-18).

올바른 삶은 세상 지식이나 학문이 아니라 바른 삶의 길잡이가 되어 주는 하나님의 말씀을 통해 얻을 수 있습니다. 잠언의 지혜자는 자녀들의 바른 사고와 삶을 위해 채찍과 꾸지람, 그리고 징계를 적절하게 사용할 것을 교훈합니다. 우리는 하나님의 말씀이 자녀들의 바른 삶의 지침서가 되도록 해야 합니다. 아울러 우리 자신 또한 말씀을 통한 징계와 훈계에 겸손히 순종해야 합니다. 우리의 삶에 의와 평강의 열매가 맺히도록 우리를 징계하시는 하나님의 섭리를 깊이 깨닫고 기억하는 것이 필요합니다. 우리는 하나님의 말씀이 언제나 우리 삶의 기초가 되도록 하여 성숙한 신앙의 인격을 가진 그리스도의 참 제자로 살아가야 합니다.

❦ 말씀을 중심으로 삼기(18-24절)

"묵시가 없으면 백성이 방자히 행하거니와"(18절). 여기서 '묵시'는 '환상', '이상', '계시' 등을 의미하는데, 선지자나 지혜자를 통해 선포된 하나님의 말씀으로 이해할 수 있습니다. 방자히 행한다는 것은 '멸망하다', '포로가 되다', '내버려둠을 당하다'라는 의미로, 한마디로 망한다는 뜻입니다. 그러나 율법의 말씀을 듣고 그 말씀을 지키는 자에게는 복이 있습니다.

말로만 훈계하면 한쪽 귀로 듣고 한쪽 귀로 흘림으로 알면서도 행하지 않는 자들이 있습니다(19절). 조급하게 말만 앞서는 사람보다는 오히려 미련한 사람에게 더 희망이 있습니다(20절). 하나님의 뜻을 구하지 않고 모든 것을 자신의 판단에 의존하여 행동하기 때문에 옳은 길로 나아갈 수 없기 때문입니다. 나아가 분노를 다스려 다툼과 죄를 피하도록 해야 합니다. 분을 내어도 죄를 짓지 말아야 합니다(엡 4:26). 또한 겸손히 행하여 영예를 얻으며, 죄에 동참하지 말아야 합니다(23-24절).

하나님에게서 오는 계시와 이상, 훈계와 지혜가 없으면 복 있는 삶을 기대하기 어렵습니다. 그러면 자기 삶의 옳고 그름을 판단할 만한 기준이 없기에, 생각 없이 말하거나 행동보다 말만 앞서는 어리석은 행동을 하게 됩니다. 또한 자신의 위치를 망각한 채 행동함으로 다른 이들에게 고통을 주는 결과를 만들어 내고, 분노를 조절하지 못해 결국 공동체에 엄청난 고통을 안겨 주기도 합니다. 우리는 각 사람이 행한 일에 따라 심판하시는 하나님을 기억해야 합니다. 무엇보다 우리 자신의 신분을 망각하지 말아야 합니다. 우리가 우리 삶의 주인이 되면 안 됩니다. 하나님의 말씀의 권위를 인정하고 존중하며 그것이 삶의 중심이 되도록 하여 바른 판단과 진실함으로 방자히 행하지 않도록 주의해야 합니다. 말씀이 언제나 삶의 중심이 되도록 하여 성숙한 신앙의 인격으로 그리스도의 향기를 발하며 살아가야 합니다.

❦ 말씀을 실천하기(25-27절)

사람을 두려워하면 올무에 걸리지만, 하나님을 신뢰하는 자는 안전합니다(25절). 그러므로 하나님만을 섬기는 삶이 진정 지혜로운 삶임을 잊지 말아야 합니다. 많은 사람이 통치자의 환심을 사기 위해 은혜를 구하며 아첨하지만, 사람의 일에 대한 판결은 하나님에게서 나옵니다(26절). 불의한 자와 바르게 행하는 자는 전혀 다른 길을 걷게 되며, 결코 함께할 수 없습니다(27절). 그러므로 오직 여호와만을 경외하는 의인의 길을 선택해야 합니다.

우리는 자신이 사람을 두려워하는지 하나님을 두려워하는지, 또한 사람을 의지하는지 하나님을 의지하는지에 대해 분명하게 대답할 수 있어야 합니다. 종종 우리 자신의 행동과 마음의 상태를 보면 여전히 하나님이 아닌 사람을 더욱 의지하고 있음을 깨닫게 됩니다. 그러면 결국 우리가 놓은 올무에 우리가 걸려 넘어지고 마는 결과를 낳게 되는 것입니다. 하나님은 공의롭고 공평하신 분입니다. 그러므로 하나님을 의지하면 안전하고, 또 공의로 판단하시는 은혜를 경험하게 됩니다. 우리는 순간순간 불의한 생각을 가졌던 마음을 회개해야 합니다. 우리 스스로 모든 것을 할 수 있다는 교만한 마음을 버리고 겸손히 하나님만 의뢰해야 합니다. 말로만 고백하는 것에서 행함으로 나아가는 진정한 그리스도인으로 살아가야 하는 것입니다. 우리는 말씀을 실천하며 살아갈 때 성숙한 신앙공동체를 세워갈 수 있습니다.

오늘도 하나님의 말씀을 마음속 깊이 깨달아 의와 평강의 열매를 맺는 성숙한 신앙인으로 살아갈 뿐 아니라, 교만한 마음을 버리고 겸손한 마음으로 하나님만 의뢰하고 경외함으로 의의 길을 걷는 그리스도인으로 살아갈 수 있기를….

행복의 시작, 예수 그리스도!
빛이 있으라.

잠언 30장

아침을 여는 묵상 57
(잠 30:1~17)
하나님의 지혜 갖기를 평생의 기도제목으로 삼는 삶

1 이 말씀은 야게의 아들 아굴의 잠언이니 그가 이디엘 곧 이디엘과 우갈에게 이른 것이니라
2 나는 다른 사람에게 비하면 짐승이라 내게는 사람의 총명이 있지 아니하니라
3 나는 지혜를 배우지 못하였고 또 거룩하신 자를 아는 지식이 없거니와
4 하늘에 올라갔다가 내려온 자가 누구인지, 바람을 그 장중에 모은 자가 누구인지, 물을 옷에 싼 자가 누구인지, 땅의 모든 끝을 정한 자가 누구인지, 그의 이름이 무엇인지, 그의 아들의 이름이 무엇인지 너는 아느냐
5 하나님의 말씀은 다 순전하며 하나님은 그를 의지하는 자의 방패시니라
6 너는 그의 말씀에 더하지 말라 그가 너를 책망하시겠고 너는 거짓말하는 자가 될까 두려우니라
7 내가 두 가지 일을 주께 구하였사오니 내가 죽기 전에 내게 거절하지 마시옵소서
8 곧 헛된 것과 거짓말을 내게서 멀리 하옵시며 나를 가난하게도 마옵시고 부하게도 마옵시고 오직 필요한 양식으로 나를 먹이시옵소서
9 혹 내가 배불러서 하나님을 모른다 여호와가 누구냐 할까 하오며 혹 내가 가난하여 도둑질하고 내 하나님의 이름을 욕되게 할까 두려워함이니이다
10 너는 종을 그의 상전에게 비방하지 말라 그가 너를 저주하겠고 너는 죄책을 당할까 두려우니라
11 아비를 저주하며 어미를 축복하지 아니하는 무리가 있느니라
12 스스로 깨끗한 자로 여기면서도 자기의 더러운 것을 씻지 아니하는 무리가 있느니라
13 눈이 심히 높으며 눈꺼풀이 높이 들린 무리가 있느니라
14 앞니는 장검 같고 어금니는 군도 같아서 가난한 자를 땅에서 삼키며 궁핍한 자를 사람 중에서 삼키는 무리가 있느니라
15 거머리에게는 두 딸이 있어 다오 다오 하느니라 족한 줄을 알지 못하여 족하다 하지 아니하는 것 서넛이 있나니
16 곧 스올과 아이 배지 못하는 태와 물로 채울 수 없는 땅과 족하다 하지 아니하는 불이니라
17 아비를 조롱하며 어미 순종하기를 싫어하는 자의 눈은 골짜기의 까마귀에게 쪼이고 독수리 새끼에게 먹히리라

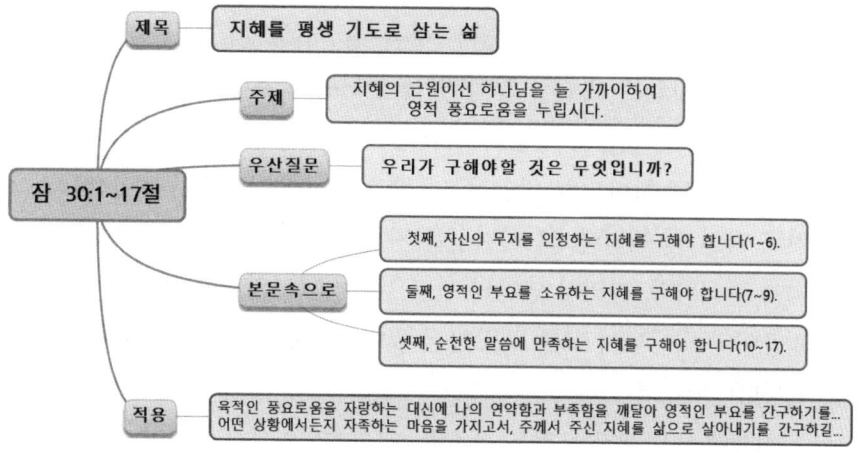

"곧 헛된 것과 거짓말을 내게서 멀리하옵시며 나를 가난하게도 마옵시고 부하게도 마옵시고 오직 필요한 양식으로 나를 먹이시옵소서"(잠 30:8).

📖 지혜의 근원이신 하나님을 늘 가까이하여 영적 풍요로움을 누립시다.

☑ 우리가 평생 구해야 하는 지혜는 무엇입니까?

🕊 자신의 무지를 인정하는 지혜(1-6절)

저자 아굴은 자신이 다른 사람들보다 지혜가 부족하다고 겸손하게 고백합니다(2절). 이어 자신이 지혜를 배우지 못했고 거룩하신 자를 아는 지식이 없기 때문이라고 말하는데(3절), 이는 창조주 하나님의 오묘하신 섭리와 깊으신 뜻을 잘 이해하지 못한 결과라는 것입니다. 하늘과 바람과 물과 땅을 만드신 창조주 하나님을 온전히 알게 되면, 인간은 그분의 위엄 앞에서 겸손할 수밖에 없습니다 (4절). 그리고 하나님의 말씀은 다 순전하기에 거기에 무엇을 더하려고 하면 안 됩니다. 그 하나님은 자신을 의지하는 자에게 방패가 되어 주십니다. 따라서 인간의 판단으로 하나님의 말씀에 무언가를 덧붙이면 하나님이 그를 책망하실 것이며 그는 거짓말하는 사람이 됩니다(5-6절).

인간이 교만해지는 것은 창조주 하나님을 의식하고 있지 않기 때문입니다. 또한 스스로 많이 안다고 생각하며 자기 기준으로 모든 것을 판단하고 해석하기 때문에 교만해질 수밖에 없습니다. 하나님의 말씀은 다 순전합니다. 그러므로 우리가 하나님의 지혜를 얻기 위해서는 먼저 자신의 무지함을 인정해야 합니다. 하나님의 말씀을 우리의 생활과 환경에 적절하게 바꾸지 말아야 하며, 또 자신의 죄악을 합리화하기 위해 하나님의 말씀을 변질시키지 말아야 합니다. 오직 있는 그대로 말씀을 받고, 그 말씀에 순종하며 살아가는 것이 우리의 평생의 기도 제목이 되어야 합니다.

❦ 영적인 부요함을 소유하는 지혜(7-9절)

아굴은 두 가지의 기도 제목을 말하면서 자신이 죽기 전에 그것을 이루어 주시기를 간구합니다(7절). "헛된 것과 거짓말을 내게서 멀리하옵시며 나를 가난하게도 마옵시고 부하게도 마옵시고 오직 필요한 양식으로 나를 먹이시옵소서"(8절). 혹 너무 배불러 하나님을 모른다고 하거나, 또 너무 가난하여 도둑질해서 하나님의 이름을 욕되게 할까 두렵기 때문이라고 고백합니다(9절).

우리는 헛된 것과 거짓말을 멀리하며, 너무 많은 것을 가지려 욕심부리지 말아야 합니다. 그리고 우리 인생의 진정한 주인이 되시는 하나님의 뜻에 합당한 삶을 살아가야 합니다. 하나님을 사랑하고 섬기는 것이 우리 인생의 최고 목표이기에 이를 방해할 우려가 있는 것들을 과감하게 버리고, 오직 하나님만 경외하며 살아가는 것이 필요합니다.

무엇보다 가난이나 부함이라는 극단적인 삶이 아닌 중도의 삶을 살면서 하나님이 공급하시는 것에 만족할 수 있어야 합니다. 그러면 하나님께서 우리의 필요를 기가 막히게 채우시는 놀라운 일을 경험하게 됩니다. 그러므로 우리는 육신적인 풍요로움이 아니라 영적 부유함을 누리고 살아가는 것을 평생 기도 제목으로 삼아야 합니다.

❧ 순전한 말씀에 만족하는 지혜(10-17절)

거짓말로 다른 사람을 비난하면 하나님의 공의에 따라 질책을 받게 됩니다(10절). 이어서 부모를 공경해야 함을 가르치고 있습니다(11, 17절). 부모 공경은 창조 질서에 순응하는 것이기 때문입니다. 어리석고 교만한 인간은 더러운 것을 씻지 않고도 깨끗한 척합니다(12절). 눈이 심히 높아서 눈꺼풀을 치켜올리고 남을 깔봅니다(13절). 사회적 약자를 억압하는 못된 짓을 합니다(14절). 거머리에게는 "다오! 다오!"라고 보채는 두 딸이 있습니다. 또한 이 땅에는 결코 만족을 모르는 서너 가지가 있습니다(15절). 그것은 곧 "스올과 아이 배지 못하는 태와 물로 채울 수 없는 땅과 족하다 하지 아니하는 불"(16절)입니다. 이것은 인간의 끝없는 탐욕의 위험성을 경고하고 있습니다.

하나님은 우리의 겉모습이 아니라 내면을 보고 판단하시는 분입니다. 세상의 원리는 힘의 원리입니다. 그러나 성경적 원리는 약한 자들을 도와주는 원리입니다. 따라서 우리는 사회적 약자에게 더 많은 관심과 사랑을 베풀어야 합니다.

교만함은 곧 인생을 파멸의 길로 이끕니다. 교만은 말씀을 가까이 하지 않은 결과입니다. 말씀을 가까이하지 않으니, 하나님을 멀리하고 악을 행하며 살아가고 있음에도 무엇이 잘못인지 깨닫지 못합니다. 그러나 하나님의 말씀 앞에 겸손히 나아갈 때, 우리는 자신을 돌아볼 수 있을 뿐 아니라 다른 사람까지도 보살필 수 있는 여유를 가질 수 있습니다. 그러므로 우리는 삶의 모든 상황에서 순전한 말씀에 만족하며 살아가는 것을 평생의 기도 제목으로 삼아야 합니다.

오늘도 육신적인 풍요로움을 자랑하는 대신 자신의 연약함과 부족함을 깨달아 말씀을 통해 얻는 영적인 부요함으로 살아갈 뿐 아니라, 어떤 상황에서든 자족하는 마음을 가지고 주께서 주신 지혜로 살아갈 수 있기를….

행복의 시작, 예수 그리스도!
빛이 있으라.

잠언 30장

아침을 여는 묵상 58
(잠 30:18~33)

피조물을 보며 지혜를 배우는 삶

18 내가 심히 기이히 여기고도 깨닫지 못하는 것 서넛이 있나니
19 곧 공중에 날아다니는 독수리의 자취와 반석 위로 기어 다니는 뱀의 자취와 바다로 지나다니는 배의 자취와 남자가 여자와 함께 한 자취며
20 음녀의 자취도 그러하니라 그가 먹고 그의 입을 씻음 같이 말하기를 내가 악을 행하지 아니하였다 하느니라
21 세상을 진동시키며 세상이 견딜 수 없게 하는 것 서넛이 있나니
22 곧 종이 임금된 것과 미련한 자가 음식으로 배부른 것과
23 미움 받는 여자가 시집 간 것과 여종이 주모를 이은 것이니라
24 땅에 작고도 가장 지혜로운 것 넷이 있나니
25 곧 힘이 없는 종류로되 먹을 것을 여름에 준비하는 개미와
26 약한 종류로되 집을 바위 사이에 짓는 사반과
27 임금이 없으되 다 떼를 지어 나아가는 메뚜기와
28 손에 잡힐 만하여도 왕궁에 있는 도마뱀이니라
29 잘 걸으며 위풍 있게 다니는 것 서넛이 있나니
30 곧 짐승 중에 가장 강하여 아무 짐승 앞에서도 물러가지 아니하는 사자와
31 사냥개와 숫염소와 및 당할 수 없는 왕이니라
32 만일 네가 미련하여 스스로 높은 체하였거나 혹 악한 일을 도모하였거든 네 손으로 입을 막으라
33 대저 젖을 저으면 엉긴 젖이 되고 코를 비틀면 피가 나는 것 같이 노를 격동하면 다툼이 남이니라

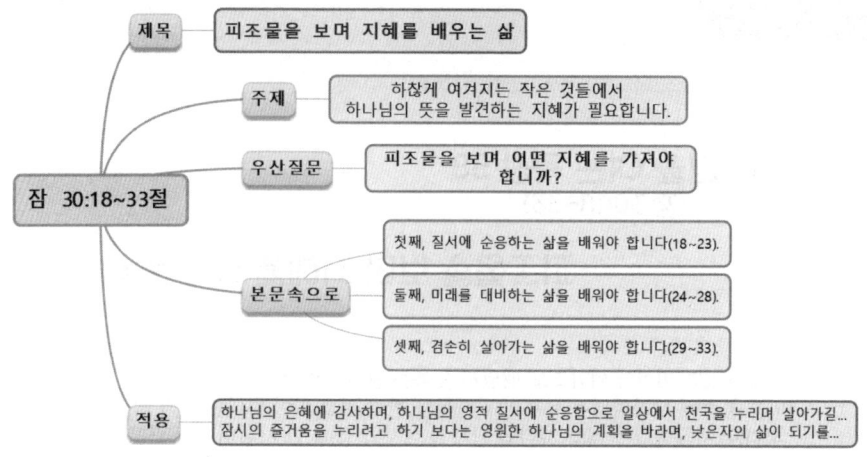

"만일 네가 미련하여 스스로 높은 체하였거나 혹 악한 일을 도모하였거든 네 손으로 입을 막으라"(잠 30:32).

📖 하찮게 여겨지는 작은 것에서 하나님의 뜻을 발견하는 지혜가 필요합니다.

☑ 피조물을 보면서 어떤 지혜를 가져야 합니까?

🌿 질서에 순응하는 삶을 배우기(18-23절)

지혜자는 자신이 이해하지 못하는 서너 가지가 있다고 고백합니다(18절). '자취'(19절)는 '길'을 의미하는데, 곧 '하늘을 날아가는 독수리의 길, 바위에서 뱀이 기어다니는 길, 바다 위를 지나는 배의 길, 그리고 남자가 여자와 함께한 길'(19절)입니다. 이는 하늘과 땅과 바다와 인간의 세상에서 우리 인간의 지혜로는 알 수 없는 일이 많다는 것입니다. 또한 죄를 짓고도 잘못한 것이 없다고 말하는 간음한 여자의 길도 이와 같다고 말하고 있습니다(20절).

사람들은 자신이 지은 죄에 대하여 아무런 자취나 흔적을 남기지 않아 감쪽같이 속였다고 생각하지만, 하나님 앞에서는 모든 것이 백일하에 드러난다는 것을 잊지 말아야 합니다. '세상을 진동시킨다'(21절)라는 것은 세상의 사회적 기초와 기본 질서를 흔들어 위태롭게 하는 것을 말합니다. 세상 질서를 무너뜨리는 네 가지가 있습니다. 곧 '종이 임금이 된 것, 미련한 자가 음식을 배부르게 먹는 것, 미움받는 여자가 시집간 것, 여종이 여주인을 몰아내고 자리를 차지한 것'(22-23절)입니다.

창조주 하나님께서 행하신 경이로운 일들 앞에서 인간은 겸허한 태도를 가져야 합니다. 우리는 자신의 한계를 인정할 때 무한한 능력을 지니신 하나님께 나아갈 수 있습니다. 우리가 살아가는 세상에는 질서가 있습니다. 그러나 그것이 하나님이 세우신 영적 질서보다 앞설 수는 없습니다. 그러므로 우리는 사람이 만든 세상의 질서가 아니라, 하나님께서 세우신 영적 질서를 분별함으로 영원한 의의 왕이시며 평강의 왕으로 오신 예수님을 인생의 주인으로 모시고, 그 영적 질서에 순응하며 살아가야 합니다.

지나친 욕심은 질서를 무너뜨립니다. 욕심이 지나치면 스스로 감당하지 못할 만큼 높이 올라가고 많은 힘을 갖게 되었더라도 그 인생은 천국이 아니라 지옥이 된다는 사실을 잊지 말아야 합니다. 우리는 하나님이 세우신 질서에 순응하는 삶을 통해 이 땅에서 천국을 누리며 살아가야 합니다.

🕊 미래를 대비하는 삶을 배우기(24-28절)

사람들이 보기에는 아주 작고 보잘것없는 것처럼 보이지만, 지혜를 배울 수 있는 네 가지가 있습니다(24절). 곧 힘이 없지만 먹을 것을 여름에 예비하는 개미(25절)와 약한 종류이지만 바위 사이에 집을 짓는 사반(26절), 임금은 없으나 떼를 지어 행진하는 메뚜기들(27절), 손에 잡힐 것 같으면서도 왕궁에 드나드는 도마뱀(28절)입니다. 이는 하찮게 보이는 미물에 불과한 존재도 미래를 대비하고 살길을 찾는데, 미련한 인간은 장래를 대비하거나 협동할 줄도 모르는 어리석은 존재임을 지적합니다.

현재의 삶에 안주하여 내일을 준비하지 않는 이들에게는 희망이 없습니다. 비바람이 몰아쳐도 우리에게 해야 할 일이 있다면 그 일에 최선을 다하는 것이 올바른 삶입니다. 아무것도 시도하지 않는 사람은 아무것도 거둘 수 없기 때문입니다. 당장 눈앞에 보이는 화려함보다 미래를 대비할 줄 아는 사람이 궁극적으로 행복을 누리는 사람입니다. 어려운 환경에서도 안전하게 살아갈 길을 준비하는 사람이 지혜로운 사람입니다.

그러므로 우리는 인생의 모든 것이 하나님께 속해 있음을 인정할 뿐 아니라 그 하나님께 모든 것을 맡기고, 순간순간 맡겨진 일에 최선을 다하고 주신 은혜에 감사하며 기뻐할 수 있어야 합니다. 오늘 잠깐의 즐거움을 누리려고 애쓰기보다, 영원한 하나님의 계획을 믿음의 눈으로 바라보고 기대하며 준비하는 것이 바로 믿음으로 살아가는 것입니다. 우리는 미래를 대비함으로 하나님의 형상에 걸맞은 인생을 살아가야 합니다.

❦ 겸손한 삶을 배우기(29-33절)

이어서 잘 걸으며 위풍 있게 다니는 것 네 가지를 나열하고 있습니다. 곧 짐승 가운데 가장 강하여 어떤 짐승 앞에서도 물러가지 않는 사자와 사냥개, 숫염소, 군대를 거느린 왕입니다(30-31절). 지혜자는 스스로 높아지려는 악을 도모하였거든 손으로 입을 막으라고 말합니다(32절). 이는 곧 악에서 돌이키라는 것입니다. 우유를 계속 저어 압력을 가하면 버터가 되고, 코를 힘주어 비틀면 피가 나오는 것처럼 스스로 흥분하여 노를 발하거나 억지와 거짓말로 상대를 흥분시키면 둘 사이에 큰 다툼이 생깁니다(33절).

예수님은 잔칫집에 가게 될 경우 상석이 아닌 끝자리에 앉으라고 말씀하셨습니다(눅 14:8-10). 하나님은 스스로 높이는 자를 낮추시고, 스스로 낮추는 자를 높이시는 분입니다. 사람들은 대부분 더 많은 것을 소유하고, 더 높은 자리에 앉고 싶어 합니다. 그러나 그러한 바람이 사회의 발전이나 공동체의 부흥을 위한 것이라기보다 자기 욕심과 욕망에 기인한 경우가 많습니다. 그러므로 오늘 자신이 무엇인가 바라는 것이 있다면, 그것을 하나님께서 자신에게 허락하실지 겸손하게 말씀을 통해 하나님의 뜻을 발견할 수 있어야 합니다. 마음의 교만은 멸망의 선봉이고, 겸손은 존귀의 길잡이므로(18:12), 겸손을 배우고 하나님을 경외하며 살아가야 합니다.

오늘도 하나님의 은혜에 감사하며 하나님의 영적 질서에 순응함으로 일상에서 천국을 누릴 뿐 아니라, 잠깐의 즐거움을 누리려 하기보다는 영원한 하나님의 계획을 바라보며 교만함을 내려놓고 겸손한 마음으로 낮은 자의 삶을 살아갈 수 있기를….

행복의 시작, 예수 그리스도!
빛이 있으라.

잠언 31장

아침을 여는 묵상 59
(잠 31:1~9)

하나님의 뜻을 놓치지 않는 삶

1 르무엘 왕이 말씀한 바 곧 그의 어머니가 그를 훈계한 잠언이라
2 내 아들아 내가 무엇을 말하랴 내 태에서 난 아들아 내가 무엇을 말하랴 서원대로 얻은 아들아 내가 무엇을 말하랴
3 네 힘을 여자들에게 쓰지 말며 왕들을 멸망시키는 일을 행하지 말지어다
4 르무엘아 포도주를 마시는 것이 왕들에게 마땅하지 아니하고 왕들에게 마땅하지 아니하며 독주를 찾는 것이 주권자들에게 마땅하지 않도다
5 술을 마시다가 법을 잊어버리고 모든 곤고한 자들의 송사를 굽게 할까 두려우니라
6 독주는 죽게 된 자에게, 포도주는 마음에 근심하는 자에게 줄지어다
7 그는 마시고 자기의 빈궁한 것을 잊어버리겠고 다시 자기의 고통을 기억하지 아니하리라
8 너는 말 못하는 자와 모든 고독한 자의 송사를 위하여 입을 열지니라
9 너는 입을 열어 공의로 재판하여 곤고한 자와 궁핍한 자를 신원할지니라

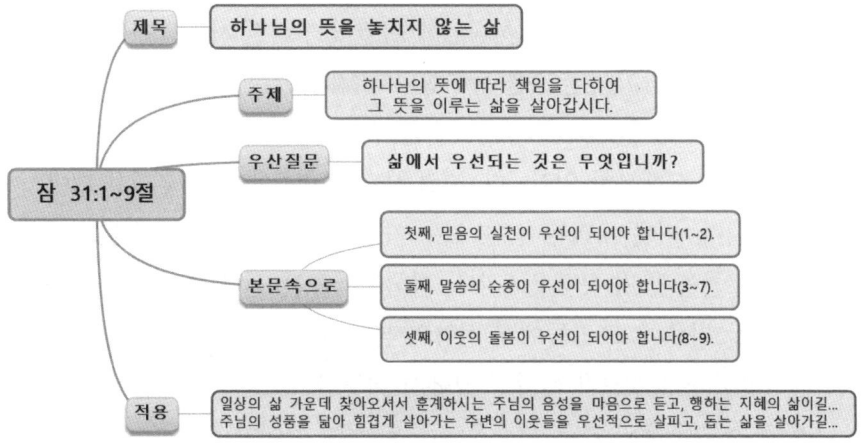

"너는 말 못 하는 자와 모든 고독한 자의 송사를 위하여 입을 열지니라 너는 입을 열어 공의로 재판하여 곤고한 자와 궁핍한 자를 신원할지니라"(잠 31:8-9).

📖 하나님의 뜻에 따라 책임을 다하여 그 뜻을 이루며 살아 갑시다.

☑ 삶에서 우선시해야 하는 것은 무엇입니까?

🌿 믿음을 실천하기(1-2절)

잠언 31장은 르무엘 왕의 기록이며, 그의 어머니가 그에게 훈계한 신앙 교훈적인 내용입니다. 어머니는 르무엘을 복중에 품고 있을 때 그 아들을 위해 서원했던 것을 언급함으로써 아들에 대한 각별한

잠언 31장 335

사랑을 표현하며, 아들이 하나님께 특별히 드려진 사람답게 지혜의 가르침을 잘 받아들일 것을 당부합니다(2절).

신앙적으로 충고와 바른 가르침을 주고 본이 되는 사람이 있다는 것은 참으로 행복한 일입니다. 그런 사람이 먼저 부모인 우리가 되어야 합니다. 비록 우리는 믿음 없는 가정에서 자라나 부모에게 신앙적 가르침을 받지 못했을지라도, 자녀들만큼은 신앙의 대를 이어가도록 잘 가르치고, 그들에게 신앙의 본이 되는 삶을 살아가는 것이 필요합니다. 무엇보다 하나님 앞에서 어긋난 길로 나아가지 않고 믿음을 견고히 세워 가는 모습을 삶으로 보여 주어야 합니다. 백 마디의 말보다 믿음의 실천을 통해 하나님의 선하시고 온전하신 뜻을 삶의 자리에서 드러내며 살아가야 합니다.

❦ 말씀에 순종하기(3-7절)

르무엘의 어머니는 왕으로서 백성을 바르게 통치하기 위하여 그가 지켜야 할 기본적인 도리를 당부합니다. 곧 여인과 술의 유혹에 빠져 헛된 길로 가지 말 것을 권면합니다. 그녀는 왕이 바른 재판과 판단을 하려면 포도주와 독주를 마시고 찾는 것은 마땅치 않다고 가르칩니다. 독한 술은 죽을 사람이나 마음이 아픈 사람에게나 필요할 뿐, 왕은 결코 술과 여인을 가까이해서는 안 된다는 것입니다(3-7절).

술은 사람의 판단력을 흐리게 합니다. 죄는 영적인 삶을 혼미하게 만듭니다. 그래서 결국 가지 말아야 할 곳을 가게 되고, 접하지 말아야 할 것을 접하게 되고, 하지 말아야 할 것을 하게 됩니다. 그러므로 우리는 죄의 유혹에 빠지지 않도록 말씀을 더욱 간절히 붙잡아야 합니다. 그래서 멸망에 이르게 하는 미련한 일을 피해야 합니다. 영적으로 혼미하게 만드는 것들을 과감하게 버려야 합니다. 지혜로운 삶만이 바르게 판단하는 방법을 얻을 수 있습니다.

지혜롭게 살아가는 데 방해되는 것이 있다면, 그것이 무엇이든 멀리해야 합니다. 우리는 말씀의 묵상을 넘어 말씀에 대한 순종으로 나아가야 합니다. 말씀의 실천을 통해 삶의 지혜를 얻어 영과 육 모두 강건하게 살아가야 합니다.

이웃을 돌보기(8-9절)

어머니는 아들에게 자기 사정을 알릴 힘이 없어 벙어리처럼 할 말을 못 하는 사람과 고통 속에 있는 사람들의 송사를 변호하는 데 입을 열고, 공의로 재판하며, 억눌린 사람과 궁핍한 사람들의 판결을 바로 하라고 당부합니다(8-9절, 새번역).

우리는 선거철만 되면 서민과 사회적 약자들의 대변자임을 자처하며 허름한 곳을 누비던 사람이 당선되고 나면 언제 그랬냐는 듯이 특권층의 밀실로 자취를 감추어 버리는 일을 종종 보게 됩니다. 하나님은 소외되고 억울하게 고통받고 있는 자들의 편에 서서 그들을 위해 정의를 부르짖는 사람을 진정 기뻐하십니다.

우리는 상황에 따라 말을 해야 할 때가 있고, 하지 말아야 할 때가 있습니다. 더욱이 말을 할 때는 교만한 말, 상대방의 잘못을 드러내는 말, 거짓된 말이 아닌, 위로하는 말, 감사하는 말, 진실을 전하는 말을 해야 합니다. 우리는 비록 자신의 삶을 가장 우선시하는 개인주의 사회에서 살고 있지만, 어려운 이들을 살피고 돌보는 것이 예수 그리스도를 믿는 모든 사람이 감당해야 할 신앙의 덕목임을 잊지 말아야 합니다. 어려운 이웃들을 돌보는 일은 결국 우리 자신을 위한 일입니다. 그러므로 우리는 언제나 말씀에 자신을 비추어 보면서 주변을 잘 살펴 어려운 이웃을 돌보는 신실한 그리스도인으로 살아가야 합니다.

오늘도 일상의 삶 가운데 찾아오셔서 훈계하시는 주님의 음성을 마음으로 듣고 삶으로 실천하는 지혜 있는 자로 살아갈 뿐 아니라, 주님의 성품을 닮아 힘겹게 살아가는 이웃들을 긍휼과 사랑으로 섬기는 것을 우선순위로 삼고 살아갈 수 있기를···.

**행복의 시작, 예수 그리스도!
빛이 있으라.**

잠언 31장

아침을 여는 묵상 60
(잠 31:10~31)

최고의 인생을 준비하는 삶

10 누가 현숙한 여인을 찾아 얻겠느냐 그의 값은 진주보다 더 하니라
11 그런 자의 남편의 마음은 그를 믿나니 산업이 핍절하지 아니하겠으며
12 그런 자는 살아 있는 동안에 그의 남편에게 선을 행하고 악을 행하지 아니하느니라
13 그는 양털과 삼을 구하여 부지런히 손으로 일하며
14 상인의 배와 같아서 먼 데서 양식을 가져 오며
15 밤이 새기 전에 일어나서 자기 집안 사람들에게 음식을 나누어 주며 여종들에게 일을 정하여 맡기며
16 밭을 살펴 보고 사며 자기의 손으로 번 것을 가지고 포도원을 일구며
17 힘 있게 허리를 묶으며 자기의 팔을 강하게 하며
18 자기의 장사가 잘 되는 줄을 깨닫고 밤에 등불을 끄지 아니하며
19 손으로 솜뭉치를 들고 손가락으로 가락을 잡으며
20 그는 곤고한 자에게 손을 펴며 궁핍한 자를 위하여 손을 내밀며
21 자기 집 사람들은 다 홍색 옷을 입었으므로 눈이 와도 그는 자기 집 사람들을 위하여 염려하지 아니하며
22 그는 자기를 위하여 아름다운 이불을 지으며 세마포와 자색 옷을 입으며
23 그의 남편은 그 땅의 장로들과 함께 성문에 앉으며 사람들의 인정을 받으며
24 그는 베로 옷을 지어 팔며 띠를 만들어 상인들에게 맡기며
25 능력과 존귀로 옷을 삼고 후일을 웃으며
26 입을 열어 지혜를 베풀며 그의 혀로 인애의 법을 말하며
27 자기의 집안 일을 보살피고 게을리 얻은 양식을 먹지 아니하나니
28 그의 자식들은 일어나 감사하며 그의 남편은 칭찬하기를
29 덕행 있는 여자가 많으나 그대는 모든 여자보다 뛰어나다 하느니라
30 고운 것도 거짓되고 아름다운 것도 헛되나 오직 여호와를 경외하는 여자는 칭찬을 받을 것이라
31 그 손의 열매가 그에게로 돌아갈 것이요 그 행한 일로 말미암아 성문에서 칭찬을 받으리라

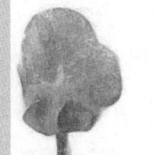

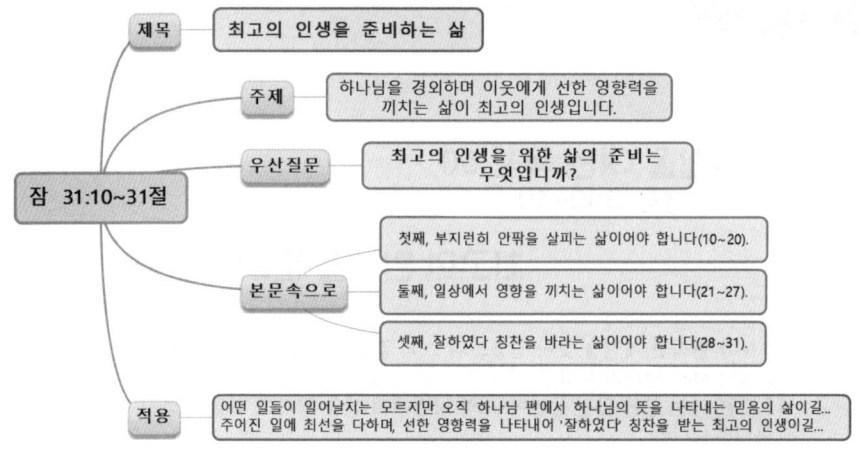

"고운 것도 거짓되고 아름다운 것도 헛되나 오직 여호와를 경외하는 여자는 칭찬을 받을 것이라"(잠 31:30).

📖 하나님을 경외하며 이웃에게 선한 영향력을 끼치는 삶이 최고의 인생입니다.

☑ 최고의 인생을 위한 삶의 준비는 무엇입니까?

🔖 부지런히 자신의 안팎을 살피며 살아가기(10-20절)

"누가 현숙한 여인을 찾아 얻겠느냐 그의 값은 진주보다 더하니라"(10절). 성경에서 현숙한 여인을 찾자면 룻, 아비가일, 에스더, 르무엘의 어머니 등을 말할 수 있습니다. 현숙한 여인의 특징은 남편의 전폭적인 신뢰를 받는다는 것입니다. 그리고 집 안팎을 잘 돌봅니다. 무엇보다 곤고한 자에게 손을 펴며, 궁핍한 자를 위하여 손을 내밀 줄 압니다. 자신의 근면과 성실로 얻은 삶의 부를 이기적인 목적으로만 사용하지 않는 여인이 현숙한 여인입니다(11-20절).

누가 지혜로운 사람입니까? 어떤 일이든 자신이 맡은 일에 대하여 부지런히 책임을 다하여 주변 사람들에게 덕을 끼치며 선을 행하는 사람입니다. 성숙하고 현숙한 신앙의 삶 역시 자신이 감당할 수 있는 능력 안에서 열심히 살되, 자신의 욕망을 성취하기 위해서가 아니라 사람들의 필요를 채우기 위해 힘쓰며 살아가는 것입니다. 그리고 어려운 이웃들에 대해 인색하지 않으며, 하나님을 경외하는 자답게 부지런히 안팎을 살펴 이웃을 사랑하라고 말씀하신 주님의 말씀에 순종하며 사는 것입니다. 이것이 최고의 인생을 준비하는 삶의 모습입니다.

❦ 일상에서 영향력 있는 삶을 살아가기(21-27절)

현숙한 여인의 또 다른 특징은 가족 이외에 집에서 일하는 식솔들까지 세심하게 배려한다는 것입니다. 그런 여인은 높은 신분임을 나타내는 세마포와 자색 옷을 입었음에도 결코 교만하지 않고 가난한 자들에게 자비를 베풉니다. 성실한 내조로 남편이 바깥일에 전념할 수 있도록 하며(23절), 어떤 문제를 해결하면서 쉽게 노를 발하는 미련한 행동을 하지 않으며, 신중하고 합당한 말과 방법으로 지혜롭게 해결합니다(26절). 무엇보다 게을리 얻은 양식은 먹지 않겠다는 분명한 인생철학을 가지고 있습니다(27절).

우리는 예수 그리스도 안에 있는 행복을 날마다 누리며 살아갈 뿐 아니라 그 행복을 전하는 메신저가 되어야 합니다. 자신이 그리스도 안에서 존귀하게 되고 풍요로운 삶을 누리는 것을 넘어 주변 모든 사람에게 은혜를 끼치는 통로로 살아가야 한다는 것입니다. 자신만 잘되기를 꿈꾸는 이기적인 삶이 아니라, 다른 사람의 인생을 위해서도 성심을 다해 섬기는 선한 영향력을 끼치며 살아가야 합니다. 그리고 우리는 아무 대책 없이 사는 것이 아니라, 능력과 존귀로 옷을 입고 미래를 잘 준비하는 지혜로운 삶을 살아가야 합니다. 그렇다고 자신만을 위해 악착같이 사는 것이 아니라, 하나님의 온전하신 뜻을 따라 자비를 베풀고 다른 이들을 존귀하게 하며 높일 줄 아는 삶, 곧 일상의 삶에서 선한 영향력을 끼치는 삶을 살아가야 합니다. 이것이 최고의 인생을 준비하는 삶의 모습입니다.

❦ 잘하였다는 칭찬 듣는 삶을 살아가기(28-31절)

현숙한 여인은 궁극적으로 하나님을 경외함으로 얻은 지혜로운 삶을 통해 가족들로부터 시작해서 공동체로 이어지는 칭찬과 찬사를 받게 됩니다(28절). "고운 것도 거짓되고 아름다운 것도 헛되나 오직 여호와를 경외하는 여자는 칭찬을 받을 것이라"(30절). 자신의 외모나 재물에 집착하지 않고, 삶의 모든 목표를 여호와를 경외하는 것에 두고 살아가는 여인이 현숙한 여인입니다. 다른 이들을 위해 헌신적으로 일했던 만큼 이제는 다른 사람들의 관심과 찬사를 한 몸에 받게 되는 것은 당연한 일입니다(31절).

지혜의 근본은 오직 하나님을 경외하는 것입니다. 이 진리를 믿는다면, 우리는 자신에게 주어진 자리에서 최선을 다해 일하고, 가족들을 잘 돌보며, 어려운 처지에 있는 이웃들을 살피고 그들에게 자비를 베풀어야 합니다. 하나님이 주시는 지혜로 모든 일을 정확히 판단하고, 타인을 존귀하게 여김으로 칭찬받는 사람이 되어야 합니다. 무엇보다도 최고의 인생을 준비하는 삶은 영원하신 하나님을 경외하고 그분의 말씀을 따르는 데 있습니다. 그러므로 우리는 마지막 때에 "잘하였도다 착하고 충성된 종아"(마 25:21)라는 칭찬을 들을 수 있도록 하나님을 경외하고 그 말씀에 우선순위를 두며 지혜롭게 살아가야 합니다. 이것이 최고의 인생을 준비하는 삶의 모습입니다.

오늘도 어떤 일이 일어나든 오직 하나님 편에서 하나님의 뜻을 온전히 나타내는 믿음으로 살아갈 뿐 아니라, 주어진 일에 최선을 다하며 선한 영향력을 끼쳐 마지막 날 "잘하였도다 착하고 충성된 종아"라는 칭찬을 받는 최고의 인생을 준비할 수 있기를….

**행복의 시작, 예수 그리스도!
빛이 있으라.**

아침을 여는 묵상 1-60
'행복'의 문을 여는 삶, 잠언

1판 1쇄 인쇄 _ 2024년 9월 15일
1판 1쇄 발행 _ 2024년 9월 20일

지은이 _ 곽명수
펴낸이 _ 이형규
펴낸곳 _ 쿰란출판사

주소 _ 서울특별시 종로구 이화장길 6
편집부 _ 745-1007, 745-1301~2, 743-1300
영업부 _ 747-1004, FAX 745-8490
본사평생전화번호 _ 0502-756-1004
홈페이지 _ http://www.qumran.co.kr
E-mail _ qrbooks@daum.net / qrbooks@gmail.com
한글인터넷주소 _ 쿰란, 쿰란출판사
페이스북 _ www.facebook.com/qumranpeople
인스타그램 _ www.instagram.com/qrbooks
등록 _ 제1-670호(1988.2.27)
책임교열 _ 이강임·이주련

ⓒ 곽명수 2024 ISBN 979-11-6143-974-7 93230

책값은 뒤표지에 있습니다.
이 출판물은 저작권법에 의해 보호를 받는 저작물이므로 무단 복제할 수 없습니다.
파본(破本)은 구입처에서 교환해 드립니다.